·城乡建设发展系列教材（第一辑）·

项目资助：河南省高等学校青年骨干教师培养计划项目
“新文科背景下房地产专业法律平台课程教学范式创新研究”
（编号：2021GGJS068）

房地产法规制度

REAL ESTATE LAWS AND REGULATIONS

陈卫华◎编

中国经济出版社
CHINA ECONOMIC PUBLISHING HOUSE
北京

图书在版编目（CIP）数据

房地产法规制度／陈卫华编.--北京：中国经济出版社，2022.12（2024.1 重印）

ISBN 978-7-5136-7172-9

Ⅰ.①房… Ⅱ.①陈… Ⅲ.①房地产法-研究-中国 Ⅳ.①D922.384

中国版本图书馆 CIP 数据核字（2022）第 230533 号

策划编辑 叶亲忠
责任编辑 罗 茜
责任印制 马小宾
封面设计 华子设计

出版发行 中国经济出版社
印 刷 者 北京建宏印刷有限公司
经 销 者 各地新华书店
开 本 710mm×1000mm 1/16
印 张 17.5
字 数 294 千字
版 次 2022 年 12 月第 1 版
印 次 2024 年 1 月第 3 次
定 价 88.00 元
广告经营许可证 京西工商广字第 8179 号

中国经济出版社 **网址** www.economyph.com **社址** 北京市东城区安定门外大街 58 号 **邮编** 100011
本版图书如存在印装质量问题，请与本社销售中心联系调换（联系电话：010-57512564）

序言

PREFACE

20世纪80年代，伴随着改革开放号角的吹响，房地产市场逐渐形成，房地产业从无到有，从弱到强。至2021年全面建成小康社会，回望40余年改革开放史，中国取得的辉煌历史成就中，房地产业所做贡献不容小觑。从城镇土地制度改革到住房制度改革，从福利型住房分配制度到商品化市场上住房分配制度，从20世纪90年代初的房地产投资泡沫治理到国民经济支柱产业培育政策，从“8·31大限”到房价调控系列政策，从美国次贷危机应对到住房保障制度完善，中国房地产制度经历了从产生到逐步完善的过程。

党的十八大以来，以习近平同志为核心的党中央，审时度势，确立了四个全面中央战略布局，全面深化改革为进一步完善房地产制度提供了契机。在习近平新时代中国特色社会主义思想指引下，2012年以来，完善房地产制度的改革频出。从“去库存”，到“因城施策”，到“房住不炒”，到2019年《中华人民共和国土地管理法》和《中华人民共和国城市房地产管理法》修订、2020年《中华人民共和国民法典》颁布，房地产制度改革达到高潮。

为全面梳理党的十八大以来房地产领域全面深化改革的成就，很有必要编写一本教材，以方便大学生和相关专业人士系统把握改革的制度成果。

陈卫华

2022年7月　郑州

目 录
CONTENTS

第一章　房地产及其制度概述

第一节　房地产的法律内涵

一、房地产

房地产是房产与地产的统称，或者说房地产是土地和房屋财产的总称。

（一）房产

“房”是指土地上的房屋等建筑物及构筑物。物质形态的房屋等建筑物、构筑物被赋予法律上的财产意义，便是房屋财产，常被简称为“房产”。

房屋是指建筑于土地之上，供人居住和从事商业或其他社会活动的建筑物。房屋不仅包括住宅和办公楼，还包括一切有四壁的建筑物，如饭店、剧院、体育馆、仓库、地下室。但习惯上桥梁、纪念碑、公路、城墙等被称为“建筑物”，而不称为“房屋”。《中华人民共和国城市房地产管理法》（以下简称《城市房地产管理法》）采用了广义的房屋概念：“本法所称房屋，是指土地上的房屋等建筑物及构筑物。”此处将房屋扩展至附属设施，如花园、道路等任何占有地面的建筑物。

（二）地产

“地”即土地，物质形态的土地被赋予法律上的财产意义，便是土地财产，常被简称为“地产”。土地是有特定四至范围的陆地表面。对特定地块的排他支配权利即是法律意义上的地产。

对特定地块的支配权可以是所有权，也可以是使用权。在我国，存在两种制度意义上的所有权，即国家（或全民）所有权和农民集体所有权。这两种土地所有权均不能被自由转让，只能通过土地所有权人设定土地使用权方式，才能使土地成为能够被民事主体所拥有的财产，即针对特定四至土地的支配权。因此，土地使用权是我国土地产权的基本形式。另外，租赁土地使用权，土地使用权、抵押权等土地权益，属于广义地产的范畴。

（三）房产与地产的关系

一般而言，存在独立的地产，但没有脱离土地或土地使用权的独立的房产。这主要是因为，从物质形态上看，当土地作为耕地或者空地时，它只是地产；在土地上建房时，地产与房产连为一体，称为“房地产”。房屋必须建立在土地之上这一自然事实，使得房屋必须与土地或土地使用权结合在一起，才能称为完整的财产。也正因如此，对房屋的处分自然应当包括对土地适用权利的处分。

二、房地产的相关概念

（一）不动产

不动产指不可移动或移动后减损其价值或使用价值的财产。这个概念和可随便移转、隐藏的动产相对应。所有的不动产均与土地相关联，因为土地具有不可移动性、固定性特征，附着于或固定于土地之上的物体因此也变得不可移动。在这些附着物中，房屋等建筑物是附着于土地之上最重要的不动产。除此之外，树木、庄稼、地上或地下的矿藏等也属于不动产。可见，不动产是大于房地产的概念。

由于房屋是人们生活和生产的必需品，因而关于其建设、流转等的规则显得非常重要，甚至可以认为，不动产的基本规则都是以土地—房屋为基础建立起来的（并适用于其他不动产）。因此，土地和房屋是最重要的不动产，也可以说，房地产就是不动产的代名词，或称狭义的不动产。

（二）物业

物业是作为房地产或不动产的同义词使用的。具体而言，物业是指单元性房地产的别称，它既可指单元性的地产，也可指单元性建筑物和整幢楼房建筑。日常中的物业管理，是指对楼宇、房屋的经营管理。物业多用于建成房屋的买卖交易，对于房地产开发，我们不用“物业开发”一词。因此，“物业”只是“房地产”一词在特定场合下的习惯用语。

三、法律意义上的房地产

作为不动产的土地和房屋，都属于民法上的物，因此，要从法律角度准确理解房地产，就需要学习民法上物和物权的原理。《中华人民共和国民法典》（以下简称《民法典》）第一百一十四条第二款规定，“物权是权利人依法对特定的物享有直接支配和排他的权利，包括所有权、用益物权和担保物权”。

（一）物权的客体

物权的客体是物。这里的物是指人体之外能够为人力所控制、支配并具有经济价值的有体物。

首先，原则上物是指有体物。有体物包括不动产、动产，以及虽然不占据一定空间或具备一定形状，但是能够为人力所控制的电、气、光波、磁波等物。权利成为物权的客体，仅限于法律有特别规定的情况，如权利质权。又如，土地等资源性财产的公有制是我国的基本经济制度，法律允许在建设用地使用权、土地承包经营权等用益物权上再设定担保物权。

其次，对物的直接支配权性质决定了，如果物权的标的物不特定化，物权人无从对其进行直接的支配。因而，物权的客体必须为特定物，即以物单独具有的特征加以确定的物。它既可以是某个独一无二的物，也可以是特定化了的种类物。

最后，物权的客体一般应是独立物，即能够单独、个别地存在的物。只有是独立物，物权人才能对之进行直接的支配，也才能用交付、登记等形式公示物上的权利状态。对于独立性的认定，只要一般的社会观念认为具有独立性即可，例如，区分所有建筑物的专有部分，可以成为建筑物区分所有权的客体。

按照产生收益的物与产生的收益之间的关系，物分为原物和孳息。孳息又分为天然孳息和法定孳息。原物按其自然规律产生的收益是天然孳息，如土地生长的稻麦、树木的果实、牲畜的幼畜、挤出的牛乳、剪下的羊毛等。法定孳息，一般指因法律关系获得的收益，如出租人根据租赁合同收取的租金、贷款人根据贷款合同取得的利息等。《民法典》第三百二十一条规定：“天然孳息，由所有权人取得；既有所有权人又有用益物权人的，由用益物权人取得。当事人另有约定的，按照其约定。法定孳息，当事人有约定的，按照约定取得；没有约定或者约定不明确的，按照交易习惯取得。”

根据两个独立存在的物在用途上客观存在的主从关系，物分为主物与从物。主物指独立存在，与其他独立物结合使用，并在其中发挥主要效用的物，而在两个独立物结合使用中处于附属地位、起辅助和配合作用的是从物。例如，杯子和杯盖，其中杯子是主物，杯盖是从物。《民法典》第三百二十条规定："主物转让的，从物随主物转让，但是当事人另有约定的除外。"

（二）物权的效力

物权效力是指大陆法民法理论对物权法律效力的概括。通常认为包括三个方面。

（1）对世效力和排他效力。物权仅凭借权利人的对物支配行为即可实现，并可排除第三人的不法干涉，它对权利人以外的一切不特定人具有普遍约束力。

（2）追及效力。标的物不论辗转落入何人之手，物权人都可以依法向实际占有人主张权利，追索原物，以恢复初始权利状态。

（3）优先效力。在同一物上有数种权利并存时，物权具有优先于债权而行使的效力，有担保债权具有优先于无担保债权而行使的效力。

（三）物权的类型

关于物权的创设，我国采用物权法定主义。《民法典》第二百零八条规定："不动产物权的设立、变更、转让和消灭，应当依照法律规定登记。动产物权的设立和转让，应当依照法律规定交付。"也就是说，物权的种类和内容法定，在这一点上与债权不同。比如，合同债权，依照合同自由原则，当事人在不违反法律和社会公共利益的范围内，可以创设任何种类的合同债权。法律也往往不限制合同的种类和内容，允许当事人协商确定合同的内容，并承认其效力。

《民法典》规定了四类物权。

1. 所有权

所有权是所有人在法律规定的范围内独占性地支配其所有的财产的权利。《民法典》第二百四十条规定："所有权人对自己的不动产或者动产，依法享有占有、使用、收益和处分的权利。"《民法典》物权编规定了所有权，区分了国家所有权、集体所有权与私人所有权。在一般所有权之外，还规定了业主的建筑物区分所有权、相邻关系与共有。其中，建筑物区分所有权与共有均属于特殊的所有权；相邻关系则处理不动产领域的毗邻关系，相邻关系也属于法定的特殊所有权关系。《民法典》第二百四十二条规定："法律规定专属于国家所有的不动产和动产，任何组织或者个人不能取得所有权。"

2. 用益物权

用益物权是对他人所有的物在一定范围内使用、收益的权利。《民法典》

物权编规定了土地承包经营权、建设用地使用权、宅基地使用权、居住权和地役权。

3. 担保物权

担保物权是为了担保债的履行，在债务人或第三人的特定财产上设定的物权。《民法典》物权编规定了抵押权（包括一般抵押权和最高额抵押权）、质权（动产质权和权利质权）以及留置权，《民法典》合同编则规定了保证合同。据此，物权性的担保与债权性的担保分属两编。

4. 占有

占有是指对物的控制、占领。占有究竟是一种单纯的事实，还是一种权利，各国的立法是不一致的。有的认为占有是权利，有的认为占有是受法律保护的一种事实状态。《民法典》物权编在所有权、用益物权及担保物权之后，单独规定了占有制度。

（四）物权变动的原则

物权是对物进行直接支配的权利。如果不以一定的可以从外部查知的方式表现物权的产生、变更、消灭，必然纠纷不断，难以保证交易的安全，因此民法上规定对于物权的变动，需要有公示原则和公信原则。

1. 公示原则

公示原则要求物权的产生、变更、消灭，必须以一定的可以从外部查知的方式表现出来。因为物权具有排他的性质，如果没有通过公示方式将物权的变动表现出来，就会给第三人带来不测的损害，影响交易的安全。例如，在房屋上设定抵押权，如果不以一定的方式表现出该抵押权的存在，不知该抵押权存在的购买该房屋的第三人就可能蒙受损害。所以，民法上关于物权的变动，以登记为不动产物权变动的公示方法，以交付为动产物权变动的公示方法。

2. 公信原则

物权的变动以登记或者交付为公示方法，当事人如果信赖这种公示而为一定的行为（如买卖、赠与），即使登记或者交付表现的物权状态与真实的物权状态不相符，也不能影响物权变动的效力。公信原则包括两方面的内容。其一，记载于不动产登记簿的人推定为该不动产的权利人，动产的占有人推定为该动产的权利人，除非有相反的证据证明。这被称为“权利的正确性推定效力”。其二，凡善意信赖公示的表象而为一定的行为，在法律上应当受到保护，保护的方式就是承认发生物权变动的效力。

物权的变动之所以要有公信原则，是因为在现实生活中存在公示表现的物权状态与真实的物权状态不相符的情况。例如，假冒房屋所有人进行移转房屋所有权的登记、家电的借用人将其出卖等。如果在物权交易中都先一一进行调查，必然十分不便。在物权变动中贯彻公信原则，使行为人可以信赖登记与交付所公示的物权状态，进行交易，而不必担心其实际权利的状况。可见，公信原则的目的在于保护交易的安全，稳定社会经济秩序，但有时不免会牺牲真正权利享有人的利益，这是法律为促进社会经济发展，在权利人的个人利益与社会利益之间进行均衡、选择的结果。

《民法典》第三百一十一条第一款、第二款规定："无处分权人将不动产或者动产转让给受让人的，所有权人有权追回；除法律另有规定外，符合下列情形的，受让人取得该不动产或者动产的所有权：（一）受让人受让该不动产或者动产时是善意；（二）以合理的价格转让；（三）转让的不动产或者动产依照法律规定应当登记的已经登记，不需要登记的已经交付给受让人。受让人依据前款规定取得不动产或者动产的所有权的，原所有权人有权向无处分权人请求损害赔偿。"该条规定的是善意取得制度，但其趣旨与公信原则存在交叉。

综上所述，对于物权的变动，应采取公示原则，对于不动产以登记为公示方法，对于动产以交付为公示方法；应采取公信原则，对于动产给予交付（占有）公信力，对于不动产给予登记公信力。公示原则在于使人"知"，公信原则在于使人"信"。一般而言，物权的变动只有在事实和形式上都是真实的，才会产生效力。但是，由于这两个原则被采用的结果，会发生即使事实上已经完成让与合意，但形式上没有采取公示方法（没有进行产权转让登记），仍然不发生物权变动的效力。反之，如果形式上已经履行变动手续（如已登记），但事实上并无真正让与的合意，却仍然发生变动的效果。前述情形初看起来于理不合，但是法律根据物权本身的特点，为保护交易的安全和快捷，稳定社会经济秩序而采取的措施。

（五）物权的保护

物权的保护是指通过法律规定的方法和程序保障物权人在法律许可的范围内对其财产行使占有、使用、收益、处分权利的制度。《民法典》规定的物权保护方法如下：

1. 请求确权

《民法典》第二百三十四条规定："因物权的归属、内容发生争议的，利害关系人可以请求确认权利。"

2. 请求恢复原状

《民法典》第二百三十七条规定："造成不动产或者动产毁损的，权利人可以依法请求修理、重作、更换或者恢复原状。"

3. 请求返还原物

《民法典》第二百三十五条规定："无权占有不动产或者动产的，权利人可以请求返还原物。"

4. 请求排除妨害、消除危险

《民法典》第二百三十三条规定："物权受到侵害的，权利人可以通过和解、调解、仲裁、诉讼等途径解决。"第二百三十六条规定："妨害物权或者可能妨害物权的，权利人可以请求排除妨害或者消除危险。"

5. 请求损害赔偿

《民法典》第二百三十八条规定："侵害物权，造成权利人损害的，权利人可以依法请求损害赔偿，也可以依法请求承担其他民事责任。"

确权，恢复原状，返还原物，排除妨害、消除危险，损害赔偿是物权的民法保护方法，既可以单独使用，也可以与其他保护方法并用，只有这样，才能使物权得到切实的保护。

第二节　城镇房地产制度概述

一、城镇土地使用制度改革

（一）改革前的土地无偿无限期使用制度

我国计划经济时期的城镇土地使用制度具有三大特点。

1. 行政划拨

所谓行政划拨，是指土地由政府有关主管部门调拨使用，具体包括两个方面：

（1）土地使用者如果需要土地，不是通过购买或租赁的方式获得，而是按照一定的建设用地程序，由政府有关主管部门无偿拨给；

（2）国家因经济、文化、国防建设或者兴办社会公共事业，需要使用原土地使用者正在使用的土地，也不是通过购买或租赁的方式取得，而是运用行政手段无偿调用。

2. 无偿无限期使用

所谓无偿无限期使用，是指从国家那里得到土地时不支付地价，在使用土地的过程中也不缴纳地租或土地使用费。同时，国家在将土地划拨给这些使用者时，也没有规定具体明确的土地使用期限。除非遇到国家新的建设需要使用该块土地，否则土地使用者可以无限期地占用下去。

3. 禁止转让土地

所谓禁止转让土地，是指禁止土地使用者以买卖、出租、抵押、赠与、交换等方式将土地转让给其他单位或个人使用。如果土地使用者不再需要使用该块土地，必须将土地无偿交给国家有关部门，由其重新安排使用。

上述我国城市土地使用制度存在着一些弊端，主要表现为：不利于土地的合理利用；不利于正确评价企业的绩效；有违按劳分配原则；不利于城市建设；产生不正之风。

我国改革前的城市土地使用制度是整个传统经济体制的一个重要组成部分，整个传统经济体制不改革，传统城市土地使用制度即使存在上述弊端，也不能顺利进行改革。20 世纪 70 年代末期，我国开始经济体制改革和对外开放，传统城市土地使用制度不再适应经济体制改革和对外开放的需要。改革土地使用制度被提上了日程，土地制度改革释放出土地的巨大活力，促进国民经济健康发展。

（二）城镇土地使用制度改革历程

1. 征收土地使用费

征收土地使用费起初是针对对外开放举办的中外合资企业提出的。1982 年，深圳经济特区开始按照城市土地的不同等级向土地使用者收取不同标准的使用费。国务院于 1988 年发布了《中华人民共和国城镇土地使用税暂行条例》（以下简称《城镇土地使用税暂行条例》），规定土地使用费改征土地使用税。

2. 开展土地使用权有偿出让和转让

征收土地使用费的改革还未放开土地使用权转让，因而对传统土地使用制度触动不大。1987 年下半年，深圳经济特区率先开展土地使用权有偿出让和转让的试点，国家出让土地使用权及允许进行土地使用权抵押。1988 年，福州、海口、广州、厦门、上海、天津等城市也相继进行了这方面的试点。

3. 制定地方性土地使用权有偿出让、转让法规

为了使土地使用权有偿出让、转让活动法制化，做到有法可依，自 1987 年 11 月起，上海、广东、海南、海口、厦门、天津先后制定和颁发了地方性的土地使用权有偿出让和转让的有关办法或规定。

4. 修改宪法和土地管理法

1988 年 4 月 12 日通过的《中华人民共和国宪法》（以下简称《宪法》）修正案，删去了《宪法》中不得出租土地的规定，改为："土地的使用权可以依照法律的规定转让。"这为土地使用权制度改革的全面推开和深入发展扫清了道路。1988 年 12 月 29 日，我国对《中华人民共和国土地管理法》（以下简称《土地管理法》）也做了相应修改。2004 年 3 月 14 日，十届全国人大二次会议通过了《宪法》修正案，将《宪法》第十条第三款修改为："国家为了公共利益的需要，可以依照法律规定对土地实行征收或者征用并给予补偿。"根据《宪法》修正案，2004 年 8 月 28 日，十届全国人大常委会第十一次会议通过了《关于修改〈中华人民共和国土地管理法〉的决定》，区分了"征收"和"征用"的含义。

5. 制定全国性土地使用权出让和转让条例

1990 年 5 月 19 日，国务院发布了《中华人民共和国城镇国有土地使用权出让和转让暂行条例》（以下简称《城镇国有土地使用权出让和转让暂行条例》），对土地使用权出让、转让、出租、抵押、终止以及划拨土地使用权等问题做了明确规定。1994 年 7 月 5 日，全国人大常委会通过了《城市房地产管理法》，明确规定"国家依法实行国有土地有偿、有限期使用制度"，并对土地使用权的出让和转让做了进一步的补充完善。

（三）现行城镇土地使用制度

经过改革探索，我国新型城镇土地使用制度逐步确立。现行城镇土地使

用制度，是在不改变城市土地国有的条件下，采取拍卖、招标、协议、挂牌等方式将土地使用权有偿、有限期地出让给土地使用者；土地使用者的土地使用权在使用年限内可以转让、出租、抵押或者用于其他经济活动，其合法权益受国家法律保护。

二、城镇住房制度改革

改革开放之后，我国房地产市场的发展壮大，主要得益于两大制度改革：一是城镇住房制度改革，简称“住房制度改革”或者“房改”；二是城镇国有土地使用制度改革，简称“土地使用制度改革”。通过上述两大制度改革，我国形成了土地使用权出让和转让市场、新建商品房买卖市场、存量房（也称“二手房”）买卖和租赁市场，房地产抵押以及房地产开发、估价、经纪、物业管理等经济活动也很活跃。

（一）探索和试点阶段

改革开放之前，城镇住房主要由国家投资建设；建好的住房不出售，主要是通过职工所在单位，按照工龄、职务、学历等打分排队进行分配；对于分配后的住房，只收取象征性的、近乎无偿使用的低租金。这种住房制度通常被概括为“国家统包住房投资建设，以实物形式向职工分配并近乎无偿使用的福利性住房制度”。在上述住房制度下，不仅住房建设投资“有去无回”，不能循环和周转，而且收取的低租金不够支付住房的日常维修和管理费用，住房建设以及维修和管理成了国家的沉重包袱，职工对住房形成“等、靠、要”的观念，抑制了个人对住房的投入，城镇住房紧张问题日益突出。

1978 年 9 月，邓小平同志提出：解决住宅问题能不能路子宽些。1980 年 4 月，邓小平同志在关于建筑业和住宅问题的谈话中，指出了城镇住房体制的基本走向，打破了传统的住房公有制、福利制观点，描绘出了住房新制度的基本蓝图。同年 6 月，中共中央、国务院在批转《全国基本建设工作会议汇报提纲》中正式提出实行住房商品化政策，准许私人建房、买房、拥有自己的住宅，不仅新建住宅可以出售，现有住宅也可以出售。城镇住房制度改革的序幕由此拉开。

住房制度改革的实践，始于 1979 年，经历了公房出售试点、提租补贴试点。

公房出售试点。1979 年，国家城建总局决定试行把新建住房以土建成本价向居民出售。到 1981 年，全国有 23 个省、自治区、直辖市的 60 多个城市，以及部分县镇开展了这种新建住房出售工作。1982 年 4 月，国家建委、国家城建总局选择郑州、常州、四平、沙市 4 个城市进行新建住房补贴出售试点。在总结经验的基础上，城乡建设环境保护部在 1984 年 10 月向国务院提出了《关于扩大城市公有住宅补贴出售试点的报告》。到 1985 年底，全国共有 27 个省、自治区、直辖市的 160 个设市城市和 300 个县镇开展了补贴出售公房的试点，共出售住房 1092 万平方米。

提租补贴试点。补贴售房在一定程度上解决了当时城镇居民经济承受能力较低的问题，但在试点中出现了一些问题。到了 1986 年初，新建公房补贴出售的改革因受到广泛批评而停止。1987 年，国务院相继批准烟台、蚌埠、唐山 3 个城市以提租和补贴持平为原则，大幅度提高租金，同时给予相应补贴的住房制度改革方案。在总结试点城市经验的基础上，以 1988 年第一次全国住房制度改革工作会议为标志，我国形成了以提租补贴为核心的第一个全国性的住房制度改革方案。截至 1990 年，全国共 12 个城市、13 个县镇和一批企业出台了以提租补贴为主要内容的房改方案。

（二）全面推进和配套改革阶段

以提租和补贴总量平衡为基本思路的房改方案对既得利益者触动很大，在实际操作中面临多重阻力，难以全面推开。1991 年 6 月，《国务院关于继续积极稳妥地进行城镇住房制度改革的通知》发布，提出了分步提租、交纳租赁保证金、新房新制度、集资合作建房、出售公房等多种形式推进住房制度改革的思路。同年 10 月，我国召开了第二次全国住房制度改革工作会议，提出了“多提少补”或小步提租不补贴的租金改革原则，指出房改“贵在起步”。同年 11 月，国务院办公厅转发了国务院住房制度改革领导小组《关于全面推进城镇住房制度改革的意见》，明确了住房制度改革的指导思想和根本目的。这些措施推动了全国特别是大城市的住房制度改革，标志着房改已从探索和试点阶段，进入全面推进和综合配套改革新阶段。

（三）深化和全面实施阶段

1994 年 7 月，八届全国人大常委会第八次会议通过《城市房地产管理法》，自 1995 年 1 月 1 日起施行。该法的出台，对加强城市房地产管理、维护房地产市场秩序、保障房地产权利人合法权益、促进房地产业健康发展具有重要意义。在该法的起草和审议过程中，各方面对一些问题有不同意见，争议的问题主要有：房地产管理体制、是否规定“房地产权利主体一致的原则"、集体所有的土地能否出让、是否规定土地使用权的划拨方式、土地使用权的出让方式、私有房屋用地是否规定视同划拨方式取得、土地使用权的使用期限、以出让方式取得的土地使用权期满后该土地上的地上物如何处理、房地产开发期限、是否规定对房地产开发企业进行资质审查、对预售商品房的条件限制、预购商品房的再转让、房屋租赁及其租期、房地产登记发证等。

1994 年 7 月，《国务院关于深化城镇住房制度改革的决定》发布，确定房改的根本目的是建立与社会主义市场经济体制相适应的新的城镇住房制度，实现住房商品化、社会化；加快住房建设，改善居住条件，满足城镇居民不断增长的住房需求。房改的基本内容可概括为"三改四建"，住房制度改革要坚持配套、分阶段推进。该决定指出，近期的任务是：全面推行住房公积金制度，积极推进租金改革，稳步出售公有住房，大力发展房地产交易市场和社会化的房屋维修、管理市场，加快经济适用住房建设，到 20 世纪末初步建立起新的城镇住房制度，使城镇居民住房达到小康水平。

1998 年是房改取得关键性突破的一年。该年 7 月，为促使住宅业成为新的经济增长点，《国务院关于进一步深化城镇住房制度改革加快住房建设的通知》发布，宣布从 1998 年下半年开始停止住房实物分配，逐步实行住房分配货币化。深化房改的指导思想是：稳步推进住房商品化、社会化，逐步建立适应社会主义市场经济体制和我国国情的城镇住房新制度；加快住房建设，促使住宅业成为新的经济增长点，不断满足城镇居民日益增长的住房需求。深化房改的目标是：停止住房实物分配，逐步实行住房分配货币化；建立和完善以经济适用住房为主的多层次城镇住房供应体系；发展住房金融，培育和规范住房交易市场。

党的十九大报告中明确指出，"坚持房子是用来住的、不是用来炒的定位，加快建立多主体供给、多渠道保障、租购并举的住房制度，让全体人民住有所居"。相比党的十八大报告中提出的"建立市场配置和政府保障相结合的住房制度"，党的十九大报告中的全新提法富有新意也深有内涵，表明党中央在深思熟虑之后，开始逐步认为住房制度不仅要有市场配置作为主体组成部分、补齐政府保障的短板，还要在市场配置和政府保障之外扶持培养新供给主体、探索增加"第三条道路"的可能性。

三、住房保障制度

住房保障制度是国家通过行政手段保障人民基本居住需求的各种政策措

施，是对市场化住房分配制度的必要补充，也是国家社会政策与社会保障制度的重要组成部分。目前，我国正在加快建立以公共租赁住房、保障性租赁住房和共有产权住房为主体的住房保障体系。

（一）以经济适用住房保障制度为主阶段（1988—2002 年）

我国在住房制度改革之初，就提出建立保障和市场双轨制的住房供应体系。1994 年 7 月，《国务院关于深化城镇住房制度改革的决定》提出，建立以中低收入家庭为对象、具有社会保障性质的经济适用住房供应体系和以高收入家庭为对象的商品房供应体系。经济适用房成为我国保障房体系建设的开端。1998 年 7 月，《国务院关于进一步深化城镇住房制度改革加快住房建设的通知》提出，建立和完善以经济适用住房为主的多层次城镇住房供应体系。其中，最低收入家庭租赁由政府或单位提供的廉租住房；中低收入家庭购买经济适用住房；其他收入高的家庭购买、租赁市场价商品住房。廉租住房是我国最早的出租型保障房，我国开始形成以廉租住房为主的出租性保障房，以及以经济适用房为主的出售性保障房组成的两种住房保障体系。

（二）廉租住房保障阶段（2003—2009 年）

2003 年 8 月，《国务院关于促进房地产市场持续健康发展的通知》提出，要完善供应政策，调整供应结构，建立和完善廉租住房制度，强化政府住房保障职能，切实保障城镇最低收入家庭基本住房需求。

2006 年 5 月，《关于调整住房供应结构稳定住房价格意见的通知》提出，廉租住房是解决低收入家庭住房困难的主要渠道，要加快城镇廉租住房制度建设，稳步扩大廉租住房制度覆盖面。

2007 年 8 月，《国务院关于解决城市低收入家庭住房困难的若干意见》发布，扩大了廉租住房制度的保障范围，出租对象由城市最低收入住房困难家庭扩大到低收入住房困难家庭。

（三）公共租赁住房保障阶段（2010—2019 年）

2010 年 6 月，住房城乡建设部、国家发展改革委等七部委联合发布《关于加快发展公共租赁住房的指导意见》，确定了公共租赁住房在我国住房保障制度中的地位。其供应对象主要是城市中等偏下收入住房困难家庭。我国租房保障体系形成“廉租房—公租房—经济适用房”“三足鼎立”的局面。2014 年，公共租赁住房和廉租住房统称为“公共租赁住房”，开始并轨运行，公共租赁住房进入快速发展阶段。

（四）保障性租赁住房阶段（2020 年以来）

保障性租赁住房建设是我国新形势下住房制度改革的又一个新探索，是解决大城市住房结构性问题的着力点，更是优化房地产租住供需平衡，促进房地产健康稳定发展的有效手段。

2020 年的中央经济工作会议以“解决好大城市住房突出问题”和“解决好青年人的住房问题”为重要议题进行讨论，正式提出加大保障性租赁住房建设力度，并要求土地供应向租赁住房建设倾斜。保障性租赁住房正式成为我国住房保障体系的重要组成部分。2021 年 3 月，国务院政府工作报告提出，解决好大城市住房突出问题，切实增加保障性租赁住房供给，降低租赁住房税费负担，尽最大努力帮助新市民、青年人等缓解住房困难。2021 年 7 月，《国务院办公厅关于加快发展保障性租赁住房的意见》印发，要求扎实推进住房保障工作，有效改善了城镇户籍困难群众住房条件，但新市民、青年人等群体住房困难问题仍然比较突出，需加快完善以公共租赁住房、保障性租赁住房和共有产权住房为主体的住房保障体系。首次在国家层面明确了我国住房保障体系的顶层设计，明确了保障性租赁住房基础制度及相关支持政策。我国正式形成“公共租赁住房—保障性租赁住房—共有产权房”的新时代住房保障体系。随后，各地的“十四五”规划更是明确了保障性租赁住房的建设指标，正式确立了保障性租赁住房在住房保障体系中的独立地位，保障性租赁住房成为我国保障性住房供应体系的重要组成部分和重点工作。

（五）共有产权住房探索

我国部分省份因地制宜地推出了一些新的保障性住房产品。2007 年，江苏省淮安市最先在全国提出将共有产权房作为保障性住房。2014 年 6 月，北京、上海、深圳、成都、淮安、黄石 6 个城市作为共有产权住房试点城市进行试运行，共有产权房以试点的形式成为新的保障性住房，但并未在全国内形成推广。

四、住房公积金制度

（一）住房公积金制度概述

住房公积金，是指国家机关、国有企业、城镇集体企业、外商投资企业、城镇私营企业及其他城镇企业、事业单位、民办非企业单位、社会团体（统称“单位”）及其在职职工缴存的长期住房储金。职工个人缴存的住房公积金和职工所在单位为职工缴存的住房公积金，属于职工个人所有。住房公积金实行住房公积金管理委员会决策、住房公积金管理中心运作、银行专户存储、财政监督制度。

我国住房公积金制度最早于1991年在上海市建立。从1992年起，北京、天津、南京、武汉等城市也相继试行符合本地实际的住房公积金制度。1994年，《国务院关于深化城镇住房制度改革的决定》（国发〔1994〕43号），要求全面推行住房公积金制度。1999年，国务院发布施行了《住房公积金管理条例》，住房公积金业务稳步发展，逐步规范，住房公积金的使用方向从生产领域转向消费领域，从支持住房建设转向支持职工住房消费。2002年，国务院修改了《住房公积金管理条例》，从调整和完善住房公积金决策体系、规范住房公积金管理机构设置、健全和完善监督体系、强化住房公积金归集和使用等方面进一步完善住房公积金制度，规范住房公积金管理。《国务院关于修改部分行政法规的决定》（2019年3月24日中华人民共和国国务院令第710号）再次对住房公积金制度进行了修改。

（二）住房公积金缴存

上文所述单位及其在职职工都应按月缴存住房公积金。有条件的地方，城镇单位聘用进城务工人员，单位和职工可缴存住房公积金；城镇个体工商户、自由职业人员可申请缴存住房公积金。职工缴存的住房公积金和单位为职工缴存的住房公积金，全部纳入职工个人账户。每位职工只能有一个住房公积金账户。职工个人缴存的住房公积金，由所在单位每月从其工资中代扣代缴。单位应当于每月发放职工工资之日起5日内将单位缴存的和为职工代缴的住房公积金汇缴到住房公积金专户内，由受委托银行计入职工住房公积金账户。

住房公积金缴存基数是职工本人上一年度月平均工资，原则上不应超过职工工作地所在城市统计部门公布的上一年度职工月平均工资的2倍或3倍。缴存基数每年调整一次。缴存比例是指职工个人和单位缴存住房公积金的数额占职工上一年度月平均工资的比例。单位和个人的缴存比例不低于5%，原则上不高于12%。具体缴存比例由住房公积金管委会拟定，经本级人民政府审核后，报省、自治区、直辖市人民政府批准。

（三）住房公积金提取

住房公积金提取，是指缴存职工符合住房消费提取条件或丧失缴存条件时，部分或全部提取个人账户内的住房公积金存储余额的行为。职工有下列情形的，可以申请提取个人账户内的住房公积金存储余额：

（1）购买、建造、翻建、大修自住住房的；

（2）偿还购建自住住房贷款本息的；

（3）租赁自住住房，房租超出家庭工资收入一定比例的；

（4）离休、退休和出境定居的；

（5）职工死亡、被宣告死亡的；

（6）享受城镇最低生活保障的；

（7）完全或部分丧失劳动能力，并与单位终止劳动关系的；

（8）管委会依据相关法规规定的其他情形。

（四）住房公积金使用

1. 发放个人住房贷款

设立个人住房公积金账户，且连续足额正常缴存一定期限的职工，在购买、建造、翻建、大修自住住房时，可以向住房公积金管理中心申请住房公积金个人住房贷款。缴存职工在缴存地以外地区购房，可按购房地住房公积金个人住房贷款政策向购房地住房公积金管理中心申请住房公积金个人住房贷款。

住房公积金个人住房贷款和商业性个人住房贷款，除贷款资金来源不同外，在贷款对象、贷款流程以及贷款利率、额度等方面也存在明显差异。

2. 购买国债

在保证职工住房公积金提取和贷款的前提下，经住房公积金管理委员会批准，住房公积金管理中心可将住房公积金用于购买国债。

3. 贷款支持保障性住房建设试点

2009 年，国家开展了利用住房公积金贷款支持保障性住房建设的试点工作。试点城市在优先保证职工提取和个人住房贷款、留足备付准备金的前提下，可将 50%以内的住房公积金结余资金贷款支持保障性住房建设，贷款利率按照五年期以上个人住房公积金贷款利率上浮 10%执行。利用住房公积金结余资金发放的保障性住房建设贷款，定向用于经济适用住房、列入保障性住房规划的城市棚户区改造项目安置用房、政府投资的公共租赁住房建设。

第三节　房地产制度体系

目前，我国房地产的法律法规制度体系建设已取得了显著成绩，该体系的构架由法律、行政法规、地方性法规、部门规章、地方性政府规章、规范性文件和技术标准（规范）等构成。

一、法的主要形式

法是由国家制定或认可的，经过必要的程序通过，能够反映统治阶级意志，并且由国家强制力保证实施的规范体系。它通过确定人们在一定社会关系中的权利和义务，确认、保护和发展对统治阶级有利的社会关系与社会秩序。

一般情况下，我国法律坚持“法不溯及既往”原则，这也是各国通行的法律原则。“法不溯及既往”是指新的法律颁布后，对其生效前的事件和行为不适用。通俗地讲，就是不能用今天的规定去约束昨天的行为。

法的形式，是指法是由何种国家机关，依照什么方式或程序创制出来，并表现为何种形式、具有何种效力等级的法律文件。我国法的形式主要有以下几种。

（一）宪法

宪法是国家的根本大法，是当代中国最重要的法的渊源。《宪法》由最高国家权力机关——全国人民代表大会制定、通过和修改，其规定了当代中国最根本的政治、经济和社会制度；规定了国家的根本任务，公民的基本权利和基本义务，国家机关的组织结构和活动原则等国家与社会生活中最基本、最重要的问题。《宪法》是其他法律、法规的“母法”，其他法律、法规的规定是《宪法》这一根本法的具体化。按照《宪法》的规定，《宪法》具有最高的法律效力，其他法律、法规的制定，均需以《宪法》为依据，服从《宪法》，凡与《宪法》相抵触、相冲突的法律、法规以及活动和行为，均不具有法律效力。

（二）法律

法律是由全国人民代表大会和全国人民代表大会常务委员会制定颁布的。根据《宪法》的规定，法律分为基本法律和基本法律以外的法律。基本法律由全国人民代表大会制定和修改，内容涉及国家和社会生活某一方面最基本的问题，如《中华人民共和国刑法》（以下简称《刑法》）、民法、诉讼法以及有关国家机构和其他的法律；基本法律以外的法律由全国人民代表大会常务委员会制定和修改，内容涉及“除应当由全国人民代表大会制定的法律以外的其他法律”。按照《宪法》规定，在全国人民代表大会闭会期间，全国人民代表大会常务委员会也有权对全国人民代表大会制定的基本法律在不同该法律基本原则相抵触的条件下进行部分补充和修改。全国人民代表大会通过的法律由国家主席签署主席令予以公布。

此外，全国人民代表大会及其常务委员会做出的决议或决定，具有规范性内容的，也属于法律的范畴，与法律具有同等效力。

（三）行政法规

行政法规是指国家最高行政机关即国务院根据《宪法》和法律制定的一种规范性文件，其法律地位和法律效力仅次于《宪法》和法律。行政法规由国务院总理签署国务院令予以颁布。

（四）地方性法规

我国地方性法规有省级和市级两种类型。

省、自治区、直辖市的人民代表大会及其常务委员会根据本行政区域的具体情况和实际需要，在不同宪法、法律、行政法规相抵触的前提下，可以制定地方性法规，报全国人民代表大会常务委员会备案。

较大的市的人民代表大会及其常务委员会根据本市的具体情况和实际需要，在不同宪法、法律、行政法规和本省、自治区的地方性法规相抵触的前提下，可以制定地方性法规，报省、自治区人民代表大会常务委员会批准后施行，并报全国人民代表大会常务委员会和国务院备案。

（五）规章

规章分为两类：国务院部门规章和地方政府规章。

国务院部门规章：国务院所属各部、委员会、中国人民银行、审计署和具有行政管理职能的直属机构，可以根据法律和国务院的行政法规、决定、命令，在本部门的权限范围内，制定规章。

地方政府规章：省、自治区、直辖市以及省、自治区人民政府所在地的市和较大的市的人民政府，可以根据法律和行政法规以及本省、自治区、直辖市的地方性法规，制定规章。地方政府规章的法律效力低于宪法、法律、行政法规和地方性法规。

二、法律规范冲突解决规则

法律规范冲突，是指不同的法律规范对同一事项作出了相互矛盾或不一致的规定。在法律规范发生冲突时，行政机关或司法机关应当根据法律规范的效力等级、立法先后等标准，确定应当适用哪一个法律规范。

（一）有除外条款时优先适用除外条款

所谓除外条款，就是在一般规定以外的特殊规定。对于适合的特殊情形，其效力优先。例如，《民法典》第一百五十三条规定："违反法律、行政法规的强制性规定的民事法律行为无效。但是，该强制性规定不导致该民事法律行为无效的除外。"

无除外条款时，则看发生冲突的法律规范是否出自同一立法机关，分两种情况：同一立法机关的法律冲突和不同立法机关之间的法律冲突。

（二）同一立法机关的法律冲突

1. 特别法优于一般法

《中华人民共和国立法法》（以下简称《立法法》）第九十二条规定："同一机关制定的法律、行政法规、地方性法规、自治条例和单行条例、规章，特别规定与一般规定不一致的，适用特别规定。"法律适用范围大的是一般法，法律适用范围小的则属于特别法。或者说，当两个法之间在适用范围上构成了个别与一般的关系时，调整个别关系的法是特别法，调整一般关系的法是一般法。

2. 新法优于旧法

《立法法》规定，同一机关制定的法律、行政法规、地方性法规、自治条例和单行条例、规章……新的规定与旧的规定不一致的，适用新的规定。

3. 新的一般规定与旧的特别规定不一致，不能确定如何适用时，由制定机关裁决

《立法法》规定：法律之间对同一事项的新的一般规定与旧的特别规定不一致，不能确定如何适用时，由全国人民代表大会常务委员会裁决。行政法规之间对同一事项的新的一般规定与旧的特别规定不一致，不能确定如何适用时，由国务院裁决。

（三）不同立法机关之间的法律冲突

1. 能判断效力层级：上位法优于下位法

上位法优于下位法，是指效力等级高的法律与效力等级低的法律发生冲突时，应当适用效力等级高的法律。在我国，不同类型法之间的效力高低为：

（1）《宪法》具有最高法律效力；

（2）法律的效力高于行政法规、地方性法规、规章；

（3）行政法规的效力高于地方性法规、规章；

（4）地方性法规的效力高于本级和下级地方政府规章；

（5）省、自治区的人民政府制定的规章的效力高于本行政区域内的较大的市的人民政府制定的规章。

上位法优于下位法规则的例外是：自治条例和单行条例依法对法律、行政法规、地方性法规做变通规定的，在本自治地方适用自治条例和单行条例的规定。经济特区法规根据授权对法律、行政法规、地方性法规做变通规定的，在本经济特区适用经济特区法规的规定。

2. 不能判断效力层级

（1）部门规章之间、部门规章与地方政府规章之间对同一事项的规定不一致时，由国务院裁决。

（2）地方性法规与部门规章之间对同一事项的规定不一致，不能确定如何适用时，向国务院提出意见。国务院认为应当适用地方性法规的，应当决定在该地方适用地方性法规的规定；认为应当适用部门规章的，应当提请全国人民代表大会常务委员会裁决。

三、房地产领域的主要法律、行政法规、规章以及规范性文件和技术标准（规范）

（一）法律

房地产领域的法律主要包括：《民法典》、《城市房地产管理法》、《土地

管理法》、《中华人民共和国城乡规划法》（以下简称《城乡规划法》）、《中华人民共和国资产评估法》（以下简称《资产评估法》）等。

（二）行政法规

房地产方面的行政法规主要有《中华人民共和国土地管理法实施条例》（以下简称《土地管理法实施条例》）、《城镇国有土地使用权出让和转让暂行条例》、《国有土地上房屋征收与补偿条例》、《城市房地产开发经营管理条例》、《建设工程质量管理条例》、《住房公积金管理条例》、《物业管理条例》、《不动产登记暂行条例》等。

（三）规章

房地产部门规章主要有《房地产开发企业资质管理办法》《城市商品房预售管理办法》《商品房销售管理办法》《商品房租赁管理办法》《城市房地产抵押管理办法》《闲置土地处置办法》《注册房地产估价师管理办法》《房地产估价机构管理办法》《房产测绘管理办法》《已购公有住房和经济适用住房上市出售管理暂行办法》《廉租住房保障办法》等。

（四）规范性文件和技术标准（规范）

规范性文件是指主管部门根据法律、法规和规章的规定，在本部门的权限范围内，以通知、意见等形式发布的文件或者标准、规范。房地产领域的规范性文件主要包括：《国务院关于深化城镇住房制度改革的决定》《国务院关于促进房地产市场持续健康发展的通知》《国务院办公厅关于加快培育和发展住房租赁市场的若干意见》《房地产估价师职业资格制度规定》《房地产估价师职业资格考试实施办法》《关于加强与银行贷款业务相关的房地产抵押和评估管理工作的通知》《房地产经纪专业人员职业资格制度暂行规定》《房地产经纪专业人员职业资格考试实施办法》《国有土地上房屋征收评估办法》《房地产抵押估价指导意见》《关于进一步规范和加强房屋网签备案工作的指导意见》等。

房地产方面的国家标准主要有《房地产估价规范》《房地产估价基本术语》《房产测量规范》。房地产方面的行业标准主要有《房地产业基本术语标准》《房地产市场基础信息数据标准》等多项技术规范。

第二章　土地管理法规制度

第一节　土地管理基本制度

一、土地公有制

《土地管理法》第二条规定：“中华人民共和国实行土地的社会主义公有制，即全民所有制和劳动群众集体所有制。”《宪法》规定：任何组织或者个人不得侵占、买卖或者以其他形式非法转让土地。土地的使用权可以依照法律的规定转让。

（一）国有土地

《宪法》规定：“城市的土地属于国家所有。”即城市的土地实行全民所有制，简称“国有土地”。《土地管理法》规定：全民所有，即国家所有土地的所有权由国务院代表国家行使。

《民法典》第二百四十九条规定：“城市的土地，属于国家所有。法律规定属于国家所有的农村和城市郊区的土地，属于国家所有。”《土地管理法》第九条规定：“城市市区的土地属于国家所有。”

（二）集体土地

《宪法》第十条和《土地管理法》第九条规定：“农村和城市郊区的土地，除由法律规定属于国家所有的以外，属于农民集体所有；宅基地和自留地、自留山，属于农民集体所有。”《宪法》第九条规定：“矿藏、水流、森林、山岭、草原、荒地、滩涂等自然资源，都属于国家所有，即全民所有；由法律规定属于集体所有的森林和山岭、草原、荒地、滩涂除外。”

《土地管理法》第十一条规定：“农民集体所有的土地依法属于村农民集体所有的，由村集体经济组织或者村民委员会经营、管理；已经分别属于村内两个以上农村集体经济组织的农民集体所有的，由村内各该农村集体经济组织或者村民小组经营、管理；已经属于乡（镇）农民集体所有的，由乡（镇）农村集体经济组织经营、管理。”

可见，农民集体土地有三类：①村农民集体；②村内两个以上农村集体经济组织的农民集体；③乡（镇）农民集体。

二、土地用途管制制度

根据土地利用总体规划，土地的用途分为农用地、建设用地和未利用土地。农用地是指直接用于农业生产的土地，包括耕地、林地、草地、农田水利用地、养殖水面等；建设用地是指建造建筑物、构筑物的土地，包括城乡住宅和公共设施用地、工矿用地、交通水利设施用地、旅游用地、军事设施用地等；未利用地是指农用地和建设用地以外的土地。

土地用途管制的核心是不能随意改变农用地的用途。农用地转用须经有批准权的人民政府核准。控制建设用地总量，严格限制农用地转为建设用地。《土地管理法》第四十四条规定，建设占用土地，涉及农用地转为建设用地的，应当办理农用地转用审批手续。审批权限为：

（1）永久基本农田转为建设用地的，由国务院批准；

（2）在土地利用总体规划确定的城市和村庄、集镇建设用地规模范围内，为实施该规划而将永久基本农田以外的农用地转为建设用地的，按土地利用年度计划分批次按照国务院规定由原批准土地利用总体规划的机关或者其授权的机关批准；

（3）在已批准的农用地转用范围内，具体建设项目用地可以由市、县人民政府批准；

（4）在土地利用总体规划确定的城市和村庄、集镇建设用地规模范围外，将永久基本农田以外的农用地转为建设用地的，由国务院或者国务院授权的省、自治区、直辖市人民政府批准。

三、土地有偿有限期使用制度

《土地管理法》第二条规定，国家依法实行国有土地有偿使用制度。但是，国家在法律规定的范围内划拨国有土地使用权的除外。根据《城镇国有土地使用权出让和转让暂行条例》，土地使用权出让是指国家以土地所有者的身份将土地使用权在一定年限内让与土地使用者，并由土地使用者向国家支付土地使用权出让金的行为。

四、耕地保护制度

《土地管理法》规定：十分珍惜、合理利用土地和切实保护耕地是我国的基本国策。各级人民政府应当采取措施，全面规划，严格管理，保护、开发土地资源，制止非法占用土地的行为。《民法典》第二百四十四条规定：国家对耕地实行特殊保护，严格限制农用地转为建设用地，控制建设用地总量。

《土地管理法》规定：国家保护耕地，严格控制耕地转为非耕地。非农业建设必须节约使用土地，可以利用荒地的，不得占用耕地；可以利用劣地的，不得占用好地。禁止占用耕地建窑、建坟或者擅自在耕地上建房、挖砂、采石、采矿、取土等。

（一）占用耕地补偿制度

《土地管理法》规定，国家实行占用耕地补偿制度。非农业建设经批准占用耕地的，按照“占多少，垦多少”的原则，由占用耕地的单位负责开垦与所占用耕地的数量和质量相当的耕地；没有条件开垦或者开垦的耕地不符合要求的，应当按照省、自治区、直辖市的规定缴纳耕地开垦费，专款用于开垦新的耕地。省、自治区、直辖市人民政府应当制订开垦耕地计划，监督占用耕地的单位按照计划开垦耕地或者按照计划组织开垦耕地，并进行验收。

省、自治区、直辖市人民政府应当严格执行土地利用总体规划和土地利用年度计划，采取措施，确保本行政区域内耕地总量不减少、质量不降低。耕地总量减少的，由国务院责令在规定期限内组织开垦与所减少耕地的数量与质量相当的耕地；耕地质量降低的，由国务院责令在规定期限内组织整治。新开垦和整治的耕地由国务院自然资源主管部门会同农业农村主管部门验收。个别省、直辖市确因土地后备资源匮乏，新增建设用地后，新开垦耕地的数量不足以补偿所占用耕地的数量的，必须报经国务院批准减免本行政区域内开垦耕地的数量，易地开垦数量和质量相当的耕地。

（二）永久基本农田保护制度

《土地管理法》规定，国家实行永久基本农田保护制度。下列耕地应当根据土地利用总体规划划为永久基本农田，实行严格保护：

（1）经国务院农业农村主管部门或者县级以上地方人民政府批准确定的粮、棉、油、糖等重要农产品生产基地内的耕地；

（2）有良好的水利与水土保持设施的耕地，正在实施改造计划以及可以改造的中、低产田和已建成的高标准农田；

（3）蔬菜生产基地；

（4）农业科研、教学试验田；

（5）国务院规定应当划为永久基本农田的其他耕地。

各省、自治区、直辖市划定的永久基本农田一般应当占本行政区域内耕地的80%以上，具体比例由国务院根据各省、自治区、直辖市耕地实际情况规定。

永久基本农田划定以乡（镇）为单位进行，由县级人民政府自然资源主管部门会同同级农业农村主管部门组织实施。永久基本农田应当落实到地块，纳入国家永久基本农田数据库严格管理。乡（镇）人民政府应当将永久基本农田的位置、范围向社会公告，并设立保护标志。永久基本农田经依法划定后，任何单位和个人不得擅自占用或者改变其用途。国家能源、交通、水利、军事设施等重点建设项目选址确实难以避让永久基本农田，涉及农用地转用或者土地征收的，必须经国务院批准。禁止通过擅自调整县级土地利用总体规划、乡（镇）土地利用总体规划等方式，规避永久基本农田农用地转用或者土地征收的审批。禁止占用永久基本农田发展林果业和挖塘养鱼。

（三）鼓励土地开发和整理

《土地管理法》规定，国家鼓励单位和个人按照土地利用总体规划，在保护和改善生态环境、防止水土流失和土地荒漠化的前提下，开发未利用的土地；适宜开发为农用地的，应当优先开发成农用地。国家依法保护开发者的合法权益。

国家也鼓励土地整理。县、乡（镇）人民政府应当组织农村集体经济组织，按照土地利用总体规划，对田、水、路、林、村综合整治，提高耕地质量，增加有效耕地面积，改善农业生产条件和生态环境。地方各级人民政府应当采取措施，改造中、低产田，整治闲散地和废弃地。

第二节 建设用地概述

一、建设用地分类

土地按照用途分为农用地、建设用地和未利用地。建设用地是指用于建造建筑物、构筑物的土地，包括城乡住宅和公共设施用地、工矿用地、交通水利设施用地、旅游用地、军事设施用地等。建设用地管理要严格控制农业用地向非农业用地转变，清查处理违法用地和违章用地，优化土地资源配置、促进土地集约节约利用，对建设用地供应进行科学合理的安排。

（一）按土地使用的主要性质分类

按照国家标准《城市用地分类与规划建设用地标准》（GB 50137—2011），用地分类包括城乡用地分类、城市建设用地分类两部分，该标准对各类用地赋予相应的英文字母代码。例如，居住用地，其对应的英文近义词为residential，居住用地的代码界定为英文字母 R，即居住用地（R）。

1. 城乡用地分类

城乡用地指市域范围内所有土地，包括建设用地（H）与非建设用地（E）。建设用地分为：城乡居民点建设用地（H1）、区域交通设施用地（H2）、区域公用设施用地（H3）、特殊用地（H4）、采矿用地（H5）、其他建设用地（H9）。非建设用地包括水域（E1）、农林用地（E2）、其他非建设用地（E9）。

2. 城市建设用地分类

城市建设用地共分为 8 大类：居住用地（R）、公共管理与公共服务用地（A）、商业服务业设施用地（B）、工业用地（M）、物流仓储用地（W）、道路与交通设施用地（S）、公用设施用地（U）、绿地与广场用地（G）。

（二）按土地上附着物的性质分类

1. 建筑物用地

建筑物用地是指建筑物占用使用的土地。

2. 构筑物用地

构筑物用地是指构筑物占用使用的土地。

（三）按土地所有权的归属分类

1. 国有建设用地

国有建设用地是指所有权属于国家所有即全民所有的用于建造建筑物、构筑物的土地，包括城市市区的土地，以及城市市区以外的铁路、公路、机场、国有企业、港口等国家所有的建设用地。

2. 集体所有建设用地

集体所有建设用地是指所有权属于集体所有的用于建造建筑物、构筑物的土地，包括宅基地，乡（镇）村公共设施、公益事业、乡村办企业使用农民集体所有的建设用地，集体经营性建设用地。

需要注意的是，在没有特别说明时，建设用地即指国有建设用地。《民法典》第十二章建设用地使用权所指的也是国有建设用地使用权。为便于区分，集体所有建设用地可简称为“集体建设用地”，但不简称为“建设用地”，不能省略“集体”两字。

（四）按建设用地的状况分类

1. 新增建设用地

新增建设用地指新近某一时点以后由其他非建设用地转变而来的建设用地。

2. 存量建设用地

存量建设用地指新近某一时点以前已有的建设用地。

这两类建设用地在进入市场交易过程中，有不同的方式和审批要求。

（五）按建设用地的使用期限分类

1. 永久性建设用地

永久性建设用地是指建设用地一经使用后就不再恢复原来状态的土地。

2. 临时建设用地

临时建设用地是指在施工过程中，需要临时性使用的土地。根据《土地管理法》，临时使用土地的使用者应当按照临时使用土地合同约定的用途使用土地，不得修建永久性建筑物。临时使用土地期限一般不超过 2 年。

二、建设用地使用原则和要求

《土地管理法实施条例》规定，建设项目需要使用土地应当遵循以下原则和要求：

（1）符合国土空间规划、土地利用年度计划和用途管制要求；

（2）符合节约资源、保护生态环境的要求；

（3）严格执行建设用地标准，优先使用存量建设用地，提高建设用地使用效率；

（4）从事土地开发利用活动的，应当采取有效措施，防止、减少土壤污染，并确保建设用地符合土壤环境质量要求。

需要注意的是，《土地管理法》第五十二条规定，建设项目可行性研究论证时，自然资源主管部门可以根据土地利用总体规划、土地利用年度计划和建设用地标准，对建设用地有关事项进行审查，并提出意见。根据《土地管理法》，已经编制国土空间规划的，不再编制土地利用总体规划和城乡规划，在编制国土空间规划前经依法批准的土地利用总体规划和城乡规划继续执行。因此，建设用地管理中所依据的土地利用总体规划与国土空间规划是相互关联和一致的。

三、土地利用计划管理

各级人民政府应当依据国民经济和社会发展规划及年度计划、国土空间规划、国家产业政策以及城乡建设、土地利用的实际状况等，加强土地利用计划管理，实行建设用地总量控制，推动城乡存量建设用地开发利用，引导城镇低效用地再开发，落实建设用地标准控制制度，开展节约集约用地评价，推广应用节地技术和节地模式。县级以上地方人民政府自然资源主管部门应当将本级人民政府确定的年度建设用地供应总量、结构、时序、地块、用途等在政府网站上向社会公布，供社会公众查阅。

四、临时用地使用与管理

《土地管理法》规定，建设项目施工和地质勘查需要临时使用国有土地或者农民集体所有的土地的，由县级以上人民政府自然资源主管部门批准。其中，在城市规划区内的临时用地，在报批前，应当先经有关城市规划行政主管部门同意。土地使用者应当根据土地权属，与有关自然资源主管部门或者农村集体经济组织、村民委员会签订临时使用土地合同，并按照合同的约定支付临时使用土地补偿费。

《土地管理法实施条例》规定，建设项目施工、地质勘查需要临时使用土地的，应当尽量不占或者少占耕地。临时用地由县级以上人民政府自然资源主管部门批准，期限一般不超过 2 年；建设周期较长的能源、交通、水利等基础设施建设使用的临时用地，期限不超过 4 年；法律、行政法规另有规定的除外。土地使用者应当自临时用地期满之日起 1 年内完成土地复垦，使其达到可供利用状态，其中占用耕地的应当恢复种植条件。抢险救灾、疫情防控等急需使用土地的，可以先行使用土地。其中，属于临时用地的，用后应当恢复原状并交还原土地使用者使用，不再办理用地审批手续；属于永久性建设用地的，建设单位应当在不晚于应急处置工作结束 6 个月内申请补办建设用地审批手续。

第三节　国有建设用地使用权出让

我国依法实行国有土地有偿使用制度，建设单位使用国有土地，应当以出让等有偿使用方式取得，但是，国家在法律规定的范围内划拨国有土地使用权的除外。国有土地使用权出让、国有土地租赁等应当依照国家有关规定通过公开的交易平台进行交易，并纳入统一的公共资源交易平台体系。

一、国有建设用地使用权出让的概念

建设用地使用权出让简称“土地使用权出让”，是指国家将国有土地使用权在一定年限内出让给土地使用者，由土地使用者向国家支付土地使用权出让金的行为。土地使用权出让金是指通过有偿有期限出让方式取得土地使用权的受让者，按照出让合同规定的期限，一次或分次提前支付的整个使用期间的地租。

二、国有建设用地使用权出让方式

《民法典》第三百四十七条规定：“设立建设用地使用权，可以采取出让

或者划拨等方式。工业、商业、旅游、娱乐和商品住宅等经营性用地以及同一土地有两个以上意向用地者的，应当采取招标、拍卖等公开竞价的方式出让。严格限制以划拨方式设立建设用地使用权。”《土地管理法实施条例》规定，建设用地使用权出让，除依法可以采取协议方式外，应当采取招标、拍卖、挂牌等竞争性方式确定土地使用者。

（一）招标出让

招标出让是指市、县人民政府自然资源主管部门（以下简称“出让人”）发布招标公告，邀请特定或者不特定的自然人、法人和其他组织参加国有建设用地使用权投标，根据投标结果确定国有建设用地使用权人的行为。招标出让方式的特点是有利于公平竞争，适用于需要优化土地布局、重大工程的较大地块的出让。投标、开标依照下列程序进行。

（1）投标人在投标截止时间前将标书投入标箱。招标公告允许邮寄标书的，投标人可以邮寄，但出让人在投标截止时间前收到的方为有效。标书投入标箱后，不可撤回。投标人应当对标书和有关书面承诺承担责任。

（2）出让人按照招标公告规定的时间、地点开标，邀请所有投标人参加。由投标人或者其推选的代表检查标箱的密封情况，当众开启标箱，点算标书。投标人少于 3 人的，出让人应当终止招标活动。投标人不少于 3 人的，应当逐一宣布投标人名称、投标价格和投标文件的主要内容。

（3）评标小组进行评标。评标小组由出让人代表、有关专家组成，成员人数为 5 人以上的单数。评标小组可以要求投标人对投标文件作出必要的澄清或者说明，但是澄清或者说明不得超出投标文件的范围或者改变投标文件的实质性内容。评标小组应当按照招标文件确定的评标标准和方法，对投标文件进行评审。

（4）招标人根据评标结果，确定中标人。按照“价高者得”的原则确定中标人的，可以不成立评标小组，由招标主持人根据开标结果，确定中标人。对能够最大限度地满足招标文件中规定的各项综合评价标准，或者能够满足招标文件的实质性要求且价格最高的投标人，应当确定为中标人。

（二）拍卖出让

拍卖出让是指出让人发布拍卖公告，由竞买人在指定时间、地点进行公开竞价，根据出价结果确定国有建设用地使用权人的行为。拍卖出让是按规定时间、地点，利用公开场合由政府的代表者——自然资源主管部门主持拍卖（指定）地块的土地使用权（也可以委托拍卖行拍卖），由拍卖主持人首先叫底价，诸多竞拍者轮番报价，通常情况下，出最高价者取得土地使用权。拍卖出让方式的特点是有利于公平竞争，它适用于区位条件好、交通便利的繁华市区、土地利用上有较大灵活性的地块的出让。竞买人不足 3 人，或者竞买人的最高应价未达到底价时，应当终止拍卖。拍卖会依照下列程序进行：

（1）主持人点算竞买人；

（2）主持人介绍拍卖宗地的面积、界址、空间范围、现状、用途、使用年期、规划指标要求、开工和竣工时间以及其他有关事项；

（3）主持人宣布起叫价和增价规则及增价幅度，没有底价的，应当明确提示；

（4）主持人报出起叫价；

（5）竞买人举牌应价或者报价；

（6）主持人确认该应价或者报价后继续竞价；

（7）主持人连续 3 次宣布同一应价或者报价而没有再应价或者报价的，主持人落槌表示拍卖成交；

（8）主持人宣布最高应价或者报价者为竞得人。

（三）挂牌出让

挂牌出让国有土地使用权，是指出让人发布挂牌公告，按公告规定的期限将拟出让宗地的交易条件在指定的土地交易场所挂牌公布，接受竞买人的报价申请并更新挂牌价格，根据挂牌期限截止时的出价结果或者现场竞价结果确定国有建设用地使用权人的行为。挂牌时间不少于 10 个工作日，挂牌期间，自然资源主管部门可以根据竞买人竞价情况调整增价幅度。挂牌依照下列程序进行：

（1）在挂牌公告规定的挂牌起始日，出让人将挂牌宗地的面积、界址、空间范围、现状、用途、使用年期、规划指标要求、开工时间和竣工时间、起始价、增价规则及增价幅度等，在挂牌公告规定的土地交易场所挂牌公布；

（2）符合条件的竞买人填写报价单报价；

（3）挂牌主持人确认该报价后，更新显示挂牌价格；

（4）挂牌主持人在挂牌公告规定的挂牌截止时间确定竞得人。

挂牌截止日期应当由挂牌主持人主持确定。挂牌期限届满，挂牌主持人现场宣布最高报价及其报价者，并询问竞买人是否愿意继续竞价。有竞买人表示愿意继续竞价的，挂牌出让转入现场竞价，通过现场竞价确定竞得人。挂牌主持人连续3次报出最高挂牌价格，没有竞买人表示愿意继续竞价的，按照下列规定确定是否成交：在挂牌期限内只有1个竞买人报价，且报价不低于底价，并符合其他条件的，挂牌成交；在挂牌期限内有2个或者2个以上的竞买人报价的，出价最高者为竞得人；报价相同的，先提交报价单者为竞得人，但报价低于底价者除外；在挂牌期限内无应价者或者竞买人的报价均低于底价或者均不符合其他条件的，挂牌不成交。

以招标、拍卖或者挂牌方式确定中标人、竞得人后，中标人、竞得人支付的投标、竞买保证金，转作受让地块的定金。出让人应当向中标人发出中标通知书或者与竞得人签订成交确认书。中标通知书或者成交确认书应当包括出让人和中标人或者竞得人的名称，出让标的，成交时间、地点、价款，以及签订国有建设用地使用权出让合同的时间、地点等内容。中标通知书或者成交确认书对出让人和中标人或者竞得人具有法律效力。出让人改变竞得结果，或者中标人、竞得人放弃中标宗地、竞得宗地的，应当依法承担责任。中标人、竞得人应当按照中标通知书或者成交确认书约定的时间，与出让人签订国有建设用地使用权出让合同。中标人、竞得人支付的投标、竞买保证金抵作土地出让价款；其他投标人、竞买人支付的投标、竞买保证金，出让人必须在招标拍卖挂牌活动结束后5个工作日内予以退还，不计利息。招标拍卖挂牌活动结束后，出让人应在10个工作日内将招标拍卖挂牌出让结果在土地有形市场或者指定的场所、媒介公布。出让人公布出让结果，不得向受让人收取费用。受让人依照国有建设用地使用权出让合同的约定付清全部土地出让价款后，方可申请办理土地登记，领取国有建设用地使用权证书。未按出让合同约定缴清全部土地出让价款的，不得发放国有建设用地使用权证书，也不得按出让价款缴纳比例分割发放国有建设用地使用权证书。中标人、竞得人有下列行为之一的，中标、竞得结果无效，造成损失的，应当依法承担赔偿责任：提供虚假文件隐瞒事实的；采取行贿、恶意串通等非法手段中标或者竞得的；自然资源主管部门的工作人员在招标拍卖挂牌出让活动中玩忽职守、滥用职权、徇私舞弊的，依法给予处分；构成犯罪的，依法追究刑事责任。

（四）协议出让

协议出让国有土地使用权，是指国家以协议方式将国有土地使用权在一定年限内出让给土地使用者，由土地使用者向国家支付土地使用权出让金的行为。

以协议方式出让国有土地使用权的出让金不得低于按国家规定确定的最低价。协议出让最低价不得低于新增建设用地的土地有偿使用费、征地（拆迁）补偿费用，以及按照国家规定应当缴纳的有关税费之和；有基准地价的地区，协议出让最低价不得低于出让地块所在级别基准地价的70%。低于最低价时国有土地使用权不得出让。省、自治区、直辖市人民政府自然资源主管部门应当拟定协议出让最低价，报同级人民政府批准后公布，由市、县人民政府自然资源主管部门实施。

对符合协议出让条件的，市、县人民政府自然资源主管部门会同城市规划等有关部门，依据国有土地使用权出让计划、城市规划和意向用地者申请的用地项目类型、规模等，制定协议出让土地方案。协议出让土地方案应当包括拟出让地块的具体位置、界址、用途、面积、年限、土地使用条件、规划设计条件、供地时间等。

市、县人民政府自然资源主管部门应当根据国家产业政策和拟出让地块的情况，按照《城镇土地估价规程》的规定，对拟出让地块的土地价格进行评估，经市、县人民政府自然资源主管部门集体决策，合理确定协议出让底价。协议出让底价不得低于协议出让最低价。协议出让底价确定后应当保密，任何单位和个人不得泄露。

协议出让土地方案和底价经有批准权的人民政府批准后，市、县人民政府自然资源主管部门应当与意向用地者就土地出让价格等进行充分协商，协商一致且议定的出让价格不低于出让底价的，方可达成协议。市、县人民政府自然资源主管部门应当根据协议结果，与意向用地者签订《国有土地使用权出让合同》。

《国有土地使用权出让合同》签订后7日内，市、县人民政府自然资源主管部门应当将协议出让结果在土地有形市场等指定场所，或者通过报纸、互联网等媒介向社会公布，接受社会监督。公布协议出让结果的时间不得少于15日。

以协议出让方式取得国有土地使用权的土地使用者，需要将土地使用权出让合同约定的土地用途改变为商业、旅游、娱乐和商品住宅等经营性用途的，应当取得出让方和市、县人民政府城市规划部门的同意，签订土地使用权出让合同变更协议或者重新签订土地使用权出让合同，按变更后的土地用途，以变更时的土地市场价格补交相应的土地使用权出让金，并依法办理土地使用权变更登记手续。

三、国有建设用地使用权出让计划的拟订和批准权限

《城市房地产管理法》规定：土地使用权出让，必须符合土地利用总体规划、城市规划和年度建设用地计划。县级以上地方人民政府出让土地使用权用于房地产开发的，须根据省级以上人民政府下达的控制指标拟订年度出让土地使用权总面积方案，按照国务院规定，报国务院或者省级人民政府批准。土地使用权出让，由市、县人民政府有计划、有步骤地进行。出让的每幅地块、用途、年限和其他条件，由市、县人民政府土地管理部门会同城市规划、建设、房产管理部门共同拟定方案，按照国务院规定，报经有批准权的人民政府批准后，由市、县人民政府土地管理部门实施。直辖市的县人民政府及其有关部门行使前款规定的权限，由直辖市人民政府规定。

四、国有建设用地使用权出让年限

《城镇国有土地使用权出让和转让暂行条例》规定的出让最高年限分别为居住用地 70 年，工业用地 50 年，教育、科技、文化卫生、体育用地 50 年，商业、旅游、娱乐用地 40 年，综合或其他用地 50 年。

出让土地使用权的最高年限不是唯一年限，具体出让项目的实际年限由国家根据产业特点和用地项目情况确定或与用地者商定。土地使用权出让的实际年限不得高于规定最高年限。

五、国有建设用地使用权收回、届满与终止

（一）建设用地使用权收回

1. *依法经批准收回*

国家收回土地使用权有多种原因，如使用权期限届满、提前收回、没收等。根据《土地管理法》第五十八条的规定，由有关人民政府自然资源主管部门报经原批准用地的人民政府或者有批准权的人民政府批准，可以收回国有土地使用权的情形有：

（1）为实施城市规划进行旧城区改建以及其他公共利益需要，确需使用

土地的；

（2）土地出让等有偿使用合同约定的使用期限届满，土地使用者未申请续期或者申请续期未获批准的；

（3）因单位撤销、迁移等原因，停止使用原划拨的国有土地的；

（4）公路、铁路、机场、矿场等经核准报废的。

为了公共利益的需要，依照法律规定的权限和程序可以征收集体所有的土地和组织、个人的房屋以及其他不动产。《民法典》第二百四十三条规定："……征收集体所有的土地，应当依法及时足额支付土地补偿费、安置补助费以及农村村民住宅、其他地上附着物和青苗等的补偿费用，并安排被征地农民的社会保障费用，保障被征地农民的生活，维护被征地农民的合法权益。征收组织、个人的房屋以及其他不动产，应当依法给予征收补偿，维护被征收人的合法权益；征收个人住宅的，还应当保障被征收人的居住条件。任何组织或者个人不得贪污、挪用、私分、截留、拖欠征收补偿费等费用。"

2. 土地使用者不履行土地使用权出让合同而收回

土地使用者不履行土地使用权出让合同而收回土地使用权有两种情况。一是土地使用者未如期支付地价款。土地使用者在签约时应缴地价款的一定比例作为定金，60 日内应支付全部地价款，逾期未全部支付地价款的，出让方依照法律和合同约定，收回土地使用权。二是土地使用者未按合同约定的期限和条件开发和利用土地，由县以上人民政府自然资源主管部门予以纠正，并根据情节可以给予警告、罚款，直至无偿收回土地使用权，这是对不履行合同的义务人，采取的无条件取消其土地使用权的处罚形式。

3. 司法机关决定收回

因土地使用者触犯国家法律，不能继续履行合同或司法机关决定没收其全部财产，收回土地使用权。

（二）建设用地使用权期限届满续期

根据《民法典》，住宅建设用地使用权期限届满的，自动续期。续期费用的缴纳或者减免，依照法律、行政法规的规定办理。非住宅建设用地使用权期限届满后的续期，依照法律规定办理。该土地上的房屋以及其他不动产的归属，有约定的，按照约定；没有约定或者约定不明确的，依照法律、行政法规的规定办理。

（三）建设用地使用权终止

1. 因土地灭失而终止

土地使用权要以土地的存在或土地能满足某种需要为前提，因土地使用权灭失而导致使用人实际上不能继续使用土地，使用权自然终止。土地灭失是指由于自然原因造成原土地性质的彻底改变或原土地面貌的彻底改变，诸如地震、水患、塌陷等自然灾害引起的不能使用土地而终止。

2. 因土地使用者的抛弃而终止

由于政治、经济、行政等原因，土地使用者抛弃使用的土地，致使土地使用合同失去意义或无法履行而终止土地使用权。《民法典》第三百六十条规定："建设用地使用权消灭的，出让人应当及时办理注销登记。登记机构应当收回权属证书。"

第四节　国有建设用地使用权划拨

一、国有建设用地使用权划拨的概念

建设用地使用权划拨是指县级以上人民政府依法批准，在用地者缴纳补偿、安置等费用后将该幅土地交付其使用，或者将建设用地使用权无偿交给土地使用者使用的行为。划拨土地使用权有以下含义：

（1）划拨土地使用权包括土地使用者缴纳拆迁安置、补偿费用（如城市的存量土地或集体土地）和无偿取得（如国有的荒山、沙漠、滩涂等）两种形式；

（2）除法律、法规另有规定外，划拨土地没有使用期限的限制，但未经许可不得进行转让、出租、抵押等经营活动；

（3）取得划拨土地使用权，必须经有批准权的人民政府核准并按法定的程序办理手续；

（4）在国家没有法律规定之前，在城市范围内的土地和城市范围以外的国有土地，除出让土地以外的土地，均按划拨土地进行管理。

二、国有建设用地使用权划拨的范围

《国务院关于深化改革严格土地管理的决定》要求，严格控制划拨用地范围，推进土地资源的市场化配置；经营性基础设施用地要逐步实行有偿使用；运用价格机制限制多占、滥占和浪费土地。《划拨用地目录》（国土资源部令第 9 号）规定，下列建设用地可由县级以上人民政府依法批准，划拨土地使用权：

（1）国家机关用地和军事用地，包括党政机关和人民团体用地、军事用地；

（2）城市基础设施用地和公益事业用地，包括城市基础设施用地、非营利性邮政设施用地、非营利性教育设施用地、公益性科研机构用地、非营利性体育设施用地、非营利性公共文化设施用地、非营利性医疗卫生设施用地和非营利性社会福利设施用地；

（3）国家重点扶持的能源、交通、水利等基础设施用地，包括石油天然气设施用地、煤炭设施用地、电力设施用地、水利设施用地、铁路交通设施用地、公路交通设施用地、水路交通设施用地、民用机场设施用地；

（4）法律、行政法规规定的其他用地，包括特殊用地，如监狱、劳教所、戒毒所、看守所、治安拘留所、收容教育所。

三、划拨建设用地使用权的管理

（一）划拨建设用地使用要求

1. 按规定使用

根据《土地管理法》《城市房地产管理法》等法律、法规规定，以划拨方式取得国有建设用地使用权的土地使用者，必须严格按照《国有建设用地划拨决定书》和《建设用地批准书》中规定的划拨土地面积、土地用途、土地使用条件等内容来使用土地，不得擅自变更。

2. 改变用途需依法批准

划拨国有建设用地使用权人需要改变批准的土地用途的，须报经市、县自然资源管理部门批准。改变后的用途符合《划拨用地目录》的，由市、县自然资源管理部门向土地使用者重新核发《国有土地划拨决定书》；改变后的用途不再符合《划拨用地目录》的，划拨国有建设用地使用权人可以申请补缴出让金、租金等土地有偿使用费，办理土地使用权出让、租赁等有偿用地手续，但法律法规、行政规定等明确规定或《国有土地划拨决定书》约定应当收回划拨国有建设用地使用权的除外。

（二）划拨建设用地的转让

划拨建设用地的转让有两种情况。一是办理土地使用权出让手续。报有批准权的人民政府审批准予转让的，应当由受让方办理土地使用权出让手续，并依照国家有关规定缴纳土地使用权出让金。二是可不办理出让手续，但转让方应将所获得的收益中的土地收益上缴国家。经依法批准利用原有划拨土地进行经营性开发建设的，应当按照市场价补缴土地出让金。经依法批准转让原划拨土地使用权的，应当在土地有形市场公开交易，按照市场价补缴土地出让金；低于市场价交易的，政府应当行使优先购买权。

（三）划拨建设用地的出租

房产所有权人以营利为目的，将划拨土地使用权的地上建筑物出租的，应当将租金中所含土地收益上缴国家。用地单位因发生转让、出租、企业改制和改变土地用途等不宜办理土地出让的，可实行租赁。租赁时间超过6个月的，应签订租赁合同。

（四）划拨建设用地的抵押

划拨土地使用权抵押时，其抵押价值应当为划拨土地使用权下的市场价值。因抵押划拨土地使用权造成土地使用权转移的，应办理土地出让手续并向国家缴纳地价款才能变更土地权属。对未经批准擅自转让、出租、抵押划拨土地使用权的单位和个人，县级以上人民政府自然资源部门应当没收其非法收入，并根据情节处以罚款。

（五）划拨建设用地的收回

国家无偿收回划拨土地使用权的情况主要有以下七种：①土地使用者因迁移、解散、撤销、破产或其他原因而停止使用土地；②国家为了公共利益需要和城市规划的要求收回土地使用权；③各级司法部门没收其所有财产而收回土地使用权；④土地使用者自动放弃土地使用权；⑤未经原批准机关同意，连续2年未使用；⑥不按批准用途使用土地；⑦铁路、公路、机场、矿场等核准报废的土地。上述①和②两种情况下，国家无偿收回划拨土地使用权时，对其地上建筑物、其他附着物，应当依法给予补偿。

第五节　国有建设用地供应文本

一、国有土地有偿使用合同

《城市房地产管理法》第十五条规定："土地使用权出让，应当签订书面出让合同。土地使用权出让合同由市、县人民政府土地管理部门与土地使用者签订。"土地使用权出让合同有成片土地使用权出让合同，项目用地（宗地）土地使用权出让合同，划拨土地使用权和地上建筑物、其他附着物所有权因转让、出租、抵押而补办的土地使用权出让合同等 3 类。为规范国有建设用地使用权出让合同管理，国土资源部、国家工商行政管理总局组织制定了《国有建设用地使用权出让合同》示范文本（GF-2008—2601）。

（一）合同的主要内容

合同的主要内容包括：当事人的名称和住所；土地界址、面积等；建筑物、构筑物及其附属设施占用的空间；土地用途；土地条件；土地使用期限；出让金等费用及其支付方式；开发投资强度；规划条件；配套；转让、出租、抵押条件；期限届满的处理；不可抗力的处理；违约责任；解决争议的方法。合同附件主要内容有：出让宗地平面界址图、出让宗地竖向界限、市县政府规划管理部门确定的宗地规划条件等。

根据房地产市场调控政策的需要，《国土资源部关于坚持和完善土地招标拍卖挂牌出让制度的意见》要求，完善土地"招拍挂"出让合同。市、县自然资源主管部门要依据现行土地管理法律政策，对附加各类开发建设销售条件的政策性商品住房用地的出让，增加出让合同条款，完善出让合同内容，严格供后监管。政策性商品住房用地出让成交后，竞得人或中标人应当按照成交确认书或中标通知书的要求，按时与自然资源主管部门签订出让合同。建房套数、套型、面积比例、容积率、项目开竣工时间、销售对象条件、房屋销售价格上限、受让人承诺的销售房价、土地转让条件、配建要求等规划、建设、土地使用条件以及相应的违约责任，应当在土地出让合同或住房建设和销售合同中明确。为保证政策性商品住房用地及时开发利用，市、县自然资源主管部门可以在出让合同中明确约定不得改变土地用途和性质、不得擅自提高或降低规定的建设标准、保障性住房先行建设和先行交付、不得违规转让土地使用权等内容。对违反规定或约定的，可在出让合同中增加“收回土地使用权并依法追究责任”等相关内容。

（二）合同的履行

以出让方式取得土地使用权进行房地产开发的，必须按照建设用地使用权出让合同约定的动工开发期限、土地用途、固定资产投资规模和强度开发土地。

（1）超过出让合同约定的动工开发日期满 1 年未动工开发的，可以征收相当于土地使用权出让金 20%以下的土地闲置费；满 2 年未动工开发的，可以无偿收回土地使用权；但是，因不可抗力或者政府、政府有关部门的行为，或者动工开发必需的前期工作造成动工开发迟延的除外。

（2）用地单位改变土地利用条件及用途，必须取得出让方和市、县人民政府城市规划行政管理部门的同意，变更或重新签订出让合同并相应调整地价款。

（3）项目固定资产总投资、投资强度和开发投资总额应达到合同约定标准。未达到约定的标准，出让人可以按照实际差额部分占约定投资总额和投资强度指标的比例，要求用地单位支付相当于同比例国有建设用地使用权出让价款的违约金，并可要求用地单位继续履约。

（三）合同的解除

在签订出让合同后，受让人应缴纳定金并按约定期限支付地价款，受让人延期付款超过 60 日，经自然资源主管部门催交后仍不能支付国有建设用地使用权出让价款的，自然资源主管部门有权解除合同，并可以请求违约赔偿。

自然资源主管部门延期交付土地超过 60 日，经受让人催交后仍不能交付土地的，受让人有权解除合同，由自然资源主管部门双倍返还定金，并退还已经支付国有建设用地使用权出让价款的其余部分。受让人并可请求自然资源主管部门赔偿损失。

二、国有土地划拨决定书

以划拨方式提供国有土地使用权的，由市、县自然资源主管部门向建设单位颁发《国有土地划拨决定书》和《建设用地批准书》，依照规定办理土地登记。

《国有土地划拨决定书》应当包括划拨土地面积、土地用途、土地使用条件等内容。以划拨方式取得国有土地使用权的，建设单位向所在地的市、县自然资源主管部门提出建设用地规划许可申请，经有建设用地批准权的人民政府批准后，市、县自然资源主管部门向建设单位同步核发建设用地规划许可证、国有土地划拨决定书。

第六节　国有建设用地闲置处理

为有效处置和充分利用闲置土地，规范土地市场行为，促进节约集约用地，《闲置土地处置办法》对闲置土地的调查和认定、处置和利用、预防和监管等作出了规定。

一、闲置土地的认定

闲置土地是指国有建设用地使用权人超过国有建设用地使用权有偿使用合同或者划拨决定书约定、规定的动工开发日期满 1 年未动工开发的国有建设用地。已动工开发但开发建设用地面积占应动工开发建设用地总面积不足 1/3 或者已投资额占总投资额不足 25%，中止开发建设满 1 年的国有建设用地，也可以认定为闲置土地。

市、县国土资源主管部门发现有涉嫌闲置土地的，应当在 30 日内开展调查核实，向国有建设用地使用权人发出《闲置土地调查通知书》。市、县国土资源主管部门履行闲置土地调查职责，可以采取下列措施：①询问当事人及其他证人；②现场勘测、拍照、摄像；③查阅、复制与被调查人有关的土地资料；④要求被调查人就有关土地权利及使用问题作出说明。

经调查核实，构成闲置土地的，市、县国土资源主管部门应当向国有建设用地使用权人下达《闲置土地认定书》。《闲置土地认定书》下达后，市、县国土资源主管部门应当通过门户网站等形式向社会公开闲置土地的位置、国有建设用地使用权人名称、闲置时间等信息；属于政府或者政府有关部门的行为导致土地闲置的，应当同时公开闲置原因，并书面告知有关政府或者政府部门。上级国土资源主管部门应当及时汇总下级国土资源主管部门上报的闲置土地信息，并在门户网站上公开。闲置土地在没有处置完毕前，相关信息应当长期公开；闲置土地处置完毕后，应当及时撤销相关信息。

二、闲置土地的处置方式

闲置土地处置应当符合土地利用总体规划和城乡规划，遵循依法依规、促进利用、保障权益、信息公开的原则。

（1）属于政府、政府有关部门的行为造成动工开发延迟的，国有建设用地使用权人应当向市、县国土资源主管部门提供土地闲置原因说明材料，经审核属实的，以及因自然灾害等不可抗力导致土地闲置的，市、县国土资源主管部门应当与国有建设用地使用权人协商，选择下列方式处置。

①延长动工开发期限。签订补充协议，重新约定动工开发、竣工期限和违约责任。从补充协议约定的动工开发日期起，延长动工开发期限最长不得超过 1 年。

②调整土地用途、规划条件。按照新用途或者新规划条件重新办理相关用地手续，并按照新用途或者新规划条件核算、收缴或者退还土地价款。改变用途后的土地利用必须符合土地利用总体规划和城乡规划。

③由政府安排临时使用。待原项目具备开发建设条件，国有建设用地使用权人重新开发建设。从安排临时使用之日起，临时使用期限最长不得超过 2 年。

④协议有偿收回国有建设用地使用权。

⑤置换土地。对已缴清土地价款、落实项目资金，且因规划依法修改造成闲置的，可以为国有建设用地使用权人置换其他价值相当、用途相同的国有建设用地进行开发建设。涉及出让土地的，应当重新签订土地出让合同，并在合同中注明为置换土地。

⑥市、县国土资源主管部门还可以根据实际情况规定其他处置方式。

除第④项规定外，动工开发时间按照新约定、规定的时间重新起算。

（2）其他原因造成土地闲置的情形，按照下列方式处理闲置土地。

①未动工开发满 1 年的，由市、县国土资源主管部门报经本级人民政府批准后，向国有建设用地使用权人下达《征缴土地闲置费决定书》，按照土地出让或者划拨价款的 20% 征缴土地闲置费。土地闲置费不得列入生产成本。

②未动工开发满2年的，由市、县国土资源主管部门按照《土地管理法》第三十七条和《城市房地产管理法》第二十六条的规定，报经有批准权的人民政府批准后，向国有建设用地使用权人下达《收回国有建设用地使用权决定书》，无偿收回国有建设用地使用权。闲置土地设有抵押权的，同时抄送相关土地抵押权人。

（3）对依法收回的闲置土地，市、县国土资源主管部门可以采取下列方式利用：

①依据国家土地供应政策，确定新的国有建设用地使用权人开发利用；

②纳入政府土地储备；

③对耕作条件未被破坏且近期无法安排建设项目的，由市、县国土资源主管部门委托有关农村集体经济组织、单位或者个人组织恢复耕种。

三、闲置土地的预防和监管

市、县国土资源主管部门供应土地应土地权利清晰，安置补偿落实到位，没有法律经济纠纷，地块位置、使用性质、容积率等规划条件明确，具备动工开发所必需的其他基本条件，防止因政府、政府有关部门的行为造成土地闲置。国有建设用地使用权有偿使用合同或者划拨决定书应当就项目动工开发、竣工时间和违约责任等作出明确约定、规定。约定、规定动工开发时间应当综合考虑办理动工开发所需相关手续的时限规定和实际情况，为动工开发预留合理时间。因特殊情况，未约定、规定动工开发日期，或者约定、规定不明确的，以实际交付土地之日起1年为动工开发日期。实际交付土地日期以交地确认书确定的时间为准。

国有建设用地使用权人应当在项目开发建设期间，及时向市、县国土资源主管部门报告项目动工开发、开发进度、竣工等情况，并在施工现场设立建设项目公示牌，公布建设用地使用权人、建设单位、项目动工开发、竣工时间和土地开发利用标准等。

国有建设用地使用权人违反法律法规规定和合同约定、划拨决定书规定恶意囤地、炒地的，依照《闲置土地处理办法》规定处理完毕前，市、县国土资源主管部门不得受理该国有建设用地使用权人新的用地申请，不得办理被认定为闲置土地的转让、出租、抵押和变更登记。

第七节　集体建设用地

一、集体建设用地概念和类型

（一）集体建设用地概念

集体建设用地是指属于农民集体所有的建设用地。按照《土地管理法》的规定，任何建设需要将农用地和未利用地转为建设用地的，都必须依法经过批准。因此，集体建设用地也就是农村集体土地中已依法办理转用手续的非农业建设用地。

（二）集体建设用地类型

按照《土地管理法》的规定，兴办乡镇企业、乡（镇）村公共设施和公益事业建设、村民建住宅需要使用本集体经济组织农民集体所有土地的，应当符合乡（镇）土地利用总体规划和镇规划、乡规划、村庄规划（以下简称“乡（镇）村规划”），纳入土地利用年度计划，并依法办理规划建设许可及农用地转用和建设项目用地审批手续。

可见，农村集体建设用地分类包括：

（1）宅基地，即农村村民建住宅使用农民集体所有的土地；

（2）经营性建设用地，包括但不限于乡镇企业用地；

（3）公益性公共设施用地，即乡（镇）村公共设施和公益事业建设土地。

二、宅基地管理

（一）宅基地规划

宅基地是农村各户村民依法拥有用于建造住宅所占用的集体建设用地。宅基地制度是我国土地管理制度的重要组成部分，事关广大农民的基本权利和乡村振兴战略的实施。宅基地不仅继续承载农民的居住保障功能，其财产功能也进一步凸显。《土地管理法》规定，农村村民一户只能拥有一处宅基地，其宅基地的面积不得超过省、自治区、直辖市规定的标准。人均土地少、不能保障一户拥有一处宅基地的地区，县级人民政府在充分尊重农村村民意愿的基础上，可以采取措施，按照省、自治区、直辖市规定的标准保障农村村民实现户有所居。农村村民建造住宅，应当符合乡（镇）土地利用总体规划、乡（镇）村规划，不得占用永久基本农田，并尽量使用原有的宅基地和村内空闲地。编制乡（镇）土地利用总体规划、乡（镇）村规划应当统筹并合理安排宅基地用地，改善农村村民居住环境和条件。

《土地管理法实施条例》规定，农村居民点布局和建设用地规模应当遵循节约集约、因地制宜的原则合理规划。县级以上地方人民政府应当按照国家规定安排建设用地指标，合理保障本行政区域农村村民宅基地需求。乡（镇）、县、市国土空间规划和村庄规划应当统筹考虑农村村民生产、生活需求，突出节约集约用地导向，科学划定宅基地范围。这一规定进一步明确了县级以上地方人民政府是保障村民宅基地需求的义务主体。

（二）宅基地申请

《土地管理法》将宅基地使用存量建设用地（不涉及占用农用地）的审批权下放到乡（镇）人民政府。《土地管理法》规定，农村村民住宅用地，由乡（镇）人民政府审核批准；其中，涉及占用农用地的，依照《土地管理法》第四十四条的规定办理审批手续。农村村民出卖、出租、赠与住宅后，再申请宅基地的，不予批准。

《土地管理法实施条例》进一步细化了宅基地申请和审批流程，规定农村村民申请宅基地的，应当以户为单位向农村集体经济组织提出申请；没有设立农村集体经济组织的，应当向所在的村民小组或者村民委员会提出申请。宅基地申请依法经农村村民集体讨论通过并在本集体范围内公示后，报乡（镇）人民政府审核批准。涉及占用农用地的，应当依法办理农用地转用审批手续。

（三）宅基地有偿退出和盘活利用

《土地管理法》规定，国家允许进城落户的农村村民依法自愿有偿退出宅基地，鼓励农村集体经济组织及其成员盘活利用闲置宅基地和闲置住宅。

对于农村村民依法自愿有偿退出的宅基地，实践中存在多种盘活利用的方式。为发展乡村产业，一些地方将农户退出的宅基地整理后优先用于发展产业以获取更多的土地收益，从而出现村庄产业发展用地挤占农户宅基地空间的现象。《土地管理法实施条例》规定，国家允许进城落户的农村村民依法自愿有偿退出宅基地，农村集体经济组织应当将退出的宅基地优先用于保障本集体经济组织成员的宅基地需求。这一规定明确了宅基地保障的优先地位，这意味着退出的宅基地要优先用于保障本集体经济组织成员合法合理的宅基地需求，体现了在乡村建设用地的结构安排上优先保障农村村民居住权益和以人为本的价值取向。

（四）宅基地权利人利益保护

农户对其依法取得的宅基地及其地上房屋和附属设施等享有宅基地使用权和房屋（包括附属设施等）所有权。这些权利既是我国《宪法》保障的公民基本权利中公民财产权的重要组成部分，也是受到《民法典》保护的不动产物权。《土地管理法实施条例》规定，依法取得的宅基地和宅基地上的农村村民住宅及其附属设施受法律保护。禁止违背农村村民意愿强制流转宅基地，禁止违法收回农村村民依法取得的宅基地，禁止以退出宅基地作为农村村民进城落户的条件，禁止强迫农村村民搬迁退出宅基地。

三、集体经营性建设用地供应

我国实行土地用途管制制度，对非农业建设占用农用地实行严格控制。农用地转为建设用地的，应当办理农用地转用审批手续。《土地管理法》赋予了农村集体经营性建设用地出让、租赁、入股的权能，集体经营性建设用地可依法直接入市交易。《土地管理法实施条例》在《土地管理法》关于集体经营性建设用地入市规定的基础上，进一步明确了入市交易的规则。

（一）供应范围

《土地管理法》规定，土地利用总体规划、城乡规划确定为工业、商业等经营性用途，并经依法登记的集体经营性建设用地，土地所有权人可以通过出让、出租等方式交由单位或者个人使用，并应当签订书面合同。以上规定的集体经营性建设用地出让、出租等，应当经本集体经济组织成员的村民会议 2/3 以上成员或者 2/3 以上村民代表的同意。

国土空间规划应当统筹并合理安排集体经营性建设用地布局和用途，引导优先使用存量集体经营性建设用地，严格控制新增集体经营性建设用地规模。鼓励乡村重点产业和项目使用集体经营性建设用地。乡（镇）人民政府和农村集体经济组织在保证耕地数量不减少、质量不降低和建设用地不增加的前提下，可以按照节约集约的原则，采取土地整治等方式进行区位调整，合理利用集体经营性建设用地。《土地管理法实施条例》规定，国土空间规划应当统筹并合理安排集体经营性建设用地布局和用途，依法控制集体经营性建设用地规模，促进集体经营性建设用地的节约集约利用。鼓励乡村重点产业和项目使用集体经营性建设用地。

（二）供地条件

国土空间规划确定为工业、商业等经营性用途，且已依法办理土地所有权登记的集体经营性建设用地，土地所有权人可以通过出让、出租等方式交由单位或者个人在一定年限内有偿使用。

（三）供地方案

1. 规划要求

土地所有权人拟出让、出租集体经营性建设用地的，市、县人民政府自然资源主管部门应当依据国土空间规划提出拟出让、出租的集体经营性建设用地的规划条件，明确土地界址、面积、用途和开发建设强度等。市、县人民政府自然资源主管部门应当会同有关部门提出产业准入和生态环境保护要求。

2. 方案编制

土地所有权人应当依据规划条件、产业准入和生态环境保护要求等，编制集体经营性建设用地出让、出租等方案，并依照《土地管理法》第六十三条的规定，由本集体经济组织形成书面意见，在出让、出租前不少于 10 个工作日报市、县人民政府。集体经营性建设用地出让、出租等方案应当载明宗地的土地界址、面积、用途、规划条件、产业准入和生态环境保护要求、使用期限、交易方式、入市价格、集体收益分配安排等内容。

3. 方案审查

市、县人民政府认为该方案不符合规划条件或者产业准入和生态环境保护要求等的，应当在收到方案后 5 个工作日内提出修改意见。土地所有权人应当按照市、县人民政府的意见进行修改。

（四）出让（出租）合同

土地所有权人应当依据集体经营性建设用地出让、出租等方案，以招标、拍卖、挂牌或者协议等方式确定土地使用者，双方应当签订书面合同，载明土地界址、面积、用途、规划条件、使用期限、交易价款支付、交地时间和开工竣工期限、产业准入和生态环境保护要求，约定提前收回的条件、补偿方式、土地使用权届满续期和地上建筑物、构筑物等附着物处理方式，以及违约责任和解决争议的方法等，并报市、县人民政府自然资源主管部门备案。未依法将规划条件、产业准入和生态环境保护要求纳入合同的，合同无效；造成损失的，依法承担民事责任。合同示范文本由国务院自然资源主管部门制定。

集体经营性建设用地的出租，集体建设用地使用权的出让及其最高年限、转让、互换、出资、赠与、抵押等，参照同类用途的国有建设用地执行，法律、行政法规另有规定的除外。

四、集体经营性建设用地转让与抵押

《土地管理法》规定：通过出让等方式取得的集体经营性建设用地使用权依法转让、互换、出资、赠与或者抵押的，双方应当签订书面合同，并书面通知土地所有权人。

《民法典》第四百一十八条规定："以集体所有土地的使用权依法抵押的，实现抵押权后，未经法定程序，不得改变土地所有权的性质和土地用途。"

第八节　地价管理制度

"地价管理"是土地市场价格管理的简称，是指政府为了规范土地市场的交易行为，保持土地市场的稳定和健康发展，保护土地交易各方的合法利益，而采取的以土地价格为核心的各种调控、引导和管理措施。

一、地价管理的主要制度

（一）土地等别和土地级别、基准地价和标定地价的确定、更新和公布

1. 土地等别和土地级别

土地等别和土地级别合称"土地等级"。土地分等定级是在特定目的下，对土地的自然属性和经济属性及其在社会活动中的地位与作用进行综合鉴定，并使鉴定结果等级化的过程。《土地管理法》规定：国务院自然资源主管部门会同有关部门制定土地等级评定标准。县级以上人民政府自然资源主管部门

应当会同有关部门根据土地等级评定标准，对土地等级进行评定。地方土地等级评定结果经本级人民政府审核，报上一级人民政府自然资源主管部门批准后向社会公布。根据国民经济和社会发展状况，土地等级每5年重新评定一次。县级以上人民政府自然资源主管部门会同同级有关部门根据土地调查成果、规划土地用途和国家制定的统一标准，评定土地等级。自然资源部制定了《城镇土地分等定级规程》（GB/T 18507—2014）和《农用地定级规程》（GB/T 28405—2012），分别规范城镇土地和农用地的土地等级评定工作。

城镇土地分等定级。城镇土地分等定级是为全面掌握我国城镇土地质量及利用状况，科学管理和合理利用城镇土地，促进城镇土地节约集约利用，为国家和各级政府制定各项土地政策和调控措施，为土地估价、土地税费征收、建设用地经济评价以及城市规划、土地利用规划、计划制订提供科学依据。城镇土地分等定级采用"等"和"级"两个层次的工作体系。城镇土地分等（urban land gradation）是通过对影响城镇土地质量的经济、社会、自然等各项因素的综合分析，揭示城镇之间土地质量的地域差异，运用定量和定性相结合的方法对城镇土地质量进行分类排队，评定城镇土地等别的活动。城镇土地定级（urban land classification）是根据城镇土地的经济、自然两方面属性及其在社会经济活动中的地位、作用，对城镇土地使用价值进行综合分析，揭示城镇内部土地质量的地域差异，评定城镇土地级别的活动。

农用地级（agriculture land class）。在行政区内，依据构成土地质量的自然属性、社会经济状况和区位条件，根据地方土地管理和实际情况需要，遵照与委托方要求相一致的原则，即根据一定的农用地定级目的，按照规定的方法和程序进行的农用地质量综合、定量评定，划分出的农用地级别。

2. 基准地价和标定地价

基准地价、标定地价是国家建立地价体系的重要内容。按照《城市房地产管理法》，基准地价和标定地价应当定期确定并公布。建立我国的基准地价和标定地价定期公布制度，是规范土地交易行为、加强国家对地价进行管理的重要措施。

（二）土地价格评估

《城市房地产管理法》第三十四条规定："国家实行房地产价格评估制度。房地产价格评估，应当遵循公正、公平、公开的原则，按照国家规定的技术标准和评估程序，以基准地价、标定地价和各类房屋的重置价格为基础，参照当地的市场价格进行评估。”实行该制度的目的是：以评估价格作为土地使用权流转和国家征税的依据，维护国家和土地使用权转让者、受让者的利益。

（三）出让国有土地使用权最低价

《城市房地产管理法》第十三条第三款规定：“采取双方协议方式出让土地使用权的出让金不得低于按国家规定所确定的最低价。”该措施要求在土地使用权出让之前，首先对协议出让的地块进行评估，一般应根据当地基准地价确定土地使用权出让的最低价。在此基础上，出让方与受让方达成协议出让的交易地价。上级政府和有关部门有权依据地价最低标准对协议出让行为进行监督。

其意义在于：防止地方政府为了局部利益和短期利益，采取不正当竞争方式故意压低地价，造成国有土地收益的流失；增加土地使用权出让过程中的透明度，既有利于上级对下级政府进行监督，又保证了投资者公平竞争；便于土地使用者了解地价优惠政策，明确合理的投资方向。

（四）工业用地出让最低价

加强对工业用地的调控和管理，促进土地节约集约利用，国家根据土地等级、区域土地利用政策等，统一制定并公布各地工业用地出让最低价标准。2007 年 1 月 1 日起实施的《全国工业用地出让最低价标准》规定：市、县人民政府出让工业用地，确定土地使用权出让价格时必须执行最低控制标准；工业用地必须采用招标拍卖挂牌方式出让，其出让底价和成交价格均不得低于所在地土地等别相对应的最低价标准。为切实保障被征地农民的长远生计，省级国土资源管理部门可根据本地征地补偿费用提高的实际，进一步提高本地的工业用地出让最低价标准；亦可根据本地产业发展政策，在不低于该标准的前提下，制定并公布不同行业、不同区域的工业用地出让最低价标准，及时报部备案。低于最低价标准出让工业用地，或以各种形式给予补贴或返还的，属非法低价出让国有土地使用权的行为，要依法追究有关人员的法律责任。

（五）城市地价动态监测

《关于建立土地市场动态监测制度的通知》（国土资发〔2003〕429 号）明确了城市地价动态监测系统的运行方案与要求。城市地价动态监测是一项全国上下联动的系统工程，具体工作任务为：通过确定城市监测范围，设立标准宗地（地价监测点），组织土地估价师及时跟踪采集标准宗地的地价信息，定期收集、汇总、整理、分析，形成季度和年度地价动态监测成果，按时上报并适时公布。

监测系统由公众端、城市端和中央端构成。公众端是公共信息平台，依托中国地价信息服务平台（www.landvalue.com.cn）运行；城市端是各城市进行地价动态监测的管理平台，具有对地价数据及相关指标进行采集、整理、初步分析和传送到中央端的功能；中央端是地价动态监测的管理平台，主要任务是对城市端上传的地价信息进行整合与宏观分析。

《关于部署运行土地市场动态监测与监管系统的通知》（国土资发〔2008〕284号）明确规定：监测监管系统的内容涵盖土地供应、开发利用、市场交易、收购储备、集体建设用地等多项业务，实现了由土地来源到土地供应、开发利用和市场交易等过程的动态跟踪监管；各级国土资源管理部门要充分运用监测监管系统，结合国家宏观调控政策、区域经济发展战略，定期对供地总量、结构、价格、变化趋势及存在的问题进行深入分析，实时跟踪研究社会热点和焦点问题，形成对土地供应和开发利用情况的分析报告，提出应对市场供求变化和促进节约集约用地的政策建议；省级和84个重点城市国土资源管理部门应及时编写第一季度、上半年、前三个季度、全年土地市场动态监测分析报告，并于次季度10日前报国土资源部。

（六）出让底价集体决策

《招标拍卖挂牌出让国有土地使用权规定》（国土资源部令第11号）第十条规定："市、县人民政府土地行政主管部门应当根据土地估价结果和政府产业政策综合确定标底或者底价。确定招标标底，拍卖和挂牌的起叫价、起始价、底价，投标、竞买保证金，应当实行集体决策。招标标底和拍卖挂牌的底价，在招标拍卖挂牌出让活动结束之前应当保密。"

（七）土地交易价格申报

《城市房地产管理法》第三十五条规定："国家实行房地产成交价格申报制度。房地产权利人转让房地产，应当向县级以上地方人民政府规定的部门如实申报成交价，不得瞒报或作不实的申报。"该制度使政府及时了解、掌握土地交易情况，监测地价水平的变化，有利于政府对地价实施调控和管理，也有利于加强对土地税费征收工作的管理和监督，克服瞒报、隐报地价带来的不良影响，避免国家税费的流失。

（八）政府行使优先购买权

依据《城镇国有土地使用权出让和转让暂行条例》，土地使用权转让价格明显低于市场价格的，市、县人民政府有优先购买权。政府行使土地优先购买权主要是为了防止土地在转移时，土地交易双方为少缴税费而虚报、瞒报地价。因为，一旦政府对虚报、瞒报地价的地块按申报的价格优先购买，受损失的就是土地转让者。国家通过行使土地优先购买权，迫使交易双方如实申报地价，避免国家土地收益流失。

二、公示地价制度

基准地价和标定地价是法定公示地价的主要内容，是土地市场建设、土地资产权益保护和土地宏观调控等方面的重要支撑。土地有偿使用制度建立以来，我国依法推进基准地价、标定地价定期确定和更新，各地公示地价体系初步建成。《国土资源部办公厅关于加强公示地价体系建设和管理有关问题的通知》（国土资厅发〔2017〕27 号），要求各地按时完成基准地价的更新、发布，及时完成基准地价电子化备案，按要求开展公共服务项目用地、国有农用地和集体土地基准地价的制定与发布工作，加快标定地价体系建设。

（一）基准地价概念

基准地价反映城镇及农村整体地价水平，是政府管理和调控土地市场的基本手段，是促进土地集约利用的重要杠杆，也是政府制定地价政策的重要依据。基准地价包括城镇土地基准地价、农用地和集体建设用地基准地价、公共服务项目用地基准地价等。

城镇土地基准地价是指在城镇规划区范围内，对现有利用条件下不同级别的土地或者土地条件相当的地域，按照商业、居住、工业等用途，分别评估确定的某一时点上法定最高年期物权性质的土地使用权区域平均价格。

农用地和集体建设用地基准地价，是指县（市）政府根据需要针对农用地和集体建设用地不同级别或不同均质地域，按照不同利用类型，分别评估确定的某一时点的平均价格。

公共服务项目用地基准地价，是对以出让、租赁方式供应的公共服务项目用地，评估确定的某一时点的平均价格。《关于扩大国有土地有偿使用范围的意见》（国土资规〔2016〕20 号）规定：根据投融资体制改革要求，对可以使用划拨土地的能源、环境保护、保障性安居工程、养老、教育、文化、体育及供水、燃气供应、供热设施等项目，除可按划拨方式供应土地外，鼓励以出让、租赁方式供应土地，支持市、县政府以国有建设用地使用权作价出资或者入股的方式提供土地，与社会资本共同投资建设。市、县政府应依据当地土地取得成本、市场供需、产业政策和其他用途基准地价等，制定公共服务项目用地基准地价，依法评估并合理确定出让底价。《关于加强公示地价体系建设和管理有关问题的通知》（国土资厅发〔2017〕27 号）要求：自 2017 年 8 月 1 日开始，各地新发布的基准地价体系应包含公共服务项目用地基准地价。

（二）基准地价的作用

基准地价作为反映一定区域内土地价值的量化指标，是城市人民政府制定各项土地管理政策、城市规划政策、土地税收政策的重要依据。以基准地价为指导价，建立城市土地资产的价格政策体系，有利于规范土地市场，量化土地资产价值。基准地价的作用主要有：

（1）建立健全地价体系，完善地籍管理制度，为各部门和土地使用者、经营者服务；

（2）为制定土地管理的各项政策、法规、措施提供依据；

（3）充分发挥政府对地价的控制和导向作用，合理引导投资方向和土地利用方式；

（4）为确定土地使用权出让价格，加强土地使用权出让和划拨土地使用权管理服务；

（5）为政府管理地产市场提供价格数据；

（6）在企业清产核资和组建股份制企业中，核定企事业单位占有使用的土地资产量；

（7）为征收土地税费提供依据；

（8）在城市规划等工作中的应用。

（三）基准地价的表现形式

常见的基准地价表现形式有级别基准地价、区片基准地价、路线价。

1. 级别基准地价

级别基准地价也称“综合基准地价”，是依据土地级别的划分区域制定出来的平均地价，它仅能反映同一级别区域的宏观平均地价。

2. 区片基准地价

区片基准地价也称“均质区域基准地价”，是在级别基准地价的基础上，在空间上将同一级别进一步划分成更小的若干均质区域，然后评估出区片的基准地价。

3. 路线价

通过对面临特定街道、使用价值相等的市街地，设定标准深度，求取在该深度上数宗土地的平均单价并附设于特定街道上，即得到该街道的路线价。

（四）标定地价的概念与作用

标定地价是政府根据管理需要，按土地的条件、用途等选定的具体宗地在公开市场和正常经营管理条件下评估的某一期日的土地使用权价格。标定地价是宗地地价的一种，由政府组织或委托评估，并被政府认可，作为土地市场管理的依据。自 2018 年开始，我国已全面启动城镇标定地价体系建设，有条件的地区，标定地价体系正逐步扩展到农村集体建设用地。

标定地价的作用主要体现在：

（1）标定地价是政府出让土地使用权时确定出让金额的最初依据价格；

（2）标定地价为政府管理土地市场提供依据；

（3）标定地价为企业清产核资和股份制改造中确定土地资产量提供依据；

（4）标定地价为国家核定土地增值税和税制改革提供依据。

三、城市地价动态监测

（一）城市地价动态监测概念

城市地价动态监测是指根据城市土地市场的特点，通过设立地价监测点，收集、处理并生成系列的地价指标，对城市地价状况进行观测、描述和评价的过程。地价监测点是指在城市一定土地级别、一定地价区段内设置的具体宗地，其地价水平、宗地形状、面积、临街状况、土地利用状况、土地开发程度等方面能够代表该区域同类用途土地一般水平（或平均水平）。

（二）城市地价动态监测的目的与作用

城市地价动态监测的目的是：通过对全国重点地区和主要城市地价水平和变动情况的实时监测，为政府部门把握土地市场运行态势和价格走势，提高市场监管和调控能力提供服务，为国土资源部门运用土地政策参与宏观调控提供决策依据，同时满足社会公众的信息需求。

城市地价动态监测的作用表现在以下 3 个方面：①通过城市地价动态监测，及时更新城市基准地价；②通过城市地价动态监测，建立地价信息发布及查询系统，提高土地市场地价信息透明度；③城市地价动态监测是编制地价指数的基础。

第九节　土地管理监督检查制度

一、国家土地督察

《土地管理法》规定，国务院授权的机构对省、自治区、直辖市人民政府以及国务院确定的城市人民政府土地利用和土地管理情况进行督察。《土地管理法实施条例》规定，国家自然资源督察机构根据授权对省、自治区、直辖市人民政府以及国务院确定的城市人民政府下列土地利用和土地管理情况进行督察：

（1）耕地保护情况；

（2）土地节约集约利用情况；

（3）国土空间规划编制和实施情况；

（4）国家有关土地管理重大决策落实情况；

（5）土地管理法律、行政法规执行情况；

（6）其他土地利用和土地管理情况。

国家自然资源督察机构进行督察时，有权向有关单位和个人了解督察事项有关情况，有关单位和个人应当支持、协助国家自然资源督察机构工作，如实反映情况，并提供有关材料。被督察的地方人民政府违反土地管理法律、行政法规，或者落实国家有关土地管理重大决策不力的，国家自然资源督察机构可以向被督察的地方人民政府下达督察意见书，地方人民政府应当认真组织整改，并及时报告整改情况；国家自然资源督察机构可以约谈被督察的地方人民政府有关负责人，并可以依法向监察机关、任免机关等有关机关提出追究相关责任人责任的建议。

二、监督检查措施

《土地管理法》规定，县级以上人民政府自然资源主管部门对违反土地管理法律、法规的行为进行监督检查。县级以上人民政府农业农村主管部门对违反农村宅基地管理法律、法规的行为进行监督检查的，适用《土地管理法》关于自然资源主管部门监督检查的规定。土地管理监督检查人员履行职责，需要进入现场进行勘测，要求有关单位或者个人提供文件、资料和作出说明的，应当出示土地管理监督检查证件。有关单位和个人对县级以上人民政府自然资源主管部门就土地违法行为进行的监督检查应当支持与配合，并提供工作方便，不得拒绝与阻碍土地管理监督检查人员依法执行职务。

县级以上人民政府自然资源主管部门履行监督检查职责时，有权采取下列措施：

（1）要求被检查的单位或者个人提供有关土地权利的文件和资料，进行查阅或者予以复制；

（2）要求被检查的单位或者个人就有关土地权利的问题作出说明；

（3）进入被检查单位或者个人非法占用的土地现场进行勘测；

（4）责令非法占用土地的单位或者个人停止违反土地管理法律、法规的行为。

《土地管理法实施条例》规定，自然资源主管部门、农业农村主管部门按照职责分工进行监督检查时，可以采取下列措施：

（1）询问违法案件涉及的单位或者个人；

（2）进入被检查单位或者个人涉嫌土地违法的现场进行拍照、摄像；

（3）责令当事人停止正在进行的土地违法行为；

（4）对涉嫌土地违法的单位或者个人，在调查期间暂停办理与该违法案件相关的土地审批、登记等手续；

（5）对可能被转移、销毁、隐匿或者篡改的文件、资料予以封存，责令涉嫌土地违法的单位或者个人在调查期间不得变卖、转移与案件有关的财物。

三、监督检查处理

县级以上人民政府自然资源主管部门在监督检查工作中发现国家工作人员的违法行为，依法应当给予处分的，应当依法予以处理；自己无权处理的，应当依法移送监察机关或者有关机关处理。县级以上人民政府自然资源主管部门在监督检查工作中发现土地违法行为构成犯罪的，应当将案件移送有关机关，依法追究刑事责任；尚不构成犯罪的，应当依法给予行政处罚。依照《土地管理法》规定应当给予行政处罚，而有关自然资源主管部门不给予行政处罚的，上级人民政府自然资源主管部门有权责令有关自然资源主管部门作出行政处罚决定或者直接给予行政处罚，并给予有关自然资源主管部门的负责人处分。县级以上人民政府自然资源主管部门应当会同有关部门建立信用监管、动态巡查等机制，加强对建设用地供应交易和供后开发利用的监管，对建设用地市场重大失信行为依法实施惩戒，并依法公开相关信息。

四、土地违法行为的行政处罚

2005 年 8 月，国土资源部印发的《查处土地违法行为立案标准》，明确了各类土地违法行为。

（一）非法转让土地

未经批准，非法转让、出租、抵押以划拨方式取得的国有土地使用权的；不符合法律规定的条件，非法转让以出让方式取得的国有土地使用权的；将农民集体所有的土地的使用权非法出让、转让或者出租用于非农业建设的；不符合法律规定的条件，擅自转让房地产开发项目的；以转让房屋（包括其他建筑物、构筑物），或者以土地与他人联建房屋分配实物、利润，或者以土地出资入股、联营与他人共同进行经营活动，或者以置换土地等形式，非法转让土地使用权的；买卖或者以其他形式非法转让土地的。

买卖或者以其他形式非法转让土地的，由县级以上人民政府自然资源主管部门没收违法所得；对违反土地利用总体规划擅自将农用地改为建设用地的，限期拆除在非法转让的土地上新建的建筑物和其他设施，恢复土地原状，对符合土地利用总体规划的，没收在非法转让的土地上新建的建筑物和其他设施；可以并处罚款；对直接负责的主管人员和其他直接责任人员，依法给予处分；构成犯罪的，依法追究刑事责任。

（二）非法占地

《土地管理法》规定，未经批准或者采取欺骗手段骗取批准，非法占用土地的，由县级以上人民政府自然资源主管部门责令退还非法占用的土地，对违反土地利用总体规划擅自将农用地改为建设用地的，限期拆除在非法占用的土地上新建的建筑物和其他设施，恢复土地原状，对符合土地利用总体规划的，没收在非法占用的土地上新建的建筑物和其他设施，可以并处罚款；对非法占用土地单位的直接负责的主管人员和其他直接责任人员，依法给予处分；构成犯罪的，依法追究刑事责任。超过批准的数量占用土地，多占的土地以非法占用土地论处。

农村村民未经批准或者采取欺骗手段骗取批准，非法占用土地建住宅的，由县级以上人民政府农业农村主管部门责令退还非法占用的土地，限期拆除在非法占用的土地上新建的房屋。超过省、自治区、直辖市规定的标准，多占的土地以非法占用土地论处。

（三）破坏耕地

非法占用基本农田建窑、建房、建坟、挖砂、采石、采矿、取土、堆放固体废弃物或者从事其他活动破坏基本农田，毁坏种植条件的；建设项目施工和地质勘查临时占用耕地的土地使用者，自临时用地期满之日起 1 年以上未恢复种植条件的；占用耕地建窑、建坟或者擅自在耕地上建房、挖砂、采石、采矿、取土等，破坏种植条件的，或者因开发土地造成土地荒漠化、盐渍化的，由县级以上人民政府自然资源主管部门、农业农村主管部门等按照职责责令限期改正或者治理，可以并处罚款；构成犯罪的，依法追究刑事责任。

（四）非法批地

无权批准征收、使用土地的单位或者个人非法批准占用土地的，超越批准权限非法批准占用土地的，不按照土地利用总体规划确定的用途批准用地的，或者违反法律规定的程序批准占用、征收土地的，其批准文件无效，对非法批准征收、使用土地的直接负责的主管人员和其他直接责任人员，依法给予处分；构成犯罪的，依法追究刑事责任。非法批准、使用的土地应当收回，有关当事人拒不归还的，以非法占用土地论处。非法批准征收、使用土地，对当事人造成损失的，依法应当承担赔偿责任。

（五）其他土地违法行为

依法应当将耕地划入基本农田保护区而不划入，经责令限期改正而拒不改正的；破坏或者擅自改变基本农田保护区标志的；依法应当对土地违法行为给予行政处罚或者行政处分，而不予行政处罚或者行政处分、提出行政处分建议的；土地行政主管部门的工作人员，没有法律、法规的依据，擅自同意减少、免除、缓交土地使用权出让金等滥用职权的；土地行政主管部门的工作人员，不依照土地管理的规定，办理土地登记、颁发土地证书，或者在土地调查、建设用地报批中，虚报、瞒报、伪造数据以及擅自更改土地权属、地类和面积等滥用职权的。

第三章　不动产征收法规制度

第一节　集体土地征收

一、征收前置条件、范围和原则

（一）征收前置条件

集体土地征收是指国家为公共利益的需要，通过法定程序，将原属于农民集体所有的土地征为国有的行为。征收集体土地需要满足两大前提条件：一是为了公共利益需要，二是给予补偿。《宪法》规定：国家为了公共利益的需要，可以依照法律规定对土地实行征收或者征用并给予补偿。国家为了公共利益的需要，可以依照法律规定对公民的私有财产实行征收或者征用并给予补偿。

《民法典》第二百四十三条规定，为了公共利益的需要，依照法律规定的权限和程序可以征收集体所有的土地和组织、个人的房屋以及其他不动产。征收集体所有的土地，应当依法及时足额支付土地补偿费、安置补助费以及农村村民住宅、其他地上附着物和青苗等的补偿费用，并安排被征地农民的社会保障费用，保障被征地农民的生活，维护被征地农民的合法权益。征收组织、个人的房屋以及其他不动产，应当依法给予征收补偿，维护被征收人的合法权益；征收个人住宅的，还应当保障被征收人的居住条件。任何组织或者个人不得贪污、挪用、私分、截留、拖欠征收补偿费等费用。

（二）征收范围

按照《土地管理法》，为了公共利益的需要，有下列情形之一，确需征收农民集体所有的土地的，可以依法实施征收：

（1）军事和外交需要用地的；

（2）由政府组织实施的能源、交通、水利、通信、邮政等基础设施建设需要用地的；

（3）由政府组织实施的科技、教育、文化、卫生、体育、生态环境和资源保护、防灾减灾、文物保护、社区综合服务、社会福利、市政公用、优抚安置、英烈保护等公共事业需要用地的；

（4）由政府组织实施的扶贫搬迁、保障性安居工程建设需要用地的；

（5）在土地利用总体规划确定的城镇建设用地范围内，经省级以上人民政府批准由县级以上地方人民政府组织实施的成片开发建设需要用地的；

（6）法律规定为公共利益需要可以征收农民集体所有的土地的其他情形。

前款规定的建设活动，应当符合国民经济和社会发展规划、土地利用总体规划、城乡规划和专项规划；第（4）、第（5）项规定的建设活动，还应当纳入国民经济和社会发展年度计划；第（5）项规定的成片开发并应当符合国务院自然资源主管部门规定的标准。

（三）征收原则

1. 依法征地

集体土地征收应当严格按照法律规定的征收前提条件、征收范围、征收程序和征收补偿标准等，依法征地。

2. 程序公开

《土地管理法》明确要求，国家征收土地的，依照法定程序批准后，由县级以上地方人民政府予以公告并组织实施。

县级以上地方人民政府拟申请征收土地的，应当开展拟征收土地现状调查和社会稳定风险评估，并将征收范围、土地现状、征收目的、补偿标准、安置方式和社会保障等在拟征收土地所在的乡（镇）和村、村民小组范围内公告至少30日，听取被征地的农村集体经济组织及其成员、村民委员会和其他利害关系人的意见。多数被征地的农村集体经济组织成员认为征地补偿安置方案不符合法律、法规规定的，县级以上地方人民政府应当组织召开听证会，并根据法律、法规的规定和听证会情况修改方案。

3. 补偿公平

《土地管理法》第四十八条要求，征收土地应当给予公平、合理的补偿，保障被征地农民原有生活水平不降低、长远生计有保障。征收农用地以外的其他土地、地上附着物和青苗等的补偿标准，由省、自治区、直辖市制定。对其中的农村村民住宅，应当按照先补偿后搬迁、居住条件有改善的原则，尊重农村村民意愿，采取重新安排宅基地建房、提供安置房或者货币补偿等方式给予公平、合理的补偿，并对因征收造成的搬迁、临时安置等费用予以补偿，保障农村村民居住的权利和合法的住房财产权益。

二、征收批准权限

征收下列土地的，由国务院批准：

（1）永久基本农田；

（2）永久基本农田以外的耕地超过35公顷的；

（3）其他土地超过70公顷的。

征收以上规定以外的土地的，由省、自治区、直辖市人民政府批准。

征收农用地的，应当依照《土地管理法》第四十四条的规定先行办理农用地转用审批。其中，经国务院批准农用地转用的，同时办理征地审批手续，不再另行办理征地审批；经省、自治区、直辖市人民政府在征地批准权限内批准农用地转用的，同时办理征地审批手续，不再另行办理征地审批，超过征地批准权限的，应当依照征收基本农田的规定另行办理征地审批。

三、征收程序

按照《土地管理法》，国家征收土地的，依照法定程序批准后，由县级以上地方人民政府予以公告并组织实施。依据《土地管理法实施条例》，土地征收的程序为发布征收土地预公告、拟订征地补偿安置方案、签订征地补偿安置协议、提出征收土地申请、发布征收土地公告、实施土地征收。

（一）发布征收土地预公告

需要征收土地，县级以上地方人民政府认为符合《土地管理法》第四十五条规定的，应当发布征收土地预公告，并开展拟征收土地现状调查和社会稳定风险评估。

征收土地预公告应当包括征收范围、征收目的、开展土地现状调查的安排等内容。征收土地预公告应当采用有利于社会公众知晓的方式，在拟征收土地所在的乡（镇）和村、村民小组范围内发布，预公告时间不少于10个工作日。自征收土地预公告发布之日起，任何单位和个人不得在拟征收范围内抢栽抢建；违反规定抢栽抢建的，对抢栽抢建部分不予补偿。

土地现状调查应当查明土地的位置、权属、地类、面积，以及农村村民住宅、其他地上附着物和青苗等的权属、种类、数量等情况。

社会稳定风险评估应当对征收土地的社会稳定风险状况进行综合研判，确定风险点，提出风险防范措施和处置预案。社会稳定风险评估应当有被征地的农村集体经济组织及其成员、村民委员会和其他利害关系人参加，评估结果是申请征收土地的重要依据。

（二）拟定征地补偿安置方案

县级以上地方人民政府应当依据社会稳定风险评估结果，结合土地现状调查情况，组织自然资源、财政、农业农村、人力资源和社会保障等有关部门拟定征地补偿安置方案。征地补偿安置方案应当包括征收范围、土地现状、征收目的、补偿方式和标准、安置对象、安置方式、社会保障等内容。

征地补偿安置方案拟定后，县级以上地方人民政府应当在拟征收土地所在的乡（镇）和村、村民小组范围内公告，公告时间不少于30日。征地补偿安置公告应当同时载明办理补偿登记的方式和期限、异议反馈渠道等内容。多数被征地的农村集体经济组织成员认为拟定的征地补偿安置方案不符合法律、法规规定的，县级以上地方人民政府应当组织听证。

（三）签订征地补偿安置协议

县级以上地方人民政府根据法律、法规规定和听证会等情况确定征地补偿安置方案后，应当组织有关部门与拟征收土地的所有权人、使用权人签订征地补偿安置协议。征地补偿安置协议示范文本由省、自治区、直辖市人民政府制定。对个别确实难以达成征地补偿安置协议的，县级以上地方人民政府应当在申请征收土地时如实说明。

（四）提出征收土地申请

县级以上地方人民政府完成《土地管理法实施条例》规定的征地前期工作后，方可提出征收土地申请，依照《土地管理法》第四十六条的规定报有批准权的人民政府批准。有批准权的人民政府应当对征收土地的必要性、合理性、是否符合《土地管理法》第四十五条规定的为了公共利益确需征收土地的情形以及是否符合法定程序进行审查。

申请征收土地的县级以上地方人民政府应当及时落实土地补偿费、安置补助费、农村村民住宅以及其他地上附着物和青苗等的补偿费用、社会保障费用等，并保证足额到位，专款专用。有关费用未足额到位的，不得批准征收土地。

（五）发布征收土地公告

征收土地申请经依法批准后，县级以上地方人民政府应当自收到批准文件之日起 15 个工作日内在拟征收土地所在的乡（镇）和村、村民小组范围内发布征收土地公告，公布征收范围、征收时间等具体工作安排，对个别未达成征地补偿安置协议的应当作出征地补偿安置决定。

（六）实施土地征收

县级以上地方人民政府应依法组织实施土地征收。违反土地管理法律、法规规定，阻挠国家建设征收土地的，由县级以上地方人民政府责令交出土地；拒不交出土地的，依法申请人民法院强制执行。

四、征地补偿

（一）补偿范围

《土地管理法》规定，征收土地应当给予公平、合理的补偿，保障被征地农民原有生活水平不降低、长远生计有保障。征收土地应当依法及时足额支付土地补偿费、安置补助费以及农村村民住宅、其他地上附着物和青苗等的补偿费用，并安排被征地农民的社会保障费用。

（二）补偿标准

1. 农用地

征收农用地的土地补偿费、安置补助费标准由省、自治区、直辖市通过制定公布区片综合地价确定。制定区片综合地价应当综合考虑土地原用途、土地资源条件、土地产值、土地区位、土地供求关系、人口以及经济社会发展水平等因素，并至少每 3 年调整或者重新公布一次。

2. 其他土地

征收农用地以外的其他土地、地上附着物和青苗等的补偿标准，由省、自治区、直辖市制定。对其中的农村村民住宅，应当按照先补偿后搬迁、居住条件有改善的原则，尊重农村村民意愿，采取重新安排宅基地建房、提供安置房或者货币补偿等方式给予公平、合理的补偿，并对因征收造成的搬迁、临时安置等费用予以补偿，保障农村村民居住的权利和合法的住房财产权益。

3. 社会保障费用

县级以上地方人民政府应当将被征地农民纳入相应的养老等社会保障体系。被征地农民的社会保障费用主要用于符合条件的被征地农民的养老保险等社会保险缴费补贴。被征地农民社会保障费用的筹集、管理和使用办法，由省、自治区、直辖市制定。

（三）补偿费用的使用

1. 土地补偿费

土地补偿费归农村集体经济组织所有。被征地的农村集体经济组织应当将征收土地的补偿费用的收支状况向本集体经济组织的成员公布，接受监督。禁止侵占、挪用被征收土地单位的征地补偿费用和其他有关费用。

2. 地上附着物和青苗补偿费

地上附着物和青苗等的补偿费用，归其所有权人所有。

3. 安置补助费

需要安置的人员由农村集体经济组织安置的，安置补助费支付给农村集体经济组织，由农村集体经济组织管理和使用；由其他单位安置的，安置补助费支付给安置单位；不需要统一安置的，安置补助费发放给被安置人员个人。

4. 社会保障费用

社会保障费用主要用于符合条件的被征地农民的养老保险等社会保险缴费补贴，按照省、自治区、直辖市的规定单独列支。

第二节　国有土地上房屋征收

国家对权利人的财产实行平等保护，但为了国防和外交以及由政府组织实施的基础设施建设、公共事业、保障性安居工程建设、旧城区改建等公共利益的需要，或者因抢险、救灾等紧急需要，国家可依法征收或者征用集体、单位和个人的房屋。征收是国家以行政权取得集体、单位和个人的财产所有权的行为。

一、房屋征收概述

（一）房屋征收的概念

房屋征收是指国家为了公共利益的需要，依照法律规定的权限和程序强制取得国有土地上单位、个人的房屋及其他不动产的行为。房屋征收是物权变动的一种特殊情形，是国家取得房屋所有权的一种方式。房屋征收的主体是国家，通常是政府代表国家以行政命令的方式执行。《民法典》第二百四十三条规定："为了公共利益的需要，依照法律规定的权限和程序可以征收集体所有的土地和组织、个人的房屋以及其他不动产。"第一百一十七条规定："为了公共利益的需要，依照法律规定的权限和程序征收、征用不动产或者动产的，应当给予公平、合理的补偿。"

2011 年 1 月 21 日，国务院公布了《国有土地上房屋征收与补偿条例》（国务院令第 590 号，以下简称《房屋征收条例》），同时废止了 2001 年 6 月 13 日国务院公布的《城市房屋拆迁管理条例》。房屋征收通常处于建设项目的前期工作阶段，是城市建设的重要组成部分。

（二）房屋征收的限制条件

房屋征收作为一种以取得国有土地上单位、个人的房屋为目的的强制性行为，有严格法定的限制条件：

（1）房屋征收只能是为了公共利益的需要；

（2）房屋征收必须严格依照法律规定的权限和程序；

（3）以房屋征收决定公告之日被征收房屋类似房地产的市场价格对被征收人的损失予以公平补偿。

（三）房屋征收的前提：公共利益

依据《房屋征收条例》，为了保障国家安全、促进国民经济和社会发展等公共利益的需要，有下列情形之一，确需征收房屋的，由市、县级人民政府作出房屋征收决定：

（1）国防和外交的需要；

（2）由政府组织实施的能源、交通、水利等基础设施建设的需要；

（3）由政府组织实施的科技、教育、文化、卫生、体育、环境和资源保护、防灾减灾、文物保护、社会福利、市政公用等公共事业的需要；

（4）由政府组织实施的保障性安居工程建设的需要；

（5）由政府依照城乡规划法有关规定组织实施的对危房集中、基础设施落后等地段进行旧城区改建的需要；

（6）法律、行政法规规定的其他公共利益的需要。

依照上述规定，确需征收房屋的各项建设活动，应当符合国民经济和社会发展规划、土地利用总体规划、城乡规划和专项规划。保障性安居工程建设、旧城区改建，应当纳入市、县级国民经济和社会发展年度计划。制定国民经济和社会发展规划、土地利用总体规划、城乡规划和专项规划，应当广泛征求社会公众意见，经过科学论证。

二、房屋征收的程序

（一）拟订征收补偿方案

房屋征收部门拟订征收补偿方案，报市、县级人民政府。征收补偿方案的内容包括房屋征收目的、房屋征收范围、实施时间、补偿方式、补偿金额、补助和奖励、安置用房面积和安置地点、搬迁期限、搬迁过渡方式和过渡期限等事项。

（二）组织有关部门论证

收到房屋征收部门上报的征收补偿方案后，市、县级人民政府应当组织发展改革、城乡规划、国土资源、环境资源保护、文物保护、财政、建设等有关部门对征收补偿方案进行论证。主要论证内容包括建设项目是否符合国民经济和社会发展规划、土地利用总体规划、城乡规划和专项规划，房屋征收目的是否符合房屋征收的条件，房屋征收范围是否科学合理，补偿方案是否公平等。

（三）征求公众意见

对征收补偿方案进行论证、修改后，市、县级人民政府应当予以公布，征求公众意见，期限不得少于 30 日。征收补偿方案征求公众意见结束后，市、县级人民政府应当将征求意见情况进行汇总，根据公众意见反馈情况对征收补偿方案进行修改，并将征求意见情况和根据公众意见修改情况及时公布。因旧城区改建需要征收房屋的，如果多数被征收人认为征收补偿方案不符合《房屋征收条例》规定，市、县级人民政府应当组织召开听证会进一步听取意见。参加听证会的代表应当包括被征收人代表和社会各界公众代表。市、县级人民政府应当听取公众意见，就房屋征收补偿方案等群众关心的问题进行说明。根据听证情况，市、县级人民政府应当对征收补偿方案进行修改完善，对合理意见和建议要充分吸收采纳。

（四）发布房屋征收决定

市、县级人民政府作出房屋征收决定前，应当按照有关规定进行社会稳定风险评估；房屋征收决定涉及被征收人数量较多的，应当经政府常务会议讨论决定。市、县级人民政府作出房屋征收决定后应当及时公告。公告应当载明征收补偿方案和行政复议、行政诉讼权利等事项。市、县级人民政府及房屋征收部门应当做好房屋征收与补偿的宣传、解释工作。房屋被依法征收的，国有土地使用权同时收回。

（五）实施房屋征收

市、县级人民政府负责本行政区域的房屋征收与补偿工作。市、县级人民政府确定的房屋征收部门组织实施本行政区域的房屋征收与补偿工作。

实施房屋征收应当先补偿后搬迁。作出房屋征收决定的市、县级人民政府对被征收人给予补偿后，被征收人应当在补偿协议约定或者补偿决定确定的搬迁期限内完成搬迁。任何单位和个人不得采取暴力、威胁或者违反规定中断供水、供热、供气、供电和道路通行等非法方式迫使被征收人搬迁。禁止建设单位参与搬迁活动。

（六）与房屋征收相关的几项工作

1. 组织调查登记

调查登记，一般应当在房屋征收决定前进行，调查登记应当全面深入，以满足拟订征收补偿方案和进行评估的需要。调查登记事项，一般包括被征收房屋的权属、区位、用途、建筑面积等。上述因素是评估确定被征收房屋价值的主要依据，对其他可能影响房屋价值评估的因素，在调查过程中也应予以查明。调查结果应当在征收范围内向被征收人公布。

2. 对未进行登记的建筑物先行调查、认定和处理

为了避免在房屋征收时矛盾过分集中，市、县级人民政府应当依法加强建设活动管理，对违反城乡规划进行建设的，依法予以处理；另外，市、县级人民政府作出房屋征收决定前，应当组织有关部门依法对征收范围内未经

登记的建筑进行调查、认定和处理。当事人对有关部门的认定和处理结果不服的，可以依法提起行政复议或者诉讼。

3. 暂停办理相关手续

在房屋征收范围确定后，不得在房屋征收范围内实施新建、扩建、改建房屋和改变房屋用途等不当增加补偿费用的行为；违反规定实施上述行为的，不予补偿。房屋征收部门应当将暂停办理事项书面通知有关部门。暂停办理相关手续的书面通知应当载明暂停期限。暂停期限最长不得超过1年。

4. 作出房屋征收决定前，征收补偿费用应当足额到位、专户存储、专款专用

足额到位，是指用于征收补偿的货币、实物的数量应当符合征收补偿方案的要求，能够保证全部被征收人得到依法补偿和妥善安置。专户存储、专款专用是保证补偿费用不被挤占、挪用的重要措施。专款专用，是指征收补偿费用只能用于发放征收补偿，不得挪作他用。

三、房屋征收补偿

（一）房屋征收补偿的内容

对被征收人给予的补偿内容包括被征收房屋价值的补偿，因征收房屋造成的搬迁、临时安置的补偿，因征收房屋造成的停产停业损失的补偿。

1. 被征收房屋价值的补偿

对被征收房屋价值的补偿，不得低于房屋征收决定公告之日被征收房屋类似房地产的市场价格。

2. 因征收房屋造成的搬迁、临时安置的补偿

因征收房屋造成的搬迁，房屋征收部门应当向被征收人支付搬迁费。选择房屋产权调换的，产权调换房屋交付前，房屋征收部门应当向被征收人支付临时安置费或者提供周转用房。

3. 因征收房屋造成的停产停业损失的补偿

对因征收房屋造成停产停业损失的补偿，根据房屋被征收前的效益、停产停业期限等因素确定。具体办法由省、自治区、直辖市制定。

此外，市、县级人民政府应当制定补助和奖励办法，对被征收人给予补助和奖励。征收个人住宅，被征收人符合住房保障条件的，作出房屋征收决

定的市、县级人民政府还应当优先给予住房保障。具体办法由省、自治区、直辖市制定。

（二）房屋征收补偿的方式

房屋征收补偿的方式有货币补偿和房屋产权调换两种，由被征收人选择。

选择房屋产权调换的，市、县级人民政府应当提供用于产权调换的房屋，并与被征收人计算、结清被征收房屋价值与用于产权调换房屋价值的差价。因旧城区改建征收个人住宅，被征收人选择在改建地段进行房屋产权调换的，作出房屋征收决定的市、县级人民政府应当提供改建地段或者就近地段的房屋。

（三）被征收房屋价值的评估

被征收房屋价值由具有相应资质的房地产价格评估机构按照《国有土地上房屋征收评估办法》评估确定。

房地产价格评估机构由被征收人协商选定。协商不成的，通过多数决定、随机选定等方式确定，具体办法由省、自治区、直辖市制定。房地产价格评估机构应当独立、客观、公正地开展房屋征收评估工作，任何单位和个人不得干预。对评估确定的被征收房屋价值有异议的，可以向房地产价格评估机构申请复核评估。对复核结果有异议的，可以向房地产价格评估专家委员会申请鉴定。

（四）订立补偿协议或作出补偿决定

房屋征收部门与被征收人就补偿方式、补偿金额和支付期限、用于产权调换房屋的地点和面积、搬迁费、临时安置费或者周转用房、停产停业损失、搬迁期限、过渡方式和过渡期限等事项，订立补偿协议。

补偿协议订立后，一方当事人不履行补偿协议约定的义务的，另一方当事人可以依法提起诉讼。

房屋征收部门与被征收人在征收补偿方案确定的签约期限内达不成补偿协议，或者被征收房屋所有权人不明确的，由房屋征收部门报请作出房屋征收决定的市、县级人民政府依照《房屋征收条例》的规定，按照征收补偿方案作出补偿决定，并在房屋征收范围内予以公告。

被征收人对补偿决定不服的，可以依法申请行政复议，也可以依法提起行政诉讼。

（五）公布补偿情况和审计结果

房屋征收部门应当依法建立房屋征收补偿档案，并将分户补偿情况在房屋征收范围内向被征收人公布。

审计机关应当加强对征收补偿费用管理和使用情况的监督，并公布审计结果。

四、房屋征收评估要求

（一）房屋征收评估机构选定

《房屋征收条例》规定，被征收房屋的价值，由具有相应资质的房地产价格评估机构按照房屋征收评估办法评估确定。另据《房地产估价机构管理办法》，除三级暂定资质外，其他资质的房地产估价机构都可以从事房屋征收评估工作。

《房屋征收条例》第二十条规定：房地产价格评估机构由被征收人协商选定；协商不成的，通过多数决定、随机选定等方式确定，具体办法由省、自治区、直辖市制定。房地产价格评估机构应当独立、客观、公正地开展房屋征收评估工作，任何单位和个人不得干预。

《国有土地上房屋征收评估办法》第六条规定：房地产价格评估机构选定或者确定后，一般由房屋征收部门作为委托人，向房地产价格评估机构出具房屋征收评估委托书，并与其签订房屋征收评估委托合同。房屋征收评估委托书应当载明委托人的名称、委托的房地产价格评估机构的名称、评估目的、评估对象范围、评估要求以及委托日期等内容。

房屋征收评估委托合同应当载明下列事项：

（1）委托人和房地产价格评估机构的基本情况；

（2）负责本评估项目的注册房地产估价师；

（3）评估目的、评估对象、评估时点等评估基本事项；

（4）委托人应提供的评估所需资料；

（5）评估过程中双方的权利和义务；

（6）评估费用及收取方式；

（7）评估报告交付时间、方式；

（8）违约责任；

（9）解决争议的方法；

（10）其他需要载明的事项。

《国有土地上房屋征收评估办法》第七条规定：房地产价格评估机构应当指派与房屋征收评估项目工作量相适应的足够数量的注册房地产估价师开展评估工作。房地产价格评估机构不得转让或者变相转让受托的房屋征收评估业务。

（二）房屋征收评估原则和要求

《房屋征收条例》第二十条规定：房地产价格评估机构应当独立、客观、公正地开展房屋征收评估工作，任何单位和个人不得干预。

《国有土地上房屋征收评估办法》对房屋征收评估的要求主要有：评估目的、评估时点、评估对象、评估价值内涵。

1. 评估目的

《国有土地上房屋征收评估办法》第八条规定：被征收房屋价值评估目的应当表述为“为房屋征收部门与被征收人确定被征收房屋价值的补偿提供依据，评估被征收房屋的价值”。用于产权调换房屋价值评估目的应当表述为“为房屋征收部门与被征收人计算被征收房屋价值与用于产权调换房屋价值的差价提供依据，评估用于产权调换房屋的价值”。

2. 评估时点

《国有土地上房屋征收评估办法》第十条规定：被征收房屋价值评估时点为房屋征收决定公告之日。用于产权调换房屋价值评估时点应当与被征收房屋价值评估时点一致。

3. 评估对象

《国有土地上房屋征收评估办法》第九条规定：房屋征收评估前，房屋征收部门应当组织有关单位对被征收房屋情况进行调查，明确评估对象。评估对象应当全面、客观，不得遗漏、虚构。房屋征收部门应当向受托的房地产价格评估机构提供征收范围内房屋情况，包括已经登记的房屋情况和未经登记建筑的认定、处理结果情况。调查结果应当在房屋征收范围内向被征收人公布。对于已经登记的房屋，其性质、用途和建筑面积，一般以房屋权属证书和房屋登记簿的记载为准；房屋权属证书与房屋登记簿的记载不一致的，除有证据证明房屋登记簿确有错误外，以房屋登记簿为准。对于未经登记的建筑，应当按照市、县级人民政府的认定、处理结果进行评估。

4. 评估价值内涵

《国有土地上房屋征收评估办法》第十一条规定：被征收房屋价值是指被征收房屋及其占用范围内的土地使用权在正常交易情况下，由熟悉情况的交易双方以公平交易方式在评估时点自愿进行交易的金额，但不考虑被征收房屋租赁、抵押、查封等因素的影响。不考虑被征收房屋租赁因素的影响，是指评估被征收房屋无租约限制的价值；不考虑被征收房屋抵押、查封因素的影响，是指评估价值中不扣除被征收房屋已抵押担保的债权数额、拖欠的建设工程价款和其他法定优先受偿款。

（三）实地查勘、评估方法和技术协调

1. 实地查勘

《国有土地上房屋征收评估办法》第十二条规定：房地产价格评估机构应当安排注册房地产估价师对被征收房屋进行实地查勘，调查被征收房屋状况，拍摄反映被征收房屋内外部状况的照片等影像资料，做好实地查勘记录，并妥善保管。被征收人应当协助注册房地产估价师对被征收房屋进行实地查勘，提供或者协助搜集被征收房屋价值评估所必需的情况和资料。房屋征收部门、被征收人和注册房地产估价师应当在实地查勘记录上签字或者盖章确认。被征收人拒绝在实地查勘记录上签字或者盖章的，应当由房屋征收部门、注册房地产估价师和无利害关系的第三人见证，有关情况应当在评估报告中说明。

2. 评估方法

《国有土地上房屋征收评估办法》第十三条规定：注册房地产估价师应当根据评估对象和当地房地产市场状况，对市场法、收益法、成本法、假设开发法等评估方法进行适用性分析后，选用其中一种或者多种方法对被征收房屋价值进行评估。被征收房屋的类似房地产有交易的，应当选用市场法评估；被征收房屋或者其类似房地产有经济收益的，应当选用收益法评估；被征收房屋是在建工程的，应当选用假设开发法评估。可以同时选用两种以上评估方法评估的，应当选用两种以上评估方法评估，并对各种评估方法的测算结果进行校核和比较分析后，合理确定评估结果。

3. 评估结果

《国有土地上房屋征收评估办法》第十四条规定：被征收房屋价值评估应当考虑被征收房屋的区位、用途、建筑结构、新旧程度、建筑面积以及占地面积、土地使用权等影响被征收房屋价值的因素。被征收房屋室内装饰装修价值，机器设备、物资等搬迁费用，以及停产停业损失等补偿，由征收当事人协商确定；协商不成的，可以委托房地产价格评估机构通过评估确定。第十五条规定：房屋征收评估价值应当以人民币为计价的货币单位，精确到元。

4. 技术协调

《国有土地上房屋征收评估办法》第五条规定：同一征收项目的房屋征收评估工作，原则上由 1 家房地产价格评估机构承担。房屋征收范围较大的，可以由 2 家以上房地产价格评估机构共同承担。2 家以上房地产价格评估机构承担的，应当共同协商确定 1 家房地产价格评估机构为牵头单位；牵头单位应当组织相关房地产价格评估机构就评估对象、评估时点、价值内涵、评估依据、评估假设、评估原则、评估技术路线、评估方法、重要参数选取、评估结果确定方式等进行沟通，统一标准。

（四）评估结果和报告送达

《国有土地上房屋征收评估办法》第十六条规定：房地产价格评估机构应当按照房屋征收评估委托书或者委托合同的约定，向房屋征收部门提供分户的初步评估结果。分户的初步评估结果应当包括评估对象的构成及其基本情况和评估价值。房屋征收部门应当将分户的初步评估结果在征收范围内向被征收人公示。公示期间，房地产价格评估机构应当安排注册房地产估价师对分户的初步评估结果进行现场说明解释。存在错误的，房地产价格评估机构应当修正。第十七条规定：分户初步评估结果公示期满后，房地产价格评估机构应当向房屋征收部门提供委托评估范围内被征收房屋的整体评估报告和分户评估报告。房屋征收部门应当向被征收人转交分户评估报告。整体评估报告和分户评估报告应当由负责房屋征收评估项目的 2 名以上注册房地产估价师签字，并加盖房地产价格评估机构公章。不得以印章代替签字。

（五）房屋征收评估异议处理和争议调处

《房屋征收条例》第十九条规定，对被征收房屋价值的补偿，不得低于房屋征收决定公告之日被征收房屋类似房地产的市场价格。被征收房屋的价值，由具有相应资质的房地产价格评估机构按照《国有土地上房屋征收评估办法》评估确定。对评估确定的被征收房屋价值有异议的，可以向房地产价格评估机构申请复核评估。对复核结果有异议的，可以向房地产价格评估专家委员会申请鉴定。《国有土地上房屋征收评估办法》的具体规定有：评估异议处理、评估争议调处、评估专家委员会及其工作机制。

1. 评估异议处理

《国有土地上房屋征收评估办法》第十九条规定：被征收人或者房屋征收部门对评估报告有疑问的，出具评估报告的房地产价格评估机构应当向其作出解释和说明。第二十条规定：被征收人或者房屋征收部门对评估结果有异议的，应当自收到评估报告之日起 10 日内，向房地产价格评估机构申请复核评估。申请复核评估的，应当向原房地产价格评估机构提出书面复核评估申请，并指出评估报告存在的问题。第二十一条规定：原房地产价格评估机构应当自收到书面复核评估申请之日起 10 日内对评估结果进行复核。复核后，改变原评估结果的，应当重新出具评估报告；评估结果没有改变的，应当书面告知复核评估申请人。

2. 评估争议调处

《国有土地上房屋征收评估办法》第二十二条规定：被征收人或者房屋征收部门对原房地产价格评估机构的复核结果有异议的，应当自收到复核结果之日起 10 日内，向被征收房屋所在地评估专家委员会申请鉴定。第二十五条规定：评估专家委员会应当自收到鉴定申请之日起 10 日内，对申请鉴定评估报告的评估程序、评估依据、评估假设、评估技术路线、评估方法选用、参数选取、评估结果确定方式等评估技术问题进行审核，出具书面鉴定意见。经评估专家委员会鉴定，评估报告不存在技术问题的，应当维持评估报告；评估报告存在技术问题的，出具评估报告的房地产价格评估机构应当改正错误，重新出具评估报告。第二十六条规定：房屋征收评估鉴定过程中，房地产价格评估机构应当按照评估专家委员会要求，就鉴定涉及的评估相关事宜进行说明。需要对被征收房屋进行实地查勘和调查的，有关单位和个人应当协助。

被征收人或者房屋征收部门对鉴定意见不服的，可以依法申请行政复议，也可以依法提起行政诉讼。

3. 评估专家委员会及其工作机制

省、自治区住房城乡建设主管部门和设区城市的房地产管理部门应当成立房地产价格评估专家委员会。房地产评估专家委员会由房地产估价师以及价格、房地产、土地、城市规划、法律等方面的专家组成。评估专家委员会对复核结果进行鉴定，选派成员组成专家组时，专家组成员应为 3 人以上单数，其中房地产估价师不得少于1/2。

（六）房屋征收评估收费

接受委托进行房屋征收评估、鉴定，应当按照标准收取评估费用。房屋征收评估、鉴定费用由委托人承担，即房屋征收评估的费用由房屋征收部门承担，鉴定费用由进行委托的房屋征收当事人承担。但鉴定改变原评估结果的，鉴定费用由原房地产估价机构承担。房地产估价机构受托进行复核评估的，不再收取评估费用。

五、房屋征收与补偿的法律责任

（一）市、县级人民政府及房屋征收部门工作人员的法律责任

市、县级人民政府及房屋征收部门的工作人员在房屋征收与补偿工作中不履行《房屋征收条例》规定的职责，或者滥用职权、玩忽职守、徇私舞弊的，由上级人民政府或者本级人民政府责令改正，通报批评；造成损失的，依法承担赔偿责任；对直接负责的主管人员和其他直接责任人员，依法给予处分；构成犯罪的，依法追究刑事责任。

（二）暴力野蛮搬迁的法律责任

采取暴力、威胁或者违反规定中断供水、供热、供气、供电和道路通行等非法方式迫使被征收人搬迁，造成损失的，依法承担赔偿责任。对直接负责的主管人员和其他直接责任人员，构成犯罪的，依法追究刑事责任；尚不构成犯罪的，依法给予处分；构成违反治安管理行为的，依法给予治安管理处罚。

（三）非法阻碍依法征收与补偿的法律责任

采取暴力、威胁等方法阻碍依法进行的房屋征收与补偿工作，构成犯罪的，依法追究刑事责任；构成违反治安管理行为的，依法给予治安管理处罚。

（四）涉及征收补偿费用的法律责任

贪污、挪用、私分、截留、拖欠征收补偿费用的，责令改正，追回有关款项，限期退还违法所得，对有关责任单位通报批评、给予警告；造成损失的，依法承担赔偿责任；对直接负责的主管人员和其他直接责任人员，构成犯罪的，依法追究刑事责任；尚不构成犯罪的，依法给予处分。

（五）出具虚假或有重大差错的评估报告的法律责任

房地产价格评估机构或者房地产估价师出具虚假或者有重大差错的评估报告的，由发证机关责令限期改正，给予警告，对房地产价格评估机构并处5万元以上20万元以下罚款，对房地产估价师并处1万元以上3万元以下罚款，并记入信用档案；情节严重的，吊销资质证书、注册证书；造成损失的，依法承担赔偿责任；构成犯罪的，依法追究刑事责任。

第四章　工程建设法规制度

第一节　城乡规划管理

城乡规划是以促进经济社会全面协调可持续发展为根本任务、促进土地科学使用为基础、促进人居环境根本改善为目的，涵盖城乡居民点的空间布局规划。城乡规划是按照法定程序编制和批准的，以图纸和文本为表现形式。城乡规划经过法定程序审批确立后，城乡规划区内的各项土地利用和建设活动，都必须按照城乡规划进行。《城乡规划法》于 2008 年 1 月 1 日起实施，取代了《城市规划法》和《村庄和集镇规划建设管理条例》。

一、城乡规划的编制与审批

（一）城乡规划的内容

城乡规划包括城镇体系规划、城市规划、镇规划、乡规划和村庄规划。城市规划、镇规划分为总体规划和详细规划。详细规划分为控制性详细规划和修建性详细规划。在城乡规划中，城市规划是城市发展的蓝图，是建设城市和管理城市的基本依据，是保证城市土地合理利用和房地产开发等经营活动协调进行的前提与基础，是实现城市经济和社会发展目标的重要手段。

城市总体规划、镇总体规划的内容应当包括城市、镇的发展布局，功能分区，用地布局，综合交通体系，禁止、限制和适宜建设的地域范围，各类专项规划等。规划区范围、规划区内建设用地规模、基础设施和公共服务设施用地、水源地和水系、基本农田和绿化用地、环境保护、自然与历史文化遗产保护以及防灾减灾等内容，应当作为城市总体规划、镇总体规划的强制性内容。城市总体规划、镇总体规划的规划期限一般为 20 年。城市总体规划还应当对城市更长远的发展作出预测性安排。乡规划、村庄规划应当从农村实际出发，尊重村民意愿，体现地方和农村特色。乡规划、村庄规划的内容应当包括规划区范围，住宅、道路、供水、排水、供电、垃圾收集、畜禽养殖场所等农村生产、生活服务设施、公益事业等各项建设的用地布局、建设要求，以及对耕地等自然资源和历史文化遗产保护、防灾减灾等的具体安排。乡规划还应当包括本行政区域内的村庄发展布局。

规划区是指城市、镇和村庄的建成区以及因城乡建设和发展需要，必须实行规划控制的区域。规划区的具体范围由有关人民政府在组织编制的城市总体规划、镇总体规划、乡规划和村庄规划中，根据城乡经济社会发展水平和统筹城乡发展的需要划定。城市规划区是指城市市区、近郊区以及城市行政区域内因城市建设和发展需要实行规划控制的区域。城市规划区的具体范围，由城市人民政府在其编制的城市总体规划中划定。

（二）城乡规划的组织编制主体和审批主体

全国城镇体系规划由国务院城乡规划主管部门会同国务院有关部门组织编制。全国城镇体系规划由国务院城乡规划主管部门报国务院审批。省域城镇体系规划由省或自治区人民政府组织编制，报国务院审批。城市人民政府（包括直辖市人民政府和其他设市城市的人民政府）组织编制城市总体规划。直辖市的城市总体规划由直辖市人民政府报国务院审批。省、自治区人民政府所在地的城市以及国务院确定的城市的总体规划，由省、自治区人民政府审查同意后，报国务院审批。其他城市的总体规划，由城市人民政府报省、自治区人民政府审批。县人民政府组织编制县人民政府所在地镇的总体规划，报上一级人民政府审批。其他镇的总体规划由镇人民政府组织编制，报上一级人民政府审批。乡、镇人民政府组织编制乡规划、村庄规划，报上一级人民政府审批。

城市人民政府城乡规划主管部门根据城市总体规划的要求，组织编制城市的控制性详细规划，经本级人民政府批准后，报本级人民代表大会常务委员会和上一级人民政府备案。县人民政府所在地镇的控制性详细规划，由县人民政府城乡规划主管部门根据镇总体规划的要求组织编制，经县人民政府批准后，报本级人民代表大会常务委员会和上一级人民政府备案。镇人民政府根据镇总体规划的要求，组织编制镇的控制性详细规划，报上一级人民政府审批。城市、县人民政府城乡规划主管部门和镇人民政府可以组织编制重要地块的修建性详细规划。其他地区的修建性详细规划的编制主体是建设单位。各类修建性详细规划由城市、县城乡规划主管部门依法负责审定，修建性详细规划应当符合控制性详细规划。

（三）城乡规划编制的依据

城乡规划编制以上一层次的城乡规划为依据，具体来说，就是城市的总体规划必须以所在省、自治区的省域城镇体系规划为依据；城市详细规划必须以所在城市的总体规划为依据，修建性详细规划必须以控制性详细规划为依据。此外，市辖县、区、乡镇域总体规划应当以所在城市的市域总体规划为依据。单独编制的各项专业规划同样应当以城市总体规划为依据。以上一层次的城市规划为依据，前提是这项规划必须是依法批准并有效，两者缺一不可。未经依法批准的城乡规划没有法律效力，不能指导城乡规划编制与审批；因超过规划期限或因现实情况已经发生了变化的上一层次规划，且必须作调整的，依法调整后，方可指导下一层次规划的编制和审批。

依法制定城乡规划，应当依据有关的法律规范和技术标准、技术规范，以城乡地区的现状条件和环境、资源以及自然地理、历史特点为基础。一些重大规划问题的解决必须以国家有关方针政策为依据。城市政府制订的城市社会、经济发展的长远计划，已经充分体现了政府对城市长远发展的指导意见，应当作为城乡规划制定的依据。此外，上级人民政府对下级人民政府制定城乡规划有责任提出指导性意见。上级政府的城市规划主管部门亦可根据城市规划编制情况的需要，对规划的边界条件、规划的内容深度、技术要求等提出具体的指导意见，这些都应作为规划编制的依据。

（四）城乡规划的审批程序

省域城镇体系规划和城市总体规划在报上一级人民政府审批前，应当先经本级人民代表大会常务委员会审议，人民代表大会常务委员会组成人员的审议意见交由本级人民政府研究处理。镇总体规划在报上一级人民政府审批前，应当先经镇人民代表大会审议，代表的审议意见交由本级人民政府研究处理。城乡规划的组织编制机关报送审批省域城镇体系规划、城市总体规划或者镇总体规划，应当将本级人民代表大会常务委员会组成人员或者镇人民代表大会代表的审议意见和根据审议意见修改规划的情况一并报送。村庄规划在报送审批前，应当经过村民会议或者村民代表会议讨论同意。

城乡规划报送审批前，组织编制机关应当依法将城乡规划草案予以公告，并采取论证会、听证会或者其他方式征求专家和公众的意见。公告的时间不得少于30日。组织编制机关应当充分考虑专家和公众的意见，并在报送审批的材料中附具意见采纳情况及理由。

省域城镇体系规划、城市总体规划、镇总体规划批准前，审批机关应当组织专家和有关部门进行审查。城乡规划审批机关在对上报的城乡规划组织审查同意后，予以书面批复。经依法批准的城乡规划，是城乡建设和规划管理的依据。城乡规划组织编制机关应当及时公布经依法批准的城乡规划。但是法律、行政法规规定不得公开的内容除外。

（五）城乡规划的修改

省域城镇体系规划、城市总体规划、镇总体规划的组织编制机关应当组织有关部门和专家定期对规划实施情况进行评估，并采取论证会、听证会或者其他方式征求公众意见。组织编制机关应当向本级人民代表大会常务委员会、镇人民代表大会和原审批机关提出评估报告并附具征求意见的情况。有下列情况之一的，组织编制机关方可按照规定的权限和程序修改省域城镇体系规划、城市总体规划、镇总体规划：①上级人民政府制定的城乡规划发生变更，提出修改规划要求的；②行政区划调整确需修改规划的；③因国务院批准重大建设工程确需修改规划的；④经评估确需修改规划的；⑤城乡规划的审批机关认为应当修改规划的其他情形。

修改省域城镇体系规划、城市总体规划、镇总体规划前，组织编制机关应当对原规划的实施情况进行总结，并向原审批机关报告；修改涉及城市总体规划、镇总体规划强制性内容的，应当先向原审批机关提出专题报告，经同意后，方可编制修改方案。

修改控制性详细规划的，组织编制机关应当对修改的必要性进行论证，征求规划地段内利害关系人的意见，并向原审批机关提出专题报告，经原审批机关同意后，方可编制修改方案。控制性详细规划修改涉及城市总体规划、镇总体规划的强制性内容的，应当先修改总体规划。

修改后的各项规划，应当依照《城乡规划法》规定的审批程序报批。城市、县、镇人民政府修改近期建设规划的，应当将修改后的近期建设规划报总体规划审批机关备案。

二、城乡规划的实施与监督

城市规划的实施管理主要是报建审批管理和批后管理两部分内容。报建审批管理通过“一书两证”来实现，即对建设项目选址审批核发项目选址意见书，对城市用地审批核发建设用地规划许可证，对建设工程审批核发建设工程规划许可证。批后管理主要是按照规划实施监督检查体系对违章占地和违章建设的查禁工作。

（一）建设项目选址意见书

国家对于建设项目，特别是国家的大、中型建设项目的宏观管理，在可行性研究阶段，主要是通过计划管理和规划管理来实现。《城乡规划法》规定：“按照国家规定需要有关部门批准或者核准的建设项目，以划拨方式提供国有土地使用权的，建设单位在报送有关部门批准或者核准前，应当向城乡规划主管部门申请核发选址意见书。”其他的建设项目不需要申请选址意见书。

（二）建设用地规划许可证

对于划拨地项目，《城乡规划法》规定：在城市、镇规划区内以划拨方式提供国有土地使用权的建设项目，经有关部门批准、核准、备案后，建设单位应当向城市、县人民政府城乡规划主管部门提出建设用地规划许可申请，由城市、县人民政府城乡规划主管部门依据控制性详细规划核定建设用地的位置、面积、允许建设的范围，核发建设用地规划许可证。建设单位在取得建设用地规划许可证后，方可向县级以上地方人民政府土地主管部门申请用地，经县级以上人民政府审批后，由土地主管部门划拨土地。

对于出让地项目，在城市、镇规划区内以出让方式提供国有土地使用权的，在国有土地使用权出让前，城市、县人民政府城乡规划主管部门应当依据控制性详细规划，提出出让地块的位置、使用性质、开发强度等规划条件，作为国有土地使用权出让合同的组成部分。未确定规划条件的地块，不得出让国有土地使用权。以出让方式取得国有土地使用权的建设项目，在签订国有土地使用权出让合同后，建设单位应当持建设项目的批准、核准、备案文件和国有土地使用权出让合同，向城市、县人民政府城乡规划主管部门领取建设用地规划许可证。城市、县人民政府城乡规划主管部门不得在建设用地规划许可证中，擅自改变作为国有土地使用权出让合同组成部分的规划条件。规划条件未纳入国有土地使用权出让合同的，该国有土地使用权出让合同无效；对未取得建设用地规划许可证的建设单位批准用地的，由县级以上人民政府撤销有关批准文件；占用土地的，应当及时退回；给当事人造成损失的，应当依法给予赔偿。

（三）建设工程规划许可证

在城市、镇规划区内进行建筑物、构筑物、道路、管线和其他工程建设的，建设单位或者个人应当向城市、县人民政府城乡规划主管部门或者省、自治区、直辖市人民政府确定的镇人民政府申请办理建设工程规划许可证。申请办理建设工程规划许可证，应当提交使用土地的有关证明文件、建设工程设计方案等材料。需要建设单位编制修建性详细规划的建设项目，还应当提交修建性详细规划。对符合控制性详细规划和规划条件的，由城市、县人民政府城乡规划主管部门或者省、自治区、直辖市人民政府确定的镇人民政府核发建设工程规划许可证。

城市、县人民政府城乡规划主管部门或者省、自治区、直辖市人民政府确定的镇人民政府，应当依法将经审定的修建性详细规划、建设工程设计方案的总平面图予以公布。

建设单位应当按照规划条件进行建设；确需变更的，必须向城市、县人民政府城乡规划主管部门提出申请。变更内容不符合控制性详细规划的，城乡规划主管部门不得批准。城市、县人民政府城乡规划主管部门应当及时将依法变更后的规划条件通报同级土地主管部门并公示。建设单位应当及时将依法变更后的规划条件报有关人民政府土地主管部门备案。

建设工程规划许可管理的主要内容包括以下8项。

（1）建筑管理。建筑管理主要是按照城市规划要求对各项建筑工程（包括各类建筑物、构筑物）的性质、规模、位置、标高、高度、体量、体形、朝向、间距、建筑密度、容积率、建筑色彩和风格等进行审查与规划控制。

（2）道路管理。道路管理主要是按照城市规划要求对各类道路的走向、坐标和标高、道路宽度、道路等级、交叉口设计、横断面设计、道路附属设施等进行审查和规划控制。

（3）管线管理。管线管理主要是按照城市规划要求对各项管线工程（包括地下埋设和地上架设的给水、雨水、污水、电力、通信、燃气、热力及其他管线）的性质、断面、走向、坐标、标高、架埋方式、架设高度、埋置深度、管线相互间的水平距离与垂直距离及交叉点的处理等进行审查和规划控制。管线管理要充分考虑不同性质和不同类型管线各自的技术规范要求，以及管线与地面建筑物、构筑物、道路、行道树和地下各类建设工程的关系，进行综合协调。

（4）审定设计方案。城市规划行政主管部门对于建设工程的初步设计方案进行审查，并确认其符合规划设计要点的要求后，建设单位就可以进行建设工程的施工图设计。

（5）核发建设工程规划许可证。建设工程规划许可证是有关建设工程符合城市规划要求的法律凭证。在城市规划区内新建、扩建和改建建筑物、构筑物、道路、管线及其他工程设施，必须持有关批准文件向城市规划行政主管部门提出申请，由城市规划行政主管部门根据城市规划提出的规划设计要求，核发建设工程规划许可证。在核发建设工程规划许可证前，城市规划行政主管部门应对建设工程施工图进行审查。建设单位或者个人在取得建设工程规划许可证件和其他有关批准文件后，方可申请办理开工手续。

（6）放线、验线制度。为了保证建设单位能够按照建设工程许可证的规定组织施工，建设工程的坐标、标高确认无误，城市规划行政主管部门应派专门人员或认可的勘测单位到施工现场进行放线，建设工程经城市规划行政主管部门验线后，方可破土动工。

（7）建设工程的竣工验收。建设工程的竣工验收，主要是监督检查该建设工程是否符合规划设计要求核准的设计方案。县级以上地方人民政府城乡规划主管部门按照国务院规定对建设工程是否符合规划条件予以核实。未经核实或者经核实不符合规划条件的，建设单位不得组织竣工验收。

（8）竣工验收资料的报送。建设单位应当在竣工验收后 6 个月内向城乡规划主管部门报送有关竣工验收资料。竣工验收资料包括该建设工程的审批文件（影印件）和该建设工程竣工时的总平面图、各层平面图、立面图，剖面图、设备图、基础图和城市规划行政主管部门指定需要的其他图纸。竣工验收资料是城市规划行政主管部门进行具体的规划管理过程中需要查阅的重要历史资料，任何建设单位和个人都必须依法执行。

“一书两证”或者乡村建设规划许可证发放后，因依法修改城乡规划给被许可人合法权益造成损失的，应当依法给予补偿。经依法审定的修建性详细规划、建设工程设计方案的总平面图不得随意修改；确需修改的，城乡规划主管部门应当采取听证会等形式，听取利害关系人的意见；因修改给利害关系人合法权益造成损失的，应当依法给予补偿。

（四）城乡规划实施的监督检查

县级以上人民政府城乡规划主管部门对城乡规划的实施情况进行监督检

查，有权采取以下措施：

（1）要求有关单位和人员提供与监督事项有关的文件、资料，并进行复制；

（2）要求有关单位和人员就监督事项涉及的问题作出解释和说明，并根据需要进入现场进行勘测；

（3）责令有关单位和人员停止违反有关城乡规划的法律、法规的行为。

未取得建设工程规划许可证或者未按照建设工程规划许可证的规定进行建设的，由县级以上地方人民政府城乡规划主管部门责令停止建设；尚可采取改正措施消除对规划实施的影响的，限期改正，处建设工程造价5%以上10%以下的罚款；无法采取改正措施消除影响的，限期拆除，不能拆除的，没收实物或者违法收入，可以并处建设工程造价10%以下的罚款。城乡规划主管部门作出责令停止建设或者限期拆除的决定后，当事人不停止建设或者逾期不拆除的，建设工程所在地县级以上地方人民政府可以责成有关部门采取查封施工现场、强制拆除等措施。建设单位未在建设工程竣工验收后6个月内向城乡规划主管部门报送有关竣工验收资料的，由所在地城市、县人民政府城乡规划主管部门责令限期补报；逾期不补报的，处1万元以上5万元以下的罚款。

三、城乡规划控制线

城乡规划控制线是指城乡规划中确定具有特定用途，需要保护和控制范围的界线，分为红线、紫线、绿线、蓝线、黄线等。城乡规划控制线是城乡规划的组成部分，依法确定的城乡规划控制线，未经法定程序不得修改。为加强对城乡规划控制线的管理，建设行政主管部门相继出台《城市绿线管理办法》《城市紫线管理办法》《城市蓝线管理办法》和《城市黄线管理办法》。

（一）规划红线管理

规划红线一般指建设用地规划控制线，包括用地红线、道路红线和建筑红线。对“红线”的管理，体现在对容积率、建设密度和建设高度等的规划管理。

用地红线是各类建筑工程项目用地的使用权属范围的边界线，是围起某个地块的一些坐标点连成的线，红线内土地面积就是取得使用权的用地范围。

道路红线一般是指道路用地的边界线。道路红线宽度包括：通行机动车或非机动车和行人交通所需的道路宽度；敷设地下、地上工程管线和城市公用设施所需增加的宽度；种植行道树所需的宽度。任何建筑物、构筑物不得越过道路红线。根据城市景观的要求，沿街建筑物可以从道路红线外侧退后建设。

建筑红线是城市道路两侧控制沿街建筑物或构筑物（如外墙、台阶等）靠临街面的界线，又称“建筑控制线”。建筑红线是指建筑物的外立面所不能超出的界线。建筑红线可与道路红线重合，一般在新城市中常使建筑红线退于道路红线之后，以便腾出用地，改善或美化环境，取得良好的效果。用地红线内开发建设建筑小区时，还需要退红线 2 米左右，具体由地方规划管理部门规定。小区的建筑必须在退红线范围内，退出的这块地不准占用。

（二）城市紫线、绿线、蓝线和黄线划定

1. 紫线划定

在编制城市规划时，应当划定保护历史文化街区和历史建筑的紫线。城市紫线是指国家历史文化名城内的历史文化街区和省、自治区、直辖市人民政府公布的历史文化街区的保护范围界线，以及历史文化街区外经县级以上人民政府公布保护的历史建筑的保护范围界线。国家历史文化名城的城市紫线由城市人民政府在组织编制历史文化名城保护规划时划定。其他城市的城市紫线由城市人民政府在组织编制城市总体规划时划定。编制历史文化名城和历史文化街区保护规划，应当包括征求公众意见的程序。

2. 绿线划定

城市绿地系统规划是城市总体规划的组成部分，要按照规定标准确定绿化用地面积，分层次合理布局公共绿地，确定防护绿地、大型公共绿地等的绿线。城市绿线是指城市各类绿地范围的控制线。控制性详细规划应当提出不同类型用地的界线、规定绿化率控制指标和绿化用地界线的具体坐标。修建性详细规划应当根据控制性详细规划，明确绿地布局，提出绿化配置的原则或者方案，划定绿地界线。

3. 蓝线划定

在编制各类城市规划时，应当划定城市蓝线。城市蓝线是指城市规划确定的江、河、湖、库、渠、湿地等城市地表水体保护和控制的地域界线。城市总体规划阶段，应当确定城市规划区范围内需要保护和控制的主要地表水

体，划定城市蓝线，并明确城市蓝线保护和控制的要求。在控制性详细规划阶段，应当依据城市总体规划划定的城市蓝线，规定城市蓝线范围内的保护要求和控制指标，并附有明确的城市蓝线坐标和相应的界址地形图。城市蓝线应当与城市规划一并报批。

4. 黄线划定

在制定城市总体规划和详细规划时，应当划定城市黄线。城市黄线是指对城市发展全局有影响的、城市规划中确定的、必须控制的城市基础设施用地的控制界线。城市基础设施包括：城市公共交通设施、城市供水设施、城市环境卫生设施、城市供燃气设施、城市供热设施、城市消防设施、城市通信设施等。编制城市总体规划，应当根据规划内容和深度要求，合理布置城市基础设施，确定城市基础设施的用地位置和范围，划定其用地控制界线。编制控制性详细规划，应当依据城市总体规划，落实城市总体规划确定的城市基础设施的用地位置和面积，划定城市基础设施用地界线，规定城市黄线范围内的控制指标和要求，并明确城市黄线的地理坐标。修建性详细规划应当依据控制性详细规划，按不同项目具体落实城市基础设施用地界线，提出城市基础设施用地配置原则或者方案，并标明城市黄线的地理坐标和相应的界址地形图。

（三）城市紫线、绿线、蓝线和黄线的管理

1. 紫线管理

在城市紫线范围内禁止进行下列活动：违反保护规划的大面积拆除、开发；对历史文化街区传统格局和风貌构成影响的大面积改建；损坏或者拆毁保护规划确定保护的建筑物、构筑物和其他设施；修建破坏历史文化街区传统风貌的建筑物、构筑物和其他设施；占用或者破坏保护规划确定保留的园林绿地、河湖水系、道路和古树名木等；其他对历史文化街区和历史建筑的保护构成破坏性影响的活动。

城市紫线范围内各类建设的规划审批，实行备案制度。

2. 绿线管理

城市绿线内的用地，不得改作他用，不得违反法律法规、强制性标准以及批准的规划进行开发建设，不符合规划要求的建筑物及其他设施应当限期迁出。因建设或者其他特殊情况需要临时占用城市绿线内用地的，必须依法

办理相关审批手续。

3. 蓝线管理

在城市蓝线内禁止进行下列活动：违反城市蓝线保护和控制要求的建设活动；擅自填埋、占用城市蓝线内水域；影响水系安全的爆破、采石、取土；擅自建设各类排污设施；其他对城市水系保护构成破坏的活动。

4. 黄线管理

在城市黄线范围内禁止进行下列活动：违反城市规划要求，进行建筑物、构筑物及其他设施的建设；违反国家有关技术标准和规范进行建设；未经批准，改装、迁移或拆毁原有城市基础设施；其他损坏城市基础设施或影响城市基础设施安全和正常运转的行为。

四、建设用地容积率管理

（一）容积率的概念

容积率是指一定地块内，总建筑面积与建筑用地面积的比值。为规范建设用地容积率管理，2012 年，住房城乡建设部印发了《建设用地容积率管理办法》，对在城市、镇规划区内以划拨或出让方式提供国有土地使用权的建设用地的容积率管理作了规定。容积率计算规则由省（自治区）、市、县人民政府城乡规划主管部门依据国家有关标准规范确定。

（二）容积率在建设用地供应中的作用

以出让方式提供国有土地使用权的，在国有土地使用权出让前，城市、县人民政府城乡规划主管部门应当依据控制性详细规划，提出容积率等规划条件，作为国有土地使用权出让合同的组成部分。未确定容积率等规划条件的地块，不得出让国有土地使用权。容积率等规划条件未纳入土地使用权出让合同的，土地使用权出让合同无效。

以划拨方式提供国有土地使用权的建设项目，建设单位应当向城市、县人民政府城乡规划主管部门提出建设用地规划许可申请，由城市、县人民政府城乡规划主管部门依据控制性详细规划核定建设用地容积率等控制性指标，核发建设用地规划许可证。建设单位在取得建设用地规划许可证后，方可向县级以上地方人民政府土地主管部门申请用地。

（三）容积率在建设项目行政管理中的作用

城乡规划主管部门在对建设项目实施规划管理时，必须严格遵守经批准的控制性详细规划确定的容积率。对同一建设项目，在给出规划条件、建设用地规划许可、建设工程规划许可、建设项目竣工规划核实过程中，城乡规划主管部门给定的容积率均应符合控制性详细规划确定的容积率，且前后一致，并将各环节的审批结果公开，直至该项目竣工验收完成。对于分期开发的建设项目，各期建设工程规划许可确定的建筑面积的总和，应该符合规划条件、建设用地规划许可证确定的容积率要求。

县级以上地方人民政府城乡规划主管部门对建设工程进行核实时，要严格审查建设工程是否符合容积率要求。未经核实或经核实不符合容积率要求的，建设单位不得组织竣工验收。

因建设单位或个人原因提出申请容积率调整而不能按期开工的项目，依据土地闲置处置有关规定执行。建设单位或个人违反规定，擅自调整容积率进行建设的，县级以上地方人民政府城乡规划主管部门依据《城乡规划法》进行查处。

《城乡规划法》第六十四条规定："未取得建设工程规划许可证或者未按照建设工程规划许可证的规定进行建设的，由县级以上地方人民政府城乡规划主管部门责令停止建设；尚可采取改正措施消除对规划实施的影响的，限期改正，处建设工程造价百分之五以上百分之十以下的罚款；无法采取改正措施消除影响的，限期拆除，不能拆除的，没收实物或者违法收入，可以并处建设工程造价百分之十以下的罚款。"

（四）容积率的调整

国有土地使用权一经出让或划拨，任何建设单位和个人都不得擅自更改确定的容积率。任何单位和个人都应当遵守经依法批准的控制性详细规划确定的容积率指标，不得随意调整。确需调整的，应当按照《建设用地容积率管理办法》规定进行，不得以政府会议纪要等形式代替规定程序调整容积率。符合下列情形之一的，方可调整容积率：

（1）因城乡规划修改造成地块开发条件变化的；

（2）因城乡基础设施、公共服务设施和公共安全设施建设需要，导致已出让或划拨地块的大小及相关建设条件发生变化的；

（3）国家和省、自治区、直辖市的有关政策发生变化的；

（4）法律、法规规定的其他条件。

五、国土空间规划

国土空间规划在国土空间治理和可持续发展中起着基础性、战略性的引领作用。党的十八大以来，在生态文明建设新时代的新理念新要求下，党中央和国务院对空间规划提出了一系列改革要求。党的十九届三中全会以来，中央加快了生态文明体制改革的步伐，深入推进了党和国家机构改革，将打造“一张蓝图干到底”作为引领，从体制上对过去存在的各类规划“打架”的问题提出了解决方案。《中共中央关于深化党和国家机构改革的决定》要求“强化国土空间规划对各专项规划的指导约束作用，推进‘多规合一’，实现土地利用规划、城乡规划等有机融合”；《深化党和国家机构改革方案》明确了组建自然资源部，并提出了建立国土空间规划体系并监督实施的任务。

（一）建立国土空间规划体系的重大意义

建立全国统一、责权清晰、科学高效的国土空间规划体系，整体谋划新时代国土空间开发保护格局，综合考虑人口分布、经济布局、国土利用、生态环境保护等因素，科学布局生产空间、生活空间、生态空间，是加快形成绿色生产方式和生活方式、推进生态文明建设、建设美丽中国的关键举措，是坚持以人民为中心、实现高质量发展和高品质生活、建设美好家园的重要手段，是保障国家战略有效实施、促进国家治理体系和治理能力现代化、实现“两个一百年”奋斗目标和中华民族伟大复兴中国梦的必然要求。

《土地管理法实施条例》规定：土地开发、保护、建设活动应当坚持规划先行。经依法批准的国土空间规划是各类开发、保护、建设活动的基本依据。已经编制国土空间规划的，不再编制土地利用总体规划和城乡规划。在编制国土空间规划前，经依法批准的土地利用总体规划和城乡规划继续执行。

（二）国土空间规划的内容

《土地管理法实施条例》第三条规定：国土空间规划应当细化落实国家发展规划提出的国土空间开发保护要求，统筹布局农业、生态、城镇等功能空间，划定落实永久基本农田、生态保护红线和城镇开发边界。国土空间规划应当包括国土空间开发保护格局和规划用地布局、结构、用途管制要求等内容，明确耕地保有量、建设用地规模、禁止开垦的范围等要求，统筹基础设施和公共设施用地布局，综合利用地上地下空间，合理确定并严格控制新增建设用地规模，提高土地节约集约利用水平，保障土地的可持续利用。

（三）国土空间规划的报批审查

按照“管什么就批什么”的原则，对省级和市县级国土空间规划，侧重控制性审查，重点审查目标定位、底线约束，控制性指标相互关系等，并对规划程序和报批成果形式作合规性审查。

省级国土空间规划审查要点包括：①国土空间开发保护目标；②国土空间开发强度、建设用地规模，生态保护红线控制面积，自然岸线保有率，耕地保有量及永久基本农田保护面积，用水总量和强度控制等指标的分解下达；③主体功能区划分，城镇开发边界、生态保护红线、永久基本农田的协调落实情况；④城镇体系布局，城市群、都市圈等区域协调重点地区的空间结构；⑤生态屏障、生态廊道和生态系统保护格局，重大基础设施网络布局，城乡公共服务设施配置要求；⑥体现地方特色的自然保护地体系和历史文化保护体系；⑦乡村空间布局，促进乡村振兴的原则和要求；⑧保障规划实施的政策措施；⑨对市县级规划的指导和约束要求等。

国务院审批的市级国土空间总体规划除对省级国土空间规划审查要点的深化细化外，还包括：①市域国土空间规划分区和用途管制规则；②重大交通枢纽、重要线性工程网络、城市安全与综合防灾体系、地下空间、邻避设施等设施布局，城镇政策性住房和教育、卫生、养老、文化体育等城乡公共服务设施的布局原则和标准；③城镇开发边界内，城市结构性绿地、水体等开发空间的控制范围和均衡分布要求，各类历史文化遗存的保护范围和要求，通风廊道的格局和控制要求；④城镇开发强度分区及容积率密度等控制指标，高度、风貌等空间形态控制要求；⑤中心城区城市功能布局和用地结构等。

其他市、县、乡镇级国土空间规划的审查要点，由各省（自治区、直辖市）根据本地实际，参照上述审查要点制定。

第二节　勘察设计

建设工程勘察，是指根据建设工程的要求，查明、分析、评价建设场地的地质地理环境特征和岩土工程条件，编制建设工程勘察文件的活动。建设工程设计，是指根据建设工程的要求，对建设工程所需的技术、经济、资源、环境等条件进行综合分析、论证，编制建设工程设计文件的活动。为了加强对建设工程勘察、设计活动的管理，保证建设工程勘察、设计质量，保护人民生命和财产安全，国务院颁布了《建设工程勘察设计管理条例》。

一、勘察设计单位的资质管理

（一）建设工程勘察设计的资质分类和分级

《建设工程勘察设计资质管理规定》分别规定了建设工程勘察设计的资质分类及分级。

工程勘察资质分为工程勘察综合资质、工程勘察专业资质、工程勘察劳务资质。工程勘察综合资质只设甲级；工程勘察专业资质设甲级、乙级，根据工程性质和技术特点，部分专业可以设丙级；工程勘察劳务资质不分等级。

工程设计资质分为工程设计综合资质、工程设计行业资质、工程设计专业资质和工程设计专项资质。工程设计综合资质只设甲级，工程设计行业资质、工程设计专业资质、工程设计专项资质设甲级、乙级。根据工程性质和技术特点，个别行业、专业、专项资质可以设丙级，建筑工程专业资质可以设丁级。

（二）建设工程勘察设计企业承担工程范围

取得工程勘察综合资质的企业，可以承接各专业（海洋工程勘察除外）、各等级工程勘察业务；取得工程勘察专业资质的企业，可以承接相应等级、相应专业的工程勘察业务；取得工程勘察劳务资质的企业，可以承接岩土工程治理、工程钻探、凿井等工程勘察劳务业务。

取得工程设计综合资质的企业，可以承接各行业、各等级的建设工程设计业务；取得工程设计行业资质的企业，可以承接相应行业、相应等级的工程设计业务及本行业范围内同级别的相应专业、专项（设计施工一体化资质除外）工程设计业务；取得工程设计专业资质的企业，可以承接本专业相应等级的专业工程设计业务及同级别的相应专项工程设计业务（设计施工一体化资质除外）；取得工程设计专项资质的企业，可以承接本专项相应等级的专项工程设计业务。

建设工程勘察、工程设计资质标准和各资质类别、级别企业承担工程的具体范围，由国务院建设主管部门商国务院有关部门制定。

（三）建设工程勘察设计活动的违规行为

从事建设工程勘察设计活动的企业，申请资质升级、资质增项，在申请之日起前 1 年内有下列情形之一的，资质许可机关不予批准企业的资质升级申请和增项申请：

（1）企业相互串通投标或者与招标人串通投标承揽工程勘察、工程设计业务的；

（2）将承揽的工程勘察、工程设计业务转包或违法分包的；

（3）注册执业人员未按照规定在勘察设计文件上签字的；

（4）违反国家工程建设强制性标准的；

（5）因勘察设计原因造成过重大生产安全事故的；

（6）设计单位未根据勘察成果文件进行工程设计的；

（7）设计单位违反规定指定建筑材料、建筑构配件的生产厂、供应商的；

（8）无工程勘察、工程设计资质或者超越资质等级范围承揽工程勘察、工程设计业务的；

（9）涂改、倒卖、出租、出借或者以其他形式非法转让资质证书的；

（10）允许其他单位、个人以本单位名义承揽建设工程勘察、设计业务的；

（11）其他违反法律、法规行为的。

有下列情形之一的，资质许可机关或者其上级机关，根据利害关系人的请求或者依据职权，可以撤销工程勘察、工程设计资质：

（1）资质许可机关工作人员滥用职权、玩忽职守作出准予工程勘察、工程设计资质许可的；

（2）超越法定职权作出准予工程勘察、工程设计资质许可的；

（3）违反资质审批程序作出准予工程勘察、工程设计资质许可的；

（4）对不符合许可条件的申请人作出工程勘察、工程设计资质许可的；

（5）依法可以撤销资质证书的其他情形。

以欺骗、贿赂等不正当手段取得工程勘察、工程设计资质证书的，应当予以撤销。

二、勘察设计的发包与承包

《建筑工程设计招标投标管理办法》对依法必须进行招标的各类房屋建筑工程的设计招标投标活动作出了规定。建设工程勘察设计应当依照《中华人民共和国招标投标法》（以下简称《招标投标法》）的规定，实行招标发包。

（1）建设工程勘察设计方案评标，应当以投标人的业绩、信誉和勘察设计人员的能力以及勘察设计方案的优劣为依据，进行综合评定。

（2）建设工程勘察设计的招标人应当在评标委员会推荐的候选方案中确定中标方案。但是，建设工程勘察设计的招标人认为评标委员会推荐的候选方案不能最大限度满足招标文件规定的要求的，应当依法重新招标。

（3）经有关主管部门批准，可以对下列建设工程的勘察设计直接发包：

①采用特定的专利或者专有技术的；

②建筑艺术造型有特殊要求的；

③国务院规定的其他建设工程的勘察设计。

（4）发包方可以将整个建设工程的勘察设计发包给一个勘察设计单位；也可以将建设工程的勘察设计分别发包给几个勘察设计单位。但不得将建设工程勘察设计业务发包给不具有相应勘察设计资质等级的建设工程勘察设计单位。

（5）除建设工程主体部分的勘察设计外，经发包方书面同意，承包方可以将建设工程其他部分的勘察设计再分包给其他具有相应资质等级的建设工程勘察设计单位。建设工程勘察设计单位不得将所承揽的建设工程勘察设计转包。承包方必须在建设工程勘察设计资质证书规定的资质等级和业务范围内承揽建设工程的勘察设计业务。

依据《建筑工程设计招标投标管理办法》规定，建筑工程设计招标可以采用设计方案招标或者设计团队招标，招标人可以根据项目特点和实际需要选择。设计方案招标，是指主要通过对投标人提交的设计方案进行评审确定中标人。设计团队招标，是指主要通过对投标人拟派设计团队的综合能力进行评审确定中标人。此外，为创造良好市场环境，激发企业活力，还规定了建筑工程设计招标文件应当明示设计费或者计费方法，以便设计单位可以根据情况决定是否参加投标；招标人确需另行选择其他设计单位承担初步设计、施工图设计的，应当在招标公告或者投标邀请书中明确；鼓励建筑工程实行设计总包，按照合同约定或者经招标人同意，设计单位可以不通过招标方式将建筑工程非主体部分的设计进行分包；招标人、中标人使用未中标方案的，应当征得提交方案的投标人同意并付给使用费，以营造有利于建筑设计创作的市场环境。

三、勘察设计的监督管理

国务院住房城乡建设主管部门对全国的建设工程勘察设计活动实施统一监督管理。国务院铁路、交通、水利等有关部门按照国务院规定的职责分工，负责对全国的有关专业建设工程勘察设计活动进行监督管理。县级以上地方人民政府建设行政主管部门对本行政区域内的建设工程勘察设计活动实施监督管理。县级以上地方人民政府交通、水利等有关部门在各自的职责范围内，负责对本行政区域内的有关专业建设工程勘察设计活动进行监督管理。

建设工程勘察设计单位在建设工程勘察设计资质证书规定的业务范围内跨部门、跨地区承揽勘察设计业务的，有关地方人民政府及其所属部门不得设置障碍，不得违反国家规定收取任何费用。

县级以上人民政府建设行政主管部门或者交通、水利等有关部门应当对施工图设计文件中涉及公共利益、公众安全、工程建设强制性标准的内容进行审查。

施工图设计文件未经审查批准的，不得使用。

四、注册结构工程师制度

注册结构工程师是指取得中华人民共和国注册结构工程师资格证书和注册证书，从事房屋结构、桥梁结构及塔架结构等工程设计及相关业务的专业技术人员。

注册结构工程师分为一级注册结构工程师和二级注册结构工程师。注册结构工程师考试实行全国统一大纲、统一命题、统一组织的办法，原则上每年举行一次。取得注册结构工程师资格证书者，要从事结构工程业务的，须申请注册。注册结构工程师注册有效期为 2 年，有效期届满需要继续注册的，应当在期满前 30 日内办理注册手续。

注册结构工程师的执业范围包括：

（1）结构工程设计；

（2）结构工程设计技术咨询；

（3）建筑物、构筑物、工程设施等调查和鉴定；

（4）对本人主持设计的项目进行施工指导和监督；

（5）原建设部和国务院有关部门规定的其他业务。

一级注册结构工程师的执业范围不受工程规模及工程复杂程度的限制。注册结构工程师有权以注册结构工程师的名义执行注册结构工程师业务。非注册结构工程师不得以注册结构工程师的名义执行注册结构工程师业务。注册结构工程师执行业务，应当加入一个勘察设计单位，由勘察设计单位统一接受委托并统一收费。因结构设计质量造成的经济损失，由勘察设计单位承担赔偿责任；勘察设计单位有权向签字的注册结构工程师追偿。

第三节　招标投标与建设监理

一、工程建设的招标投标管理

（一）工程建设招标投标的范围

为了规范招标投标活动，保护国家利益、社会公众利益和招标投标活动当事人的合法权益，提高经济效益，保证项目质量，我国颁布了《招标投标法》和《中华人民共和国招标投标法实施条例》（以下简称《招标投标法实施条例》）。

在中华人民共和国境内进行下列工程建设项目包括项目的勘察、设计、施工、监理以及与工程建设有关的重要设备、材料等的采购，必须进行招标：

（1）大型基础设施、公用事业等关系社会公共利益、公众安全的项目；

（2）全部或者部分使用国有资金投资或者国家融资的项目；

（3）使用国际组织或者外国政府贷款、援助资金的项目。

《工程建设项目招标范围和规模标准规定》对以上所列项目的具体范围和规模标准进行了细化：

（1）施工单项合同估算价在 200 万元人民币以上的；

（2）重要设备、材料等货物的采购，单项合同估算价在 100 万元人民币以上的；

（3）勘察、设计、监理等服务的采购，单项合同估算价在 50 万元人民币以上的；

（4）单项合同估算价低于第（1）、第（2）、第（3）项规定的标准，但项目总投资额在 3000 万元人民币以上的。

此外，法律或者国务院对必须进行招标的其他项目的范围有规定的，依照其规定。

（二）工程建设招标投标的原则

（1）招标投标活动应当遵循公开、公平、公正和诚实信用的原则；

（2）任何单位和个人不得将依法必须进行招标的项目化整为零或者以其他任何方式规避招标；

（3）依法必须进行招标的项目，其招标活动不受地区或者部门的限制。任何单位和个人不得违法限制或者排斥本地区、本系统以外的法人或者其他组织参加投标，不得以任何方式非法干涉招标投标活动。

（三）建设工程招标的管理

1. 公开招标和邀请招标

公开招标，是指招标人以招标公告的方式邀请不特定的法人或者其他组织投标；邀请招标，是指招标人以投标邀请书的方式邀请特定的法人或者其他组织投标。国家和地方重点项目，如不适宜公开招标的，经批准，可以进行邀请招标。

招标人采用公开招标方式的，应当发布招标公告。招标公告应当载明招标人的名称和地址，招标项目的性质、数量、实施地点和时间，以及获取招标文件的办法等事项。

招标人采用邀请招标方式的，应当向3个以上具备承担招标项目的能力、资信良好的特定的法人或者其他组织发出投标邀请书。

2. 工程建设项目招标代理机构

工程建设项目招标代理（以下简称“工程招标代理”），是指工程招标代理机构接受招标人的委托，从事土木工程、建筑工程、线路管道和设备安装工程及装饰装修工程项目的勘察、设计、施工、监理以及与工程建设有关的重要设备（进口机电设备除外）、材料采购招标的代理业务。国务院住房城乡建设主管部门负责全国工程招标代理机构资格认定的管理。依法取得国务院住房城乡建设主管部门或者省、自治区、直辖市人民政府住房城乡建设主管部门认定的工程建设招标代理机构资格的单位，方可在其资格许可的范围内从事相应的工程建设招标代理业务。工程建设招标代理机构资格分为甲级、乙级和暂定级。甲级工程建设招标代理机构可以承担各类工程建设的招标代理业务。乙级工程建设招标代理机构只能承担工程总投资1亿元人民币以下的工程建设招标代理业务。暂定级工程建设招标代理机构，只能承担工程总投资6000万元人民币以下的工程招标代理业务。工程建设招标代理机构可以跨省、自治区、直辖市承担工程招标代理业务。任何单位和个人不得限制或者排斥工程建设招标代理机构依法开展工程建设招标代理业务。

3. 建设工程的招标文件

招标人应当根据招标项目的特点和需要编制招标文件。招标文件应当包括招标项目的技术要求、对投标人资格审查的标准、投标报价要求和评标标准等所有实质性要求与条件以及拟签订合同的主要条款。

国家对招标项目的技术、标准有规定的，招标人应当按照其规定在招标文件中提出相应的要求。招标项目需要划分标段、确定工期的，招标人应当合理划分标段、确定工期，并在招标文件中载明。

招标文件不得要求或者标明特定的生产供应者以及含有倾向或者排斥潜在投标人的其他内容。

招标人不得向他人透露已获取招标文件的潜在投标人的名称、数量以及可能影响公平竞争的有关招标投标的其他情况。招标人设有标底的，标底必须保密。

（四）建设工程投标的管理

投标人是响应招标、参加投标竞争的法人或者其他组织。投标人应当具备承担招标项目的能力。对投标的管理主要内容如下：

（1）投标人应当按照招标文件的要求编制投标文件。投标文件应当对招标文件提出的实质性要求和条件作出响应。招标项目属于建设施工的，投标文件的内容应当包括拟派出的项目负责人与主要技术人员的简历、业绩和拟用于完成招标项目的机械设备等。

（2）2个以上法人或者其他组织可以组成1个联合体，以1个投标人的身份共同投标。

联合体各方均应当具备承担招标项目的相应能力。由同一专业的单位组成的联合体，按照资质等级较低的单位确定资质等级。

联合体各方应当签订共同投标协议，明确约定各方拟承担的工作和责任，并将共同投标协议连同投标文件一并提交招标人。联合体中标的，联合体各方应当共同与招标人签订合同，就中标项目向招标人承担连带责任。招标人不得强制投标人组成联合体共同投标，不得限制投标人之间的竞争。

（3）投标人不得相互串通投标报价，不得排挤其他投标人的公平竞争，损害招标人或者其他投标人的合法权益。

（4）投标人不得与招标人串通投标，损害国家利益、社会公众利益或者他人的合法权益。

（5）投标人不得以低于成本的报价竞标，也不得以他人名义投标或者以其他方式弄虚作假，骗取中标。

（五）开标、评标和中标的管理

1. 开标由招标人主持，邀请所有投标人参加

开标时间应当在招标文件预先确定的提交投标文件截止期限后的时间公开进行，开标地点应当为招标文件中预先确定的地点。开标时，由投标人或者其推选的代表检查投标文件的密封情况，经确认无误后，由工作人员当众拆封，宣读投标人名称、投标价格和投标文件的其他主要内容。

2. 评标由招标人依法组成的评标委员会负责

评标委员会成员的名单在中标结果确定前应当保密。评标委员会应当按照招标文件确定的评标标准和方法，对投标文件进行评审和比较；设有标底的，应当参考标底。评标委员会完成评标后，应当向招标人提出书面评标报告，并推荐合格的中标候选人。

中标人的投标应当符合下列条件之一：能够最大限度地满足招标文件中规定的各项综合评价标准；能够满足招标文件的实质性要求，并且经评审的投标价格最低，但是投标价格低于成本的除外。

3. 中标人确定后，招标人应当向中标人发出中标通知书，并同时将中标结果通知所有未中标的投标人

中标人应当按照合同约定履行义务，完成中标项目。中标人不得向他人转让中标项目，也不得将中标项目肢解后分别向他人转让。但中标人按照合同约定或者经招标人同意，可以将中标项目的部分非主体、非关键性工作分包给他人完成。接受分包的人应当具备相应的资格条件，并不得再次分包。

二、建设监理制度

建设工程项目监理简称“建设监理”，国外统称“工程咨询”。建设监理是对建设前期的工程咨询，建设实施阶段的招标投标、勘察设计、施工验收，直至建设后期的运转保修在内的各个阶段的管理与监督。

建设监理一般是项目法人通过招标投标方式择优选定监理单位。监理单

位在接受业主的委托后，必须与业主签订建设监理委托合同，才能对工程项目进行监理。

（一）监理企业资质审查与管理

监理企业实行资质审批制度。《工程监理企业资质管理规定》对监理企业的资质审查、分级标准、申请程序、监理业务范围及管理机构与相应职责均作了详细规定，扼要介绍如下：

工程监理企业资质分为综合资质、专业资质和事务所资质。其中，专业资质按照工程性质和技术特点划分为若干工程类别。综合资质、事务所资质不分级别。专业资质分为甲级、乙级。其中，房屋建筑、水利水电、公路和市政公用专业资质可设立丙级。

设立监理企业或申请承担监理业务的企业到工商行政管理部门登记注册并取得企业法人营业执照后，方可到建设行政主管部门办理资质申请手续，经资质审查后取得《监理申请批准书》，才可从事监理活动。

（二）建设工程监理范围

实行监理的建设工程，建设单位应当委托具有相应资质等级的工程监理单位进行监理，也可以委托具有工程监理相应资质等级并与被监理工程的施工承包单位没有隶属关系或者其他利害关系的该工程的设计单位进行监理。

下列建设工程必须实行监理：

（1）国家重点建设工程；

（2）大、中型公用事业工程；

（3）成片开发建设的住宅小区工程；

（4）利用外国政府或者国际组织贷款、援助资金的工程；

（5）国家规定必须实行监理的其他工程。

凡外资在中国境内独资的建设项目，在委托外国监理单位承担监理时，都应聘请中国监理单位参加，进行合作监理。中外合资的建设项目，不应委托外国监理单位承担监理，但可向外国监理单位进行技术、经济咨询。外国贷款项目原则上由中国监理单位负责监理，如因贷款方要求外国监理单位参加，应与中国监理单位进行合作监理。外国赠款、捐款建设的工程项目，一般由中国监理单位承担监理。

（三）工程建设监理的主要工作任务和内容

监理的基本方法就是控制，基本工作是“三控”“两管”“一协调”。“三控”是指监理工程师在工程建设全过程中的工程进度控制、工程质量控制和工程投资控制；“两管”是指监理活动中的合同管理和信息管理；“一协调”是指全面的组织协调。

（1）工程进度控制是指项目实施阶段（包括设计准备、设计、施工、使用前准备各阶段）的进度控制。其目的是：通过采用控制措施，确保项目交付使用时间目标的实现。

（2）工程质量控制，实际上是指监理工程师组织参加施工的承包商，按合同标准进行建设，并对形成质量的诸因素进行检测、核验，对差异提出调整、纠正措施的监督管理过程，这是监理工程师的一项重要职责。在履行这一职责的过程中，监理工程师不仅代表了建设单位的利益，同时也要对国家和社会负责。

（3）工程投资控制不是指投资越省越好，而是指在工程项目投资范围内得到合理控制。项目投资控制的目标是使该项目的实际投资小于或等于该项目的计划投资（业主所确定的投资目标值）。

总之，要在计划投资范围内，通过控制的手段，以实现项目的功能、建筑的造型和质量的优化。

（4）合同管理。建设项目监理的合同管理贯穿合同的签订、履行、变更或终止等活动的全过程，目的是保证合同得到全面认真的履行。

（5）信息管理。建设项目的监理工作是围绕着动态目标控制展开的，而信息则是目标控制的基础。信息管理就是以电子计算机为辅助手段对有关信息的收集、储存、处理等。信息管理的内容是：信息流程结构图（反映各参加单位间的信息关系）；信息目录表（包括信息名称、信息提供者、信息提供时间、信息接收者、信息形式）；会议制度（包括会议的名称、主持人、参加人、举行时间）；信息的编码系统；信息的收集、整理及保存制度。

（6）协调是建设监理能否成功的关键。协调的范围可分为内部的协调和外部的协调。内部的协调主要是工程项目系统内部人员、组织关系、各种需求关系的协调。外部的协调包括与业主有合同关系的施工单位、设计单位的协调和与业主没有合同关系的政府有关部门、社会团体及人员的协调。

（四）建设工程监理单位的质量责任和义务

工程监理单位应当依法取得相应等级的资质证书，并在其资质等级许可的范围内承担工程监理业务。禁止工程监理单位超越本单位资质等级许可的范围或者以其他工程监理单位的名义承担工程监理业务。禁止工程监理单位允许其他单位或者个人以本单位的名义承担工程监理业务。工程监理单位不得转让工程监理业务。

（1）工程监理单位与被监理工程的施工承包单位以及建设材料、建筑构配件和设备供应单位有隶属关系或者其他利害关系的，不得承担该项建设工程的监理业务。

（2）工程监理单位应当依照法律、法规以及有关技术标准、设计文件和建设工程承包合同，代表建设单位对施工质量实施监理，并对施工质量承担监理责任。

（3）工程监理单位应当选派具备相应资格的总监理工程师和监理工程师进驻施工现场。未经监理工程师签字，建筑材料、建筑构配件和设备不得在工程上使用或者安装，施工单位不得进行下一道工序的施工；未经总监理工程师签字，建设单位不拨付工程款，不进行竣工验收。

（4）监理工程师应当按照工程监理规范的要求，采取旁站、巡视和平行检验等形式，对建设工程实施监理。

（五）建设监理程序

监理单位应根据所承担的监理任务，组建工程建设监理机构。承担工程施工阶段的监理，监理机构应进驻施工现场。

工程建设监理一般按下列程序进行：①编制工程建设监理规划；②按工程建设进度，分专业编制工程建设监理细则；③按照建设监理细则进行工程建设监理；④参与工程竣工预验收，签署工程建设监理意见；⑤工程建设监理业务完成后，向项目法人提交工程建设监理档案资料。

（六）注册监理工程师制度

注册监理工程师是指经考试取得中华人民共和国监理工程师资格证书，并按照《注册监理工程师管理规定》注册，取得中华人民共和国注册监理工程师注册执业证书和执业印章，从事工程监理及相关业务活动的专业技术人员。注册监理工程师依据其所学专业、工作经历、工程业绩，按照《工程监理企业资质管理规定》划分的工程类别，按专业注册。每人最多可以申请两个专业注册。注册监理工程师可以从事工程监理、工程经济与技术咨询、工程招标与采购咨询、工程项目管理服务以及国务院有关部门规定的其他业务。工程监理活动中形成的监理文件由注册监理工程师按照规定签字盖章后方可生效。

第四节　建设工程施工与质量管理

一、施工许可管理

为了加强对建筑活动的监督管理，维护建筑市场秩序，保证建筑工程的质量和安全，按照《建筑工程施工许可管理办法》，建设单位在开工前应当依照规定，向工程所在地的县级以上地方人民政府住房城乡建设主管部门申请领取施工许可证。

（一）施工许可证申领范围

在中华人民共和国境内从事各类房屋建筑及其附属设施的建造、装修装饰和与其配套的线路、管道、设备的安装，以及城镇市政基础设施工程的施工，建设单位在开工前应当依照《建筑工程施工许可管理办法》的规定，向工程所在地的县级以上地方人民政府住房城乡建设主管部门申请领取施工许可证。

可以不申请办理施工许可证的工程有两类。一类是工程投资额在30万元以下或者建筑面积在300平方米以下的建筑工程，可以不申请办理施工许可证。省、自治区、直辖市人民政府住房城乡建设主管部门可以根据当地的实际情况，对限额进行调整，并报国务院住房城乡建设主管部门备案。另一类是按照国务院规定的权限和程序批准开工报告的建筑工程，不再领取施工许可证。

应当申请领取施工许可证的建筑工程未取得施工许可证的，一律不得开工。任何单位和个人不得将应当申请领取施工许可证的工程项目分解为若干限额以下的工程项目，规避申请领取施工许可证。

（二）施工许可证申领条件

建设单位申请领取施工许可证，应当具备下列条件，并提交相应的证明文件。

（1）依法应当办理用地批准手续的，已经办理该建筑工程用地批准手续。

（2）在城市、镇规划区的建筑工程，已经取得建设工程规划许可证。

（3）施工场地已经基本具备施工条件，需要征收房屋的，其进度符合施工要求。

（4）已经确定施工企业。按照规定应当招标的工程没有招标，应当公开招标的工程没有公开招标，或者肢解发包工程，以及将工程发包给不具备相应资质条件的企业的，所确定的施工企业无效。

（5）有满足施工需要的资金安排、施工图纸及技术资料，建设单位应当提供建设资金已经落实承诺书，施工图设计文件已按规定审查合格。

（6）有保证工程质量和安全的具体措施。施工企业编制的施工组织设计中有根据建筑工程特点制定的相应质量、安全技术措施。建立工程质量安全责任制并落实到人。专业性较强的工程项目编制了专项质量、安全施工组织设计，并按照规定办理了工程质量、安全监督手续。

县级以上地方人民政府住房城乡建设主管部门不得违反法律法规规定，增设办理施工许可证的其他条件。

（三）施工许可证管理

发证机关应当将办理施工许可证的依据、条件、程序、期限以及需要提交的全部材料和申请表示范文本等，在办公场所和有关网站予以公示。发证机关作出的施工许可决定，应当予以公开，公众有权查阅。发证机关应当建立颁发施工许可证后的监督检查制度，对取得施工许可证后条件发生变化、延期开工、中止施工等行为进行监督检查，发现违法违规行为及时处理。

施工许可证不得伪造和涂改。建设单位应当自领取施工许可证之日起 3 个月内开工。因故不能按期开工的，应当在期满前向发证机关申请延期，并说明理由；延期以 2 次为限，每次不超过 3 个月。既不开工又不申请延期或者超过延期次数、时限的，施工许可证自行废止。

在建的建筑工程因故中止施工的，建设单位应当自中止施工之日起 1 个月内向发证机关报告，报告内容包括中止施工的时间、原因、在施部位、维修管理措施等，并按照规定做好建筑工程的维护管理工作。建筑工程恢复施工时，应当向发证机关报告；中止施工满 1 年的工程恢复施工前，建设单位应当报发证机关核验施工许可证。

二、建设工程质量管理

凡在中华人民共和国境内从事建设工程的新建、扩建、改建等有关活动及对建设工程质量实施监督管理的，都必须遵守《建设工程质量管理条例》。

建设工程，是指土木工程、建筑工程、线路管道和设备安装工程及装修工程。从事建设工程活动，必须严格执行基本建设程序，坚持先勘察、后设计、再施工的原则。国家鼓励采用先进的科学技术和管理方法，提高建设工程质量。

（一）建设单位的质量责任和义务

建设单位应当将工程发包给具有相应资质等级的单位。建设单位不得将建设工程肢解发包。建设单位应当依法对工程建设项目的勘察、设计、施工，以及与工程建设有关的重要设备、材料等的采购进行招标。

建设工程发包单位不得迫使承包方低于成本竞标，不得任意压缩合理工期。建设单位不得明示或者暗示设计单位或者施工单位违反工程建设强制性标准，降低建设工程质量。建设单位应当将施工图设计文件报县级以上人民政府建设行政主管部门或者其他有关部门审查。施工图设计文件未经审查批准的，不得使用。

（二）施工单位的质量责任和义务

（1）施工单位应当依法取得相应等级的资质证书，并在其资质等级许可的范围内承揽工程。禁止施工单位超越本单位资质等级许可的业务范围或者以其他施工单位的名义承揽工程。禁止施工单位允许其他单位或者个人以本单位的名义承揽工程。施工单位不得转包或者违法分包工程。

（2）施工单位对建设工程的施工质量负责。施工单位应当建立质量责任制，确定工程项目的项目经理、技术负责人和施工管理负责人。建设工程实行总承包的，总承包单位应当对全部建设工程质量负责，建设工程勘察、设计、施工、设备采购的一项或者多项实行总承包的，总承包单位应当对其承包的建设工程或者采购的设备的质量负责。

（3）总承包单位依法将建设工程分包给其他单位的，分包单位应当按照分包合同的约定对其分包工程的质量向总承包单位负责，总承包单位与分包单位对分包工程的质量承担连带责任。

（4）施工单位必须按照工程设计图纸和施工技术标准施工，不得擅自修改工程设计，不得偷工减料。施工单位在施工过程中发现设计文件和图纸有差错的，应当及时提出意见和建议。

（5）施工单位必须按照工程设计要求、施工技术标准和合同约定，对建筑材料、建筑构配件、设备和商品混凝土进行检验，检验应当有书面记录和专人签字；未经检验或者检验不合格的，不得使用。

（6）施工单位必须建立、健全施工质量的检验制度，严格工序管理，做好隐蔽工程的质量检查和记录。隐蔽工程在隐蔽前，施工单位应当通知建设单位和建设工程质量监督机构。

（7）施工人员对涉及结构安全的试块、试件以及有关材料，应当在建设单位或者工程监理单位监督下现场取样，并送具有相应资质等级的单位检测。

（8）施工单位对施工中出现质量问题的建设工程或者竣工验收不合格的建设工程，应当负责返修。

（9）施工单位应当建立、健全教育培训制度，加强对职工的教育培训；未经教育培训或者考核不合格的人员，不得上岗作业。

（三）建设工程质量监督管理制度

1. 建设工程质量监督管理机构

（1）国务院住房城乡建设主管部门对全国的建设工程质量实施统一监督管理。国务院铁路、交通、水利等有关部门按照国务院规定的职责分工，负责对全国的有关专业建设工程质量的监督管理。

县级以上地方人民政府建设行政主管部门对本行政区域内的建设工程质量实施监督管理。县级以上地方人民政府交通、水利等有关部门在各自的职责范围内，负责对本行政区域内的专业建设工程质量的监督管理。

（2）国务院住房城乡建设主管部门和国务院铁路、交通、水利等有关部门应加强对有关建设工程质量的法律、法规和强制性标准执行情况的监督检查。

（3）国务院发展改革部门按照国务院规定的职责，组织稽查特派员，对国家出资的重大建设项目实施监督检查。国务院经贸主管部门按照国务院规定的职责，对国家重大技术改造项目实施监督检查。

2. 建设工程质量监督管理的实施

（1）建设工程质量监督管理，可以由建设行政主管部门或者其他有关部门委托的建设工程质量监督机构具体实施。

（2）县级以上地方人民政府建设行政主管部门和其他有关部门应当加强对有关建设工程质量的法律、法规和强制性标准执行情况的监督检查。在履行监督检查职责时，有权采取下列措施：要求被检查的单位提供有关工程质量的文件和资料；进入被检查单位的施工现场进行检查；发现有影响工程质量的问题时，责令改正。

(3) 有关单位和个人对县级以上人民政府建设行政主管部门和其他有关部门进行的监督检查应当支持与配合，不得拒绝或者阻碍建设工程质量监督检查人员依法履行公务。

(4) 供水、供电、供气、公安消防等部门或者单位，不得明示或者暗示建设单位、施工单位购买其指定的生产供应单位的建筑材料、建筑构配件和设备。

(5) 建设工程发生质量事故，有关单位应当在24小时内向当地建设行政主管部门和其他有关部门报告。对重大质量事故，事故发生地的建设行政主管部门和其他有关部门应当按照事故类别和等级向当地人民政府和上级建设行政主管部门和其他有关部门报告。任何单位和个人对建设工程的质量事故、质量缺陷都有权检举、控告、投诉。

(6) 工程质量终身责任制。严格执行工程质量终身责任制，在建筑物明显部位设置永久性标牌，公示质量责任主体和主要责任人。对违反有关规定、造成工程质量事故的，依法给予责任单位停业整顿、降低资质等级、吊销资质证书等行政处罚并通过国家企业信用信息公示系统予以公示，给予注册执业人员暂停执业、吊销资格证书、一定时间直至终身不得进入行业等处罚。对发生工程质量事故造成损失的，要依法追究经济赔偿责任，情节严重的要追究有关单位和人员的法律责任。参与房地产开发的建筑业企业应依法合规经营，提高住宅品质。

三、建设工程的竣工验收管理制度

任何建设工程竣工后，都必须进行竣工验收。竣工验收的主要依据是《房屋建筑和市政基础设施工程竣工验收规定》。

（一）建设工程竣工验收的监督管理机构

国务院住房城乡建设主管部门负责全国房屋建筑工程和市政基础设施工程（以下统称“工程”）的竣工验收备案管理工作。县级以上地方人民政府建设行政主管部门负责本行政区域内工程的竣工验收备案管理工作。

建设单位收到建设工程竣工报告后，应当组织设计、施工、工程监理等有关单位进行竣工验收。建设单位应当自工程竣工验收合格之日起15日内，依照《房屋建筑和市政基础设施工程竣工验收备案管理办法》的规定，向工程所在地的县级以上地方人民政府建设行政主管部门（以下简称“备案机关”）备案。

（二）建设工程竣工验收

建设工程经验收合格的，方可交付使用。

工程符合下列要求方可进行竣工验收：

（1）完成工程设计和合同约定的各项内容。

（2）施工单位在工程完工后对工程质量进行了检查，确认工程质量符合有关法律、法规和工程建设强制性标准，符合设计文件及合同要求，并提出工程竣工报告。工程竣工报告应经项目经理和施工单位有关负责人审核签字。

（3）对于委托监理的工程项目，监理单位对工程进行了质量评估，具有完整的监理资料，并提出工程质量评估报告。工程质量评估报告应经总监理工程师和监理单位有关负责人审核签字。

（4）勘察设计单位对勘察设计文件及施工过程中由设计单位签署的设计变更通知书进行了检查，并提出质量检查报告。质量检查报告应经该项目勘察设计负责人和勘察设计单位有关负责人审核签字。

（5）有完整的技术档案和施工管理资料。

（6）有工程使用的主要建筑材料、建筑构配件和设备的进场试验报告，以及工程质量检测和功能性试验资料。

（7）建设单位已按合同约定支付工程款。

（8）有施工单位签署的工程质量保修书。

（9）对于住宅工程，进行分户验收并验收合格，建设单位按户出具《住宅工程质量分户验收表》。

（10）建设主管部门及工程质量监督机构责令整改的问题全部整改完毕。

（11）法律、法规规定的其他条件。

（三）工程竣工验收备案

建设单位办理工程竣工验收备案应当提交下列文件：

（1）工程竣工验收备案表。

（2）工程竣工验收报告。工程竣工验收报告应当包括工程报建日期，施工许可证号，施工图设计文件审查意见，勘察、设计、施工、工程监理等单位分别签署的质量合格文件及验收人员签署的竣工验收原始文件，市政基础设施的有关质量检测和功能性试验资料以及备案机关认为需要提供的有关资料。

（3）法律、行政法规规定应当由规划、公安消防、环保等部门出具的认可文件或者准许使用文件。

（4）施工单位签署的工程质量保修书。

（5）法规、规章规定必须提供的其他文件。

商品住宅还应当提交《住宅质量保证书》和《住宅使用说明书》。

四、建设工程质量保修办法

房屋建筑工程质量保修，是指对房屋建筑工程竣工验收后在保修期限内出现的质量缺陷，予以修复。质量缺陷，是指房屋建筑工程的质量不符合工程建设强制性标准以及合同的约定。房屋建筑工程在保修范围和保修期限内出现质量缺陷，施工单位应当履行保修义务。主要依据是《房屋建筑工程质量保修办法》，该办法适用于在中华人民共和国境内各类房屋建筑工程（包括装修工程）的质量保修。

（一）房屋建筑工程质量保修期限

建设单位和施工单位应当在工程质量保修书中约定保修范围、保修期限和保修责任等，双方约定的保修范围、保修期限必须符合国家有关规定。

在正常使用下，房屋建筑工程的最低保修期限为：

（1）地基基础和主体结构工程，为设计文件规定的该工程的合理使用年限；

（2）屋面防水工程，有防水要求的卫生间、房间和外墙面的防渗漏，为5年；

（3）供热与供冷系统，为2个采暖期、供冷期；

（4）电气系统、给排水管道、设备安装为2年；

（5）装修工程为2年。

其他项目的保修期限由建设单位和施工单位约定。

房屋建筑工程保修期从工程竣工验收合格之日起计算。

（二）房屋建筑工程质量保修责任

（1）房屋建筑工程在保修期限内出现质量缺陷，建设单位或者房屋建筑所有人应当向施工单位发出保修通知。施工单位接到保修通知后，应当到现场核查情况，在保修书约定的时间内予以保修。发生涉及结构安全或者严重影响使用功能的紧急抢修事故，施工单位接到保修通知后，应当立即到达现场抢修。

（2）发生涉及结构安全的质量缺陷，建设单位或者房屋建筑所有人应当立即向当地建设行政主管部门报告，采取安全防范措施；由原设计单位或者具有相应资质等级的设计单位提出保修方案，施工单位实施保修，原工程质量监督机构负责监督。

（3）保修完后，由建设单位或者房屋建筑所有人组织验收。涉及结构安全的，应当报当地建设行政主管部门备案。

（4）施工单位不按工程质量保修书约定保修的，建设单位可以另行委托其他单位保修，由原施工单位承担相应责任。保修费用由有质量缺陷的责任方承担。

（5）在保修期内，因房屋建筑工程质量缺陷造成房屋所有人、使用人或者第三方人身、财产损害的，房屋所有人、使用人或者第三方可以向建设单位提出赔偿要求。建设单位向造成房屋建筑工程质量缺陷的责任方追偿。因保修不及时造成新的人身、财产损害的，由造成拖延的责任方承担赔偿责任。

房地产开发企业售出的商品房保修，还应当执行《城市房地产开发经营管理条例》和其他有关规定。

五、建筑施工企业的资质管理

依据《建筑业企业资质管理规定》，建筑业企业应当按照其拥有的资产、主要人员、已完成的工程业绩和技术装备等条件申请建筑业企业资质，经审查合格，取得建筑业企业资质证书后，方可在资质许可的范围内从事建筑施工活动。建筑业企业，是指从事土木工程、建筑工程、线路管道设备安装工程的新建、扩建、改建等施工活动的企业。

建筑业企业资质分为施工总承包资质、专业承包资质、施工劳务资质 3 个序列。施工总承包资质、专业承包资质按照工程性质和技术特点分别划分为若干资质类别，各资质类别按照规定的条件划分为若干资质等级。施工劳务资质不分类别与等级。建筑业企业资质标准和取得相应资质的企业可以承担工程的具体范围，由国务院住房城乡建设主管部门会同国务院有关部门制定。

第五章　房地产开发经营法规制度

房地产开发经营，是指房地产开发企业在城市规划区内国有土地上进行基础设施建设、房屋建设，并转让房地产开发项目或者销售、出租商品房的行为。

第一节　房地产开发企业

房地产开发企业又称为“开发商”或“发展商”，有时也称为“建设单位”。依据《中华人民共和国公司法》（以下简称《公司法》），房地产开发企业登记为有限责任公司或股份公司，故又称为“房地产开发公司”。房地产开发企业是依法设立，具有企业法人资格的，以营利为目的，从事房地产开发和经营的企业。房地产开发企业的特殊性在于从事房地产开发和经营，一般具有高投入、高风险、回报周期长、综合性强、关联效应大等特征。

一、房地产开发企业的设立条件和程序

《城市房地产开发经营管理条例》规定，设立房地产开发企业，除应当符合有关法律、行政法规规定的企业设立条件外，还应当具备下列条件：①有100万元以上的注册资本；②有4名以上持有资格证书的房地产专业、建筑工程专业的专职技术人员，2名以上持有资格证书的专职会计人员。省、自治区、直辖市人民政府可以根据本地方的实际情况，对设立房地产开发企业的注册资本和专业技术人员的条件作出高于前款的规定。

设立房地产开发企业，应当向县级以上人民政府市场监督管理部门申请登记。市场监督管理部门对符合《城市房地产开发经营管理条例》第五条规定条件的，应当自收到申请之日起30日内予以登记；对不符合条件不予登记的，应当说明理由。市场监督管理部门在对设立房地产开发企业申请登记进

行审查时，应当听取同级房地产开发主管部门的意见。

房地产开发企业应当自领取营业执照之日起 30 日内，提交下列纸质或者电子材料，向登记机关所在地的房地产开发主管部门备案：

（1）营业执照复印件；

（2）企业章程；

（3）企业法定代表人的身份证明；

（4）专业技术人员的资格证书和聘用合同。

房地产开发主管部门应当根据房地产开发企业的资产、专业技术人员和开发经营业绩等，对备案的房地产开发企业核定资质等级。房地产开发企业应当按照核定的资质等级，承担相应的房地产开发项目。具体办法由国务院建设行政主管部门制定。

二、房地产开发企业的资质等级

依据《房地产开发企业资质管理规定》，房地产开发企业按照企业条件分为一级、二级两个资质等级。各资质等级的条件如下：

1. 一级资质

（1）注册资本不低于 5000 万元；

（2）从事房地产开发经营 5 年以上；

（3）近 3 年房屋建筑面积累计竣工 30 万平方米以上，或者累计完成与此相当的房地产开发投资额；

（4）连续 5 年建筑工程质量合格率达 100%；

（5）上一年房屋建筑施工面积 15 万平方米以上，或者完成与此相当的房地产开发投资额；

（6）有职称的建筑、结构、财务、房地产及有关经济类的专业管理人员不少于 40 人，其中具有中级以上职称的管理人员不少于 20 人，专职会计人员不少于 4 人；

（7）工程技术、财务、统计等业务负责人具有相应专业中级以上职称；

（8）具有完善的质量保证体系，商品住宅销售中实行了《住宅质量保证书》和《住宅使用说明书》制度；

（9）未发生过重大工程质量事故。

2. 二级资质

（1）有职称的建筑、结构、财务、房地产及有关经济类的专业管理人员不少于 5 人，其中专职会计人员不少于 2 人；

（2）工程技术负责人具有相应专业中级以上职称，财务负责人具有相应专业初级以上职称，配有统计人员；

（3）具有完善的质量保证体系。

房地产开发企业资质等级实行分级审批。一级资质由省、自治区、直辖市人民政府住房和城乡建设主管部门初审，报国务院住房和城乡建设主管部门审批。二级资质由省、自治区、直辖市人民政府住房和城乡建设主管部门或者其确定的设区的市级人民政府房地产开发主管部门审批。经资质审查合格的企业，由资质审批部门发给相应等级的资质证书。资质证书有效期为 3 年。申请核定资质的房地产开发企业，应当通过相应的政务服务平台提出申请。

一级资质的房地产开发企业承担房地产项目的建筑规模不受限制。二级资质的房地产开发企业可以承担建筑面积 25 万平方米以下的开发建设项目。

县级以上人民政府房地产开发主管部门应当开展“双随机、一公开”监管，依法查处房地产开发企业的违法违规行为。县级以上人民政府房地产开发主管部门应当加强对房地产开发企业的信用监管，不断提升信用监管水平。

第二节 房地产开发项目管理

为了规范房地产开发经营行为，加强对城市房地产开发经营活动的监督管理，促进和保障房地产业的健康发展，我国颁布了《城市房地产管理法》和《城市房地产开发经营管理条例》。

一、确定房地产开发项目的原则

《城市房地产管理法》第二十五条规定：房地产开发必须严格执行城市规划，按照经济效益、社会效益、环境效益相统一的原则，实行全面规划、合理布局、综合开发、配套建设。

《城市房地产开发经营管理条例》对确定房地产开发项目，做了如下具体规定。

（1）确定房地产开发项目，应当符合土地利用总体规划、年度建设用地计划和城市规划、房地产开发年度计划的要求；按照国家有关规定需要经计划主管部门批准的，还应当报计划主管部门批准，并纳入年度固定资产投资计划。

（2）确定房地产开发项目，应当坚持旧区改建和新区建设相结合的原则，注重开发基础设施薄弱、交通拥挤、环境污染严重以及危旧房集中的区域，保护和改善城市生态环境，保护历史文化遗产。

二、房地产开发项目建设用地使用权的取得

（一）建设用地使用权的取得方式

《城市房地产开发经营管理条例》第十二条规定，房地产开发用地应当以出让方式取得，但法律和国务院规定可以采用划拨方式的除外。采用划拨方式取得建设用地使用权有以下两类保障性住房。

1. 经济适用住房

《经济适用住房管理办法》第七条规定，经济适用住房建设用地以划拨方式供应。经济适用住房建设用地应纳入当地年度土地供应计划，在申报年度用地指标时单独列出，确保优先供应。

2. 廉租住房

《廉租住房保障办法》第十三条规定，廉租住房建设用地，应当在土地供应计划中优先安排，并在申报年度用地指标时单独列出，采取划拨方式，保证供应。

（二）建设用地使用权取得前的书面意见

《城市房地产开发经营管理条例》规定，土地使用权出让或划拨前，县级以上地方人民政府城市规划行政主管部门和房地产开发主管部门应当对下列事项提出书面意见，作为土地使用权出让或者划拨的依据之一：

（1）房地产开发项目的性质、规模和开发期限；

（2）城市规划设计的条件；

（3）基础设施和公共设施的建设要求；

（4）基础设施建成后的产权界定；

（5）项目征收补偿、安置要求。

三、项目资本金制度

20世纪90年代，中国房地产市场发展之初，我国局部地区曾出现房地产投资过热，导致大量楼盘“烂尾”，土地资源浪费现象。为此，《国务院关于固定资产投资项目试行资本金制度的通知》（国发〔1996〕35号）规定，从1996年开始，对各种经营性投资项目，包括国有单位的基本建设、技术改造、房地产开发项目和集体投资项目试行资本金制度，投资的项目必须首先落实资本金才能进行建设。

（一）项目资本金的概念

投资项目资本金，是指在投资项目总投资中，由投资者认购的出资额，对投资项目来说是非债务性资金，项目法人不承担这部分资金的任何利息和债务；投资者可按其出资的比例依法享有所有者权益，也可转让其出资，但不得以任何方式抽出。

（二）项目资本金的出资方式

项目投资资本金可以用货币出资，也可以用实物、工业产权、非专利技术、土地使用权作价出资，但必须经过有资格的资产评估机构依照法律、法规评估其价值，且不得高估或低估。以工业产权、非专利技术作价出资的比例不得超过投资项目资本金总额的20%，国家对采用高新技术成果有特别规定的除外。

（三）房地产开发项目资本金

房地产开发项目实行资本金制度，即规定房地产开发企业承揽项目必须有一定比例的资本金，可以有效地防止部分企业的不规范行为，减少楼盘“烂尾”等现象的发生。《城市房地产开发经营管理条例》规定：“房地产开发项目应当建立资本金制度，资本金占项目总投资的比例不得低于20%。”后来，房地产开发项目资本金逐渐成为房地产市场调控的重要工具，当投资过热时，通过提高资本金比例来提高房地产开发的资金成本。

四、对逾期开发项目的处理

《城市房地产开发经营管理条例》规定，房地产开发企业应当按照土地的使用权出让合同约定的土地用途、动工开发期限进行项目开发建设。出让合同约定的动工开发期限满 1 年未动工开发的，可以征收相当于土地使用权出让金 20%以下的土地闲置费；满 2 年未动工开发的，可以无偿收回土地使用权。这样规定的目的是防止利用土地进行非法炒作，激励土地尽快投入使用，促进土地的合理利用。

这里所指的动工开发期限是指开发建设单位进行实质性投入的日期。动工开发必须进行实质性投入，开工后必须不间断地进行基础设施、房屋建设。一经启动，无特殊原因不应当停工，如稍作启动即停工无期，不应算作开工。《城市房地产开发经营管理条例》还规定了以下 3 种情况造成的违约和土地闲置，不征收土地闲置费。

（1）因不可抗力造成开工延期。不可抗力是指依靠人的能力不能抗拒的因素，如地震、洪涝等自然灾害。

（2）因政府或者政府有关部门的行为而不能如期开工的或中断建设 1 年以上的。

（3）因动工开发必需的前期工作出现不可预见的情况而延期动工开发的。如发现地下文物、拆迁中发现不是开发商努力能解决的问题等。

五、房地产开发项目质量责任制度

（一）房地产开发企业应对其开发的房地产项目承担质量责任

《城市房地产开发经营管理条例》规定，房地产开发企业开发建设的房地产开发项目，应当符合有关法律、法规的规定和建筑工程质量、安全标准以及建筑工程勘察、设计、施工的技术规范以及合同的约定。房地产开发企业应当对其开发建设的房地产开发项目的质量承担责任。勘察、设计、施工、监理等单位应当依照有关法律、法规的规定或者合同的约定，承担相应的责任。

（二）对质量不合格房地产项目的处理方式

根据《城市房地产开发经营管理条例》，商品房交付使用后，购买人认为主体结构质量不合格的，可以向工程质量监督单位申请重新核验。经核验，确属主体结构质量不合格的，购买人有权退房；给购买人造成损失的，房地产开发企业应当依法承担赔偿责任。

六、项目手册制度

房地产开发企业应当将房地产开发项目建设过程中的主要事项记录在房地产开发项目手册中，并定期送房地产开发主管部门备案。

房地产开发项目实行项目手册制度，是政府行业管理部门对房地产开发企业是否按照有关法律、法规规定，是否按照合同的约定进行开发建设而建立的一项动态管理制度。其主要是为了在项目实施过程中对房地产开发企业的开发活动进行监控，保护消费者的合法权益。政府行业管理部门的监控主要针对是否按申请预售许可证时承诺的时间表进行开发建设、预售款项是否按期投入、安置是否按要求进行、工程项目是否发生变化等内容。

第三节 房地产经营管理

一、房地产开发项目转让

（一）转让条件

1. 以出让方式取得的土地使用权

《城市房地产管理法》第三十九条规定了以出让方式取得的土地使用权，转让房地产开发项目时必须具备的条件。

（1）按照出让合同约定已经支付全部土地使用权出让金，并取得土地使用权证书。这是出让合同成立的必要条件，也只有出让合同成立，才允许转让。

（2）按照出让合同约定进行投资开发，完成一定开发规模后才允许转让。这里又分为两种情形：一是属于房屋建设的，开发单位除土地使用权出让金外，实际投入房屋建设工程的资金额应占全部开发投资总额的25%以上；二是属于成片开发土地的，应形成工业或其他建设的用地条件，方可转让。这样规定，目的在于严格限制炒买、炒卖地皮，牟取暴利，以保证开发建设的顺利实施。

2. 以划拨方式取得的土地使用权

《城市房地产管理法》第四十条规定了以划拨方式取得的土地使用权，转让房地产开发项目时的条件。对于以划拨方式取得土地使用权的房地产项目，要转让的前提是必须经有批准权的人民政府审批。经审查除不允许转让外，对准予转让的有两种处理方式。

（1）由受让方先补办土地使用权出让手续，并依照国家有关规定缴纳土地使用权出让金后，才能进行转让。

（2）可以不办理土地使用权出让手续而转让房地产，但转让方应将转让房地产所获收益中的土地收益上缴国家或作其他处理。对以划拨方式取得土地使用权的，转让房地产时，属于下列情形之一的，经有批准权的人民政府批准，可以不办理土地使用权出让手续。

①经城市规划行政主管部门批准，转让的土地用于《城市房地产管理法》第二十四条规定的项目，即用于国家机关用地和军事用地，城市基础设施用地和公益事业用地，国家重点扶持的能源、交通、水利等项目用地以及法律、行政法规规定的其他用地。经济适用住房采取行政划拨的方式进行。因此，经济适用住房项目转让后仍用于经济适用住房的，经有批准权限的人民政府批准，也可以不补办出让手续。

②私有住宅转让后仍用于居住的。

③按照国务院住房制度改革有关规定出售公有住宅的。

④同一宗土地上部分房屋转让而土地使用权不可分割转让的。

⑤转让的房地产暂时难以确定土地使用权出让用途、年限和其他条件的。

⑥根据城市规划土地使用权不宜出让的。

⑦县级以上人民政府规定暂时无法或不需要采取土地使用权出让方式的其他情形。

（二）转让程序

《城市房地产开发经营管理条例》第二十条规定，转让房地产开发项目，转让人和受让人应当自土地使用权变更登记手续办理完毕之日起 30 日内，持房地产开发项目转让合同到房地产开发主管部门备案。

二、商品房交付使用

（一）履约按期交房，协助办理权属登记

《城市房地产开发经营管理条例》第十七条规定，房地产开发项目竣工，依照《建设工程质量管理条例》的规定验收合格后，方可交付使用。第三十二条规定，预售商品房的购买人应当自商品房交付使用之日起90日内，办理土地使用权变更和房屋所有权登记手续；现售商品房的购买人应当自销售合同签订之日起90日内，办理土地使用权变更和房屋所有权登记手续。房地产开发企业应当协助商品房购买人办理土地使用权变更和房屋所有权登记手续，并提供必要的证明文件。

（二）《住宅质量保证书》和《住宅使用说明书》制度

根据《城市房地产开发经营管理条例》的规定，房地产开发企业应当在商品房交付使用时，向购买人提供《住宅质量保证书》和《住宅使用说明书》。

1.《住宅质量保证书》

《住宅质量保证书》应当列明工程质量监督部门核验的质量等级、保修范围、保修期和保修单位等内容。房地产开发企业应当按照住宅质量保证书的约定，承担商品房保修责任。商品住宅的保修期从商品住宅交付之日起计算。商品住宅的保修期不得低于建设工程承包单位向建设单位出具的质量保修书约定保修的存续期。非住宅商品房的保修期不得低于建筑工程承包单位向建设单位出具的质量保修书约定保修的存续期。在保修期限内发生的属于保修范围的质量问题，房地产开发企业应当履行保修义务，并对造成的损失承担赔偿责任。因不可抗力或者使用不当造成的损失，房地产开发企业不承担责任。保修期内，因房地产开发企业对商品住宅进行维修，致使房屋使用功能受到影响，给购买人造成损失的，房地产开发企业应当承担赔偿责任。

在保修期内发生的属于保修范围的质量问题，房地产开发企业应当履行保修义务，并对造成的损失承担赔偿责任。因不可抗力或使用不当造成的损失，房地产开发企业不承担责任。

房地产开发企业应当承担的最低保修范围和保修期如下。

（1）地基基础和主体结构在合理使用寿命年限内承担保修；

（2）屋面防水 3 年；

（3）墙面、厨房和卫生间地面、地下室、管道渗漏 1 年；

（4）墙面、顶棚抹灰层脱落 1 年；

（5）地面空鼓开裂、大面积起砂 1 年；

（6）门窗翘裂、五金件损坏 1 年；

（7）管道堵塞 2 个月；

（8）供热、供冷系统和设备 1 个采暖期或供冷期；

（9）卫生洁具 1 年；

（10）灯具、电器开关 6 个月。

其他部位、部件的保修期限，由房地产开发企业与用户自行约定。

2.《住宅使用说明书》

《住宅使用说明书》应当对住宅的结构、性能和各部位（部件）的类型、性能、标准等作出说明，并提出使用注意事项，一般应当包含以下内容：

（1）开发单位、设计单位、施工单位，委托监理的应注明监理单位；

（2）结构类型；

（3）装修、装饰注意事项；

（4）上水、下水、电、燃气、热力、通信、消防等设施配置的说明；

（5）有关设备、设施安装预留位置的说明和安装注意事项；

（6）门、窗类型，使用注意事项；

（7）配电负荷；

（8）承重墙、保温墙、防水层、阳台等部位注意事项的说明；

（9）其他需说明的问题。

住宅中配置的设备、设施，生产厂家另有使用说明书的，应附于《住宅使用说明书》中。

三、房地产广告

《中华人民共和国广告法》（以下简称《广告法》）对房地产广告及其法律责任作出了规定。《城市房地产管理法》《土地管理法》《城市房地产开发经营管理条例》等法律法规，也对房地产广告宣传作出了相应规定。《房地产广告发布规定》（国家工商行政管理总局令第 80 号）对房地产开发企业、房地产权利人、房地产中介服务机构发布的房地产项目预售、预租、出售、出租、项目转让以及其他房地产项目介绍的广告行为进行规范，但不适用居民私人及非经营性售房、租房、换房广告。

（一）房地产广告应当遵守的原则

房地产广告必须真实、合法、科学、准确，符合社会主义精神文明建设要求，不得欺骗和误导公众。未取得商品房预售许可的房地产开发项目，不得以“内部认购”“内部认定”“内部登记”等名目发布房地产广告。房地产广告不得含有风水、占卜等封建迷信内容，对项目情况进行的说明、渲染，不得有悖社会良好风尚。

（二）发布房地产广告应当提供的文件

（1）房地产开发企业、房地产权利人、房地产中介服务机构的营业执照或者其他主体资格证明。

（2）房地产主管部门颁发的房地产开发企业资质证书。

（3）自然资源主管部门颁发的项目土地使用权证明。

（4）工程竣工验收合格证明。

（5）发布房地产项目预售、出售广告，应当具有地方政府建设主管部门颁发的预售、销售许可证证明；出租、项目转让广告，应当具有相应的产权证明。

（6）中介机构发布所代理的房地产项目广告，应当提供业主委托证明。

（7）确认广告内容真实性的其他证明文件。

（三）房地产广告的内容

房地产预售、销售广告，必须载明以下事项：

（1）开发企业名称；

（2）中介服务机构代理销售的，载明该机构名称；

（3）预售许可证书号。

广告中仅介绍房地产项目名称的，可以不必载明上述事项。

（四）发布房地产广告的具体要求

房地产广告内容的强制性规定包括以下内容：

（1）涉及所有权或者使用权的，所有或者使用的基本单位应当是有实际意义的完整的生产、生活空间。

（2）对价格有表示的，应当清楚表示为实际的销售价格，明示价格的有效期限。

（3）项目位置示意图，应当准确、清楚，比例恰当。

（4）涉及的交通、商业、文化教育设施及其他市政条件等，如在规划或者建设中，应当在广告中注明。

（5）涉及内部结构、装修装饰的，应当真实、准确。

（6）使用建筑设计效果图或者模型照片的，应当在广告中注明。

（7）涉及贷款服务的，应当载明提供贷款的银行名称及贷款额度、年期。

（8）涉及物业管理内容的，应当符合国家有关规定；涉及尚未实现的物业管理内容的，应当在广告中注明。

（9）涉及房地产价格评估的，应当表明评估单位、估价师和评估时间；使用其他数据、统计资料、文摘、引用语的，应当真实、准确，表明出处。

房地产广告内容的禁止性规定包括：

（1）不得利用其他项目的形象、环境作为本项目的效果。

（2）不得出现融资或者变相融资的内容。

（3）不得含有广告主能够为入住者办理户口、就业、升学等事项的承诺。

（五）禁止发布房地产广告的几种情形

1. 禁止发布房地产虚假广告

《广告法》规定：广告应当真实、合法，广告不得含有虚假或者引人误解的内容，不得欺骗、误导消费者。《广告法》第二十八条对虚假广告作出了界定：广告以虚假或者引人误解的内容欺骗、误导消费者的，构成虚假广告。广告有下列情形之一的，为虚假广告：

（1）商品或者服务不存在的；

（2）商品的性能、功能、产地、用途、质量、规格、成分、价格、生产者、有效期限、销售状况、曾获荣誉等信息，或者服务的内容、提供者、形式、质量、价格、销售状况、曾获荣誉等信息，以及与商品或者服务有关的允诺等信息与实际情况不符，对购买行为有实质性影响的；

（3）使用虚构、伪造或者无法验证的科研成果、统计资料、调查结果、文摘、引用语等信息作证明材料的；

（4）虚构使用商品或者接受服务的效果的；

（5）以虚假或者引人误解的内容欺骗、误导消费者的其他情形。

《城市房地产开发经营管理条例》第二十五条规定，房地产开发企业不得进行虚假广告宣传。虚假内容主要是指：向购房者承诺与实际情况不符或根本无法兑现的各种价格优惠、服务标准、环境及配套设施、物业管理等。

2. 凡有下列情况的房地产，不得发布广告

（1）在未经依法取得国有土地使用权的土地上开发建设的；

（2）在未经国家征用的集体所有的土地上建设的；

（3）司法机关和行政机关依法裁定、决定查封或者以其他形式限制房地产权利的；

（4）预售房地产，但未取得该项目预售许可证的；

（5）权属有争议的；

（6）违反国家有关规定建设的；

（7）不符合工程质量标准，经验收不合格的；

（8）法律、行政法规规定禁止的其他情形。

3. 房地产广告不得包含的内容

《广告法》第二十六条规定，房地产广告，房源信息应当真实，面积应当表明为建筑面积或者套内建筑面积，并不得含有下列内容：

（1）升值或者投资回报的承诺；

（2）以项目到达某一具体参照物的所需时间表示项目位置；

（3）违反国家有关价格管理的规定；

（4）对规划或者建设中的交通、商业、文化教育设施以及其他市政条件作误导宣传。

（六）违规行为的处罚

违反《广告法》规定，发布虚假广告的，由市场监督管理部门责令停止发布广告，责令广告主在相应范围内消除影响，处广告费用 3 倍以上 5 倍以下的罚款，广告费用无法计算或者明显偏低的，处 20 万元以上 100 万元以下的罚款；2 年内有 3 次以上违法行为或者有其他严重情节的，处广告费用 5 倍以上 10 倍以下的罚款，广告费用无法计算或者明显偏低的，处 100 万元以上 200 万元以下的罚款，可以吊销营业执照，并由广告审查机关撤销广告审查批准文件、1 年内不受理其广告审查申请。

违反《广告法》第二十六条规定发布房地产广告，由市场监督管理部门责令停止发布广告，责令广告主在相应范围内消除影响，处广告费用 1 倍以上 3 倍以下的罚款，广告费用无法计算或者明显偏低的，处 10 万元以上 20 万元以

下的罚款；情节严重的，处广告费用 3 倍以上 5 倍以下的罚款，广告费用无法计算或者明显偏低的，处 20 万元以上 100 万元以下的罚款，可以吊销营业执照，并由广告审查机关撤销广告审查批准文件、1 年内不受理其广告审查申请。

违反《房地产广告发布规定》发布广告，法律法规有规定的，依照有关法律法规规定予以处罚。法律法规没有规定的，对负有责任的广告主、广告经营者、广告发布者，处以违法所得 3 倍以下但不超过 3 万元的罚款；没有违法所得的，处以 1 万元以下的罚款。

《广告法》规定，因发布虚假广告，或者有其他本法规定的违法行为，被吊销营业执照的公司、企业的法定代表人，对违法行为负有个人责任的，自该公司、企业被吊销营业执照之日起 3 年内不得担任公司、企业的董事、监事、高级管理人员。

四、依法查处房地产开发企业不正当经营行为

住房城乡建设部《关于进一步规范房地产开发企业经营行为维护房地产市场秩序的通知》（建房〔2016〕223 号）指出，一些房地产开发企业为了追求不正当利益，在房地产开发经营活动中，存在违法违规等行为，主要包括：

（1）发布虚假房源信息和广告；

（2）通过捏造或者散布涨价信息等方式恶意炒作、哄抬房价；

（3）未取得预售许可证销售商品房；

（4）不符合商品房销售条件，以认购、预订、排号、发卡等方式向买受人收取或者变相收取定金、预订款等费用，借机抬高价格；

（5）捂盘惜售或者变相囤积房源；

（6）商品房销售不予明码标价，在标价之外加价出售房屋或者收取未标明的费用；

（7）以捆绑搭售或者附加条件等限定方式，迫使购房人接受商品或者服务价格；

（8）将已作为商品房销售合同标的物的商品房再销售给他人等。

各级住房城乡建设、工商行政管理等部门，应当按照《城市房地产管理法》《广告法》《城市房地产开发经营管理条例》《城市商品房预售管理办法》《商品房销售管理办法》等法律、行政法规和规章要求，加强对房地产开发经营活动的监管，查处违法违规行为。

第六章　房地产交易法规制度

第一节　房地产交易管理概述

一、房地产交易及其管理

（一）房地产交易的原则

《城市房地产管理法》规定，房地产交易包括房地产转让、房地产抵押和房屋租赁3种形式。房地产交易行为是平等的民事主体之间的民事行为，应当遵循自愿、公平、诚实、信用等原则。

（二）房地产交易管理

房地产交易管理是指政府房地产管理部门及其他相关部门采取法律的、行政的、经济的手段，对房地产交易活动进行指导和监督，是房地产市场管理的重要内容。

房地产交易的管理机构主要是指由国家设立的从事房地产交易管理的职能部门及其授权的机构，包括国务院建设行政主管部门即住房城乡建设部（原建设部），省级建设行政主管部门即各省、自治区住房和城乡建设厅和直辖市房地产管理局，各市、县房地产管理部门以及房地产管理部门授权的房地产交易管理所（房地产市场管理处、房地产交易中心等）。

房地产交易管理机构主要职责是：

（1）执行国家有关房地产交易管理的法规，并制定具体实施办法；

（2）整顿和规范房地产交易秩序，对房地产交易、经营等活动进行指导和监督，查处违法行为，维护当事人的合法权益；

（3）负责房地产交易合同网签备案、资金监管等工作；

（4）协助财政、税务部门征收与房地产交易有关的税款；

（5）为房地产交易提供洽谈协议、交流信息、展示行情等各种服务；

（6）发布市场交易信息，为政府宏观决策和正确引导市场发展服务。

为规范房屋交易与产权管理，方便群众办事，保障交易安全，维护房屋权利人的合法权益，有关部门制定了《房屋交易与产权管理工作导则》（建办房〔2015〕45号）。房屋交易与产权管理是指对房屋转让、抵押、租赁等交易活动以及房屋面积、产权档案等的管理，具体包括：

（1）楼盘表管理；

（2）新建商品房销售管理，包含商品房预售许可、商品房项目现售备案、购房资格审核与房源信息核验、商品房买卖合同网签备案、商品房预售资金监管等；

（3）存量房转让管理，包含购房资格审核与房源信息核验、存量房转让合同网签、存量房交易资金监管等；

（4）房屋抵押管理；

（5）房屋租赁管理；

（6）房屋面积管理；

（7）房屋交易与产权档案管理；

（8）房屋交易与产权管理信息平台建设；

（9）房屋交易与产权服务窗口建设；

（10）政策性住房产权与上市交易管理；

（11）其他房屋交易与产权管理工作。

房屋交易与产权管理业务之间应有效关联，并与不动产登记等相关部门业务有序衔接，通过信息化技术实现相关信息实时共享，对于能够通过互通共享取得的信息，不得要求申请人重复提交。

二、房地产交易的基本制度

（一）房地产价格申报制度

《城市房地产管理法》规定："国家实行房地产成交价格申报制度。房地产权利人转让房地产，应当向县级以上地方人民政府规定的部门如实申报成交价，不得瞒报或者作不实的申报。"

《城市房地产转让管理规定》（建设部令第96号）中也规定，"房地产转让当事人在房地产转让合同签订后90日内持房地产权属证书、当事人的合法证明、转让合同等有关文件向房地产所在地的房地产管理部门提出申请，并申报成交价格”；“房地产转让应当以申报的成交价格作为缴纳税费的依据。成交价格明显低于正常市场价格的，以评估价格作为缴纳税费的依据”。

（二）房地产价格评估制度

《城市房地产管理法》规定，“国家实行房地产价格评估制度。房地产价格评估，应当遵循公正、公平、公开的原则，按照国家规定的技术标准和评估程序，以基准地价、标定地价和各类房屋的重置价格为基础，参照当地的市场价格进行评估”，“基准地价、标定地价和各类房屋重置价格应当定期确定并公布。具体办法由国务院规定”。

（三）房地产价格评估人员资格认证制度

《城市房地产管理法》规定：“国家实行房地产价格评估人员资格认证制度。”房地产估价师必须是经国家统一考试、职业资格认证，取得房地产估价师职业资格证书，并经注册登记取得房地产估价师注册证的人员。未取得房地产估价师注册证的人员，不得以房地产估价师的名义从事房地产估价业务。

三、房屋网签备案制度

“房屋网签备案”是房屋交易合同网上签约备案的简称，是指房屋交易当事人通过政府建立的房屋交易系统，在线签订房屋交易合同、申报成交价格并完成合同备案的过程。

（一）房屋网签备案的范围

房屋网签备案包括新建商品房买卖合同、存量房买卖合同、房屋抵押合同、房屋租赁合同等房地产交易合同的网签备案。通过房屋网签备案，房地产交易更加透明化，买卖双方都可以在网上交易系统中查询到自己的交易情况，也便于第三方了解房屋交易等情况，有效防止一房多卖。

（二）房屋网签备案的规定

房屋网签备案是落实房地产成交价格申报制度的具体举措。设定房地产成交价格申报制度的目的，就是政府部门要通过价格申报及时准确掌握市场情况，更好地监管市场，促进市场健康发展。《城市房地产管理法》还对预售商品房合同备案作出了特别规定，要求由预售人（开发企业）统一负责向政府部门申报价格、登记备案。《城市房地产开发经营管理条例》规定，房地产开发企业应当自商品房预售合同签订之日起30日内，到商品房所在地的县级以上人民政府房地产开发主管部门和负责土地管理工作的部门备案。《城市商品房预售管理办法》规定，房地产管理部门应当应用网络信息技术，逐步推行商品房预售合同网上登记备案。

《国务院办公厅关于促进房地产市场平稳健康发展的通知》和《住房城乡建设部关于进一步规范和加强房屋网签备案工作的指导意见》要求，在全国城市规划区国有土地范围内全面实行房屋交易合同网签备案，加快推进房屋网签备案系统全国联网工作。2020年3月，《住房和城乡建设部关于提升房屋网签备案服务效能的意见》（建房规〔2020〕4号）及其附件《房屋网签备案业务操作规范》印发。2020年7月，住房城乡建设部等部门发布《关于加强房屋网签备案信息共享提升公共服务水平的通知》，要求加强部门间信息共享。

（三）房屋网签备案信息共享

《关于加强房屋网签备案信息共享提升公共服务水平的通知》提出了以下八个方面的要求：①加快推进系统对接信息共享；②优化住房商业贷款办理服务；③完善住房公积金贷款和提取服务；④优化房屋交易纳税申报服务；⑤提升流动人口管理服务水平；⑥提高司法案件执行效率；⑦全面提高房屋交易网签数据质量；⑧抓好信息共享组织落实。住房城乡建设部等部门通过城市政府“一体化”政务服务平台，共享楼盘表、网签备案等相关数据，加强部门间数据交换和使用管理，落实便民利企政策，提升服务水平。

第二节　房地产转让管理

一、房地产转让概述

（一）房地产转让的概念

房地产转让是指房地产权利人通过买卖、赠与或者其他合法方式将其房地产转移给他人的行为。《城市房地产转让管理规定》规定的其他合法方式主要包括下列行为：

（1）以房地产作价入股、与他人成立企业法人，房地产权属发生变更的；

（2）一方提供土地使用权，另一方或者多方提供资金，合资、合作开发经营房地产，而使房地产权属发生变更的；

（3）因企业被收购、兼并或合并，房地产权属随之转移的；

（4）以房地产抵债的；

（5）法律、法规规定的其他情形。

房地产转让的实质是房地产权属发生转移。《城市房地产管理法》规定，房地产转让时，房屋所有权和该房屋所占用范围内的土地使用权同时转让。

（二）房地产转让的分类

根据转让的对象，房地产转让可分为地面上有建筑物的房地产转让和地面上无建筑物的房地产转让，地面上无建筑物的房地产转让，习惯上又被称为“土地使用权转让”。《城市房地产管理法》将土地使用权转让与房屋所有权转移通称为“房地产转让”。

根据土地使用权的获得方式，房地产转让可分为以出让方式取得土地使用权的房地产转让和以划拨方式取得土地使用权的房地产转让。

根据转让的方式，房地产转让可分为有偿转让和无偿转让两种方式，有偿转让主要包括房地产买卖、房地产作价入股等行为，无偿转让主要包括房地产赠与、房地产继承等行为。

房地产买卖是指房地产所有权人（包括土地使用权人）将其合法拥有的房地产以一定价格转让给他人的行为。房地产赠与是指房地产所有权人（包括土地使用权人）将其合法拥有的房地产无偿赠送给他人，不要求受赠人支付任何费用或为此承担任何义务的行为。房地产买卖属于双务行为，即买卖双方均享有一定的权利，并需承担一定的义务；房地产赠与属于单务行为，受让人不需承担任何义务。在管理实践中对此要严格区分。

二、房地产转让的条件

（一）房地产不得转让的情形

《城市房地产管理法》《城市房地产转让管理规定》都明确规定了下列房地产不得转让。

（1）达不到下列条件的房地产不得转让。①以出让方式取得土地使用权用于投资开发的，按照土地使用权出让合同约定进行投资开发，属于房屋建设工程的，应完成开发投资总额的25%以上；②属于成片开发的，形成工业用地或者其他建设用地条件；③按照出让合同约定已经支付全部土地使用权出让金，并经登记取得权属证书。

（2）司法机关或行政机关依法裁定、决定查封或以其他形式限制房地产权利的。司法机关、行政机关可以根据合法申请人的申请或社会公共利益的需要，依法裁定、决定限制房地产权利，如查封、限制转移等。在权利受到限制期间，房地产权利人不得转让该房地产。

（3）依法收回土地使用权的。根据国家利益或社会公共利益的需要，国家有权决定收回出让或划拨给他人使用的土地，任何单位和个人应当服从国家的决定，在国家依法做出收回土地使用权决定之后，原土地使用权人不得再行转让土地使用权。

（4）共有房地产，未经其他共有人书面同意的。共有房地产，是指房屋的所有权、国有土地使用权为两个或两个以上权利人所共同拥有。其中，共同共有房地产权利的行使需经全体共有人同意，不能因某一个权利人的请求而转让。

（5）权属有争议的。权属有争议的房地产，是指有关当事人对房屋所有权和土地使用权的归属发生争议，致使该项房地产权属难以确定。转让该类房地产，可能影响交易的合法性，因此在权属争议解决之前，该项房地产不得转让。

（6）未依法进行登记领取权属证书的。产权登记是国家依法确认房地产权属的法定手续，未履行该项法律手续，房地产权利人的权利不具有法律效力，因此也不得转让该项房地产。

（7）法律和行政法规规定禁止转让的其他情况。法律、行政法规规定禁止转让的其他情形，是指上述情形之外，其他法律、行政法规规定禁止转让的其他情形。

（二）出让地上房地产转让

以出让方式取得建设用地使用权的房地产转让时，受让人取得的土地使用权的权利、义务范围应当与转让人原有的权利和承担的义务范围相一致。转让人的权利、义务是由土地使用权出让合同载明的，因此，该出让合同载明的权利、义务随土地使用权的转让而转移给新的受让人。以出让方式取得建设用地使用权，可以在不同土地使用者之间多次转让，但土地使用权出让合同约定的使用年限不变。以房地产转让方式取得出让土地使用权的权利人，其实际使用年限不是出让合同约定的年限，而是出让合同约定的年限减去原土地使用权已经使用年限后的剩余年限。例如，土地使用权出让合同约定的使用年限为50年，原土地使用者使用10年后转让，受让人的使用年限只有40年。

以出让方式取得建设用地使用权的，转让房地产后，受让人改变原建设用地使用权出让合同约定的土地用途的，必须取得原土地出让方和市、县人民政府城市规划行政主管部门的同意，签订建设用地使用权出让合同变更协议或者重新签订建设用地使用权出让合同，相应调整土地使用权出让金。

（三）划拨地上房地产转让

以划拨方式取得土地使用权的房地产，在转让的价款或其他形式收益中，包含着土地使用权转让的收益，这部分收益不应完全由转让人获得，国家应参与分配。由于所转让土地的开发投入情况比较复杂，转让主体、受让主体和转让用途情况也不相同，因此处理土地使用权收益不能简单化和“一刀切”。《城市房地产管理法》对划拨土地使用权的转让管理，规定了两种不同的处理方式，一种是需办理出让手续，变划拨土地使用权为出让土地使用权，由受让方缴纳土地出让金；另一种是不改变原有土地的划拨性质，对转让方征收土地收益金。《城市房地产转让管理规定》对可以不办出让手续的情形作了规定。对于暂不办理土地使用权出让手续的，应当将土地收益上缴国家或作其他处理，并在合同中注明。对于转让的房地产再转让，需要办理出让手续、补交土地出让金的，应当扣除已缴纳的土地收益。

三、房地产转让的程序

根据《房屋交易与产权管理工作导则》，房地产转让的程序一般包括：

（1）房源核验与购房资格审核；

（2）草签转让合同，办理合同网签备案、申报成交价格；

（3）签订交易资金监管等协议（合同）；

（4）按照协议（合同）约定将交易资金存入监管账户；

（5）依法缴纳税费；

（6）办理不动产转移登记；

（7）拨付交易资金。

房地产转让通过房地产经纪机构成交的，转让当事人可以委托房地产经纪机构申请办理存量房转让合同网签。

四、房地产转让合同

房地产转让合同是指房地产转让当事人之间签订的用于明确各方权利、义务关系的协议。《城市房地产管理法》第四十一条规定：房地产转让，应当签订书面转让合同，合同中应当载明土地使用权取得的方式。合同的内容由当事人协商拟定，一般应包括：

（1）双方当事人的姓名或者名称、住所；

（2）房地产权属证书的名称和编号；

（3）房地产坐落位置、面积、四至界限；

（4）土地宗地号、土地使用权取得的方式及年限；

（5）房地产的用途或使用性质；

（6）成交价格及支付方式；

（7）房地产交付使用的时间；

（8）违约责任；

（9）双方约定的其他事项。

五、共有房屋的转让

根据《民法典》，不动产或者动产可以由两个以上组织、个人共有。共有包括按份共有和共同共有。按份共有人对共有的不动产或者动产按照其份额享有所有权。共同共有人对共有的不动产或者动产共同享有所有权。共有人按照约定管理共有的不动产或者动产；没有约定或者约定不明确的，各共有人都有管理的权利和义务。

（一）按份共有房屋的转让

《民法典》第三百零一条规定，处分共有的不动产或者动产以及对共有的不动产或者动产作重大修缮、变更性质或者用途的，应当经占份额2/3以上的按份共有人或者全体共同共有人同意，但是共有人之间另有约定的除外。第三百零五条规定，按份共有人可以转让其享有的共有的不动产或者动产份额。其他共有人在同等条件下享有优先购买的权利。第三百零六条规定，按份共有人转让其享有的共有的不动产或者动产份额的，应当将转让条件及时通知其他共有人。其他共有人应当在合理期限内行使优先购买权。2个以上其他共有人主张行使优先购买权的，协商确定各自的购买比例；协商不成的，按照转让时各自的共有份额比例行使优先购买权。第三百零八条规定，共有人对共有的不动产或者动产没有约定为按份共有或者共同共有，或者约定不明确的，除共有人具有家庭关系等外，视为按份共有。第三百零九条规定，按份共有人对共有的不动产或者动产享有的份额，没有约定或者约定不明确的，按照出资额确定；不能确定出资额的，视为等额享有。

《最高人民法院关于适用〈中华人民共和国民法典物权编〉的解释（一）》规定，"同等条件"，应当综合共有份额的转让价格、价款履行方式及期限等因素确定。优先购买权的行使期间，按份共有人之间有约定的，按照约定处理；没有约定或者约定不明的，按照下列情形确定：

（1）转让人向其他按份共有人发出的包含同等条件内容的通知中载明行使期间的，以该期间为准；

（2）通知中未载明行使期间，或者载明的期间短于通知送达之日起 15 日的，为 15 日；

（3）转让人未通知的，为其他按份共有人知道或者应当知道最终确定的同等条件之日起 15 日；

（4）转让人未通知，且无法确定其他按份共有人知道或者应当知道最终确定的同等条件的，为共有份额权属转移之日起 6 个月。

按份共有人向共有人之外的人转让其份额，其他按份共有人根据法律、司法解释规定，请求按照同等条件优先购买该共有份额的，应予支持。其他按份共有人的请求具有下列情形之一的，不予支持：

（1）未在本解释第十一条规定的期间内主张优先购买，或者虽主张优先购买，但提出减少转让价款、增加转让人负担等实质性变更要求；

（2）以其优先购买权受到侵害为由，仅请求撤销共有份额转让合同或者认定该合同无效。

不适用优先购买权的情形有两种：一是按份共有人之间转让共有份额，其他按份共有人主张依据《民法典》第三百零五条规定优先购买的，不予支持，但按份共有人之间另有约定的除外；二是共有份额的权利主体因继承、遗赠等原因发生变化时，其他按份共有人主张优先购买的，不予支持，但按份共有人之间另有约定的除外。

（二）共同共有房屋的转让

处分共有的不动产或者动产以及对共有的不动产或者动产做重大修缮、

变更性质或者用途的，应当经全体共同共有人同意。

六、已购公有住房和经济适用住房上市的有关规定

经济适用住房的土地使用权全部是划拨供给，已购公有住房的土地使用权绝大部分也是划拨供给的，原先的政策对这两类住房的上市有较严格的限制性规定。1999 年 4 月，建设部发布了《已购公有住房和经济适用住房上市出售管理暂行办法》（建设部令第 69 号），标志着上市限制的取消。为鼓励住房消费，国家对已购公有住房和经济适用住房的上市从营业税、土地增值税、契税、个人所得税、土地收益等方面均给予了减、免优惠政策，以及对上市条件予以放宽。各地又在此基础上出台了一些地方优惠政策，大大活跃了存量房市场。

《经济适用住房管理办法》规定，经济适用住房购房人拥有有限产权。购买经济适用住房不满 5 年，不得直接上市交易，购房人因特殊原因确需转让经济适用住房的，由政府按照原价格并考虑折旧和物价水平等因素进行回购。购买经济适用住房满 5 年，购房人上市转让经济适用住房的，应按照届时同地段普通商品住房与经济适用住房差价的一定比例，向政府缴纳土地收益等相关价款，具体缴纳比例由市、县人民政府确定，政府可优先回购；购房人也可以按照政府所定的标准向政府缴纳土地收益等相关价款后，取得完全产权。

《住房城乡建设部关于加强经济适用住房管理有关问题的通知》（建保〔2010〕59 号）规定，经济适用住房上市交易，必须符合有关政策规定并取得完全产权。住房保障部门应当对个人是否已缴纳相应土地收益等价款取得完全产权、成交价格是否符合正常交易、政府是否行使优先购买权等情况出具书面意见。房屋登记、租赁管理机构办理房屋权属登记、租赁备案登记时，要比对住房保障部门提供的有关信息。对已购经济适用住房的家庭，不能提供住房保障部门出具的书面意见的，任何中介机构不得代理买卖、出租其经济适用住房；房屋租赁备案管理机构应当暂停办理其经济适用住房的租赁备案，房屋登记机构应当暂停办理该家庭购买其他房屋的权属登记，并及时通报住房保障部门。

七、对失信被执行人购买房地产的限制

《关于对失信被执行人实施联合惩戒的合作备忘录》等文件对人民法院失

信被执行人规定了限制领域和惩戒措施，形成“一处失信、处处受限”的联合惩戒局面，从而促使被执行人主动履行生效法律文书确定的义务。

（一）惩戒对象

惩戒对象，即最高人民法院公布的失信被执行人。根据最高人民法院《关于公布失信被执行人名单信息的若干规定》，具体是指具有履行能力而不履行生效法律文书确定的义务，并具有下列情形之一的被执行人：

（1）以伪造证据、暴力、威胁等方法妨碍、抗拒执行的；

（2）以虚假诉讼、虚假仲裁或者以隐匿、转移财产等方法规避执行的；

（3）违反财产报告制度的；

（4）违反限制高消费令的；

（5）被执行人无正当理由拒不履行执行和解协议的；

（6）其他有履行能力而拒不履行生效法律文书确定义务的。

（二）惩戒措施

对失信被执行人高消费及其他消费行为的限制措施，包括限制购买不动产。失信被执行人违反限制高消费限制进行消费的行为，属于拒不履行人民法院已经发生法律效力的判决、裁定的行为，经查证属实的，依照《中华人民共和国民事诉讼法》第一百一十一条的规定，予以拘留、罚款；情节严重、构成犯罪的，追究其刑事责任。

各级住房城乡建设主管部门要及时查询各级人民法院失信被执行人名单信息库，对失信被执行主体就商品房开发、施工许可、商品房预售许可、房屋买卖合同备案、房屋交易资金监管、楼盘表建立、购房资格审核、房源验核、存量房和政策房交易上市、住房公积金贷款等提出的申请，不予受理或从严审核有关材料。完善住房开发、租赁企业、中介机构和从业人员信用管理制度，对于协助失信被执行人购买房产或获得住房公积金贷款的，一经查实，记入市场主体信用档案，并视情节轻重予以惩戒。

各级人民法院限制失信被执行人及失信被执行人的法定代表人、主要负责人、实际控制人、影响债务履行的直接责任人员参与房屋司法拍卖。

依法限制或者禁止房地产领域相关失信责任主体的市场准入、行政许可或者融资行为，具体有限制取得政府供应的土地、限制取得安全生产许可证、限制取得生产许可证、施工许可、商品房预（销）售许可、商品房买卖合同备案等 37 项措施。

第三节 商品房销售管理

商品房销售分为商品房预售和现售，主要法规制度依据有《城市房地产管理法》《城市房地产开发经营管理条例》《商品房销售管理办法》《城市商品房预售管理办法》等。

一、商品房预售

（一）商品房预售的概念

商品房预售是指房地产开发企业将正在建设中的房屋预先出售给承购人，由承购人预付定金或房价款的行为。由于从预售到竣工交付的时间一般较长，具有较大的风险性和投机性，涉及广大购房者的切身利益。《城市房地产管理法》规定商品房预售实行预售许可和商品房预售合同登记备案制度。原建设部《城市商品房预售管理办法》（建设部令第131号）对商品房预售管理的有关问题进一步作了细化。

（二）商品房预售的条件

商品房预售应当符合以下条件：

（1）已交付全部土地使用权出让金，取得土地使用权证书；

（2）持有建设工程规划许可证和施工许可证；

（3）按提供预售的商品房计算，投入开发建设的资金达到工程建设总投资的25%以上，并已经确定施工进度和竣工交付日期；

（4）商品房预售实行许可制度。开发企业进行商品房预售，应当向房地产管理部门申请预售许可，取得商品房预售许可证。

预售许可的最低规模不得小于栋，不得分层、分单元办理预售许可。

（三）商品房预售许可

房地产开发企业取得商品房预售许可证方能预售商品房。房地产开发企业进行商品房预售，应当向承购人出示商品房预售许可证，售楼广告和说明书中应载明商品房预售许可证的批准文号。未取得商品房预售许可证的，不得进行商品房销售或发布广告。未取得商品房预售许可证的项目，房地产开发企业不得以认购、预订、排号、发放 VIP 卡等方式向买受人收取或变相收取定金、预定款等性质的费用，不得参加任何展销活动。

1. 许可材料

房地产开发企业申请办理商品房预售许可证应当向市、县人民政府房地产管理部门提交下列证件及资料。

（1）商品房预售许可申请表。

（2）开发企业的营业执照和资质证书。

（3）土地使用权证、建设工程规划许可证、施工许可证。

（4）投入开发建设的资金占工程建设总投资 25%以上的证明。

（5）工程施工合同及关于施工进度的说明。

（6）商品房预售方案。商品房预售方案应当包括项目基本情况、建设进度安排、预售房屋套数、面积预测及分摊情况、公共部位和公共设施的具体范围、预售价格及变动幅度、预售资金监管落实情况、住房质量责任承担主体和承担方式、住房能源消耗指标和节能措施等。商品房预售方案中主要内容发生变更的，应当报主管部门备案并公示。暂定资质的房地产开发企业在申请商品住房预售许可时提交的预售方案，应当明确企业破产、解散等清算情况发生后的商品住房质量责任承担主体，由质量责任承担主体提供担保函。质量责任承担主体必须具备独立的法人资格和相应的赔偿能力。

2. 许可程序

（1）受理。开发企业按《城市商品房预售管理办法》第七条的规定提交有关材料，材料齐全的，房地产管理部门应当当场出具受理通知书；材料不齐的，应当当场或者 5 日内一次性书面告知需要补充的材料。

（2）审核。房地产管理部门对开发企业提供的有关材料是否符合法定条件进行审核。

开发企业对所提交材料实质内容的真实性负责。

（3）许可。经审查，开发企业的申请符合法定条件的，房地产管理部门应当在受理之日起 10 日内，依法作出准予预售的行政许可书面决定，发送开发企业，并自作出决定之日起 10 日内向开发企业颁发、送达商品房预售许可证。取得预售许可的商品住房项目，房地产开发企业要在 10 日内一次性公开全部准售房源及每套房屋价格，并严格按照申报价格，明码标价对外销售。房地产开发企业不得将企业自留房屋在房屋所有权初始登记前对外销售。

经审查，开发企业的申请不符合法定条件的，房地产管理部门应当在受理之日起 10 日内，依法作出不予许可的书面决定。书面决定应当说明理由，告知开发企业享有依法申请行政复议或者提起行政诉讼的权利，并送达开发企业。商品房预售许可决定书、不予商品房预售许可决定书，应当加盖房地产管理部门的行政许可专用印章，商品房预售许可证应当加盖房地产管理部门的印章。

（4）公示。房地产管理部门作出的准予商品房预售许可的决定，应当予以公开，公众有权查阅。市、县房地产主管部门要及时将批准的预售信息、可售楼盘及房源信息、违法违规行为查处情况等向社会公开。房地产开发企业应将预售许可情况、商品住房预售方案、开发建设单位资质、代理销售的房地产经纪机构备案情况、物业服务企业及物业费标准等信息，在销售现场清晰明示。

（四）商品房预售合同登记备案

商品房预售，房地产开发企业应当与承购人签订书面商品房预售合同。开发企业应当自签约之日起 30 日内，到房地产管理部门和市、县土地管理部门办理商品房预售合同登记备案手续。房地产管理部门应当积极应用网络信息技术，逐步推行商品房预售合同网上登记备案。商品房预售合同登记备案手续可以委托代理人办理。委托代理人办理的，应当有书面委托书。

二、商品房现售

商品房现售，必须符合以下条件：

（1）出售商品房的房地产开发企业应当具有企业法人营业执照和房地产开发企业资质证书；

（2）取得土地使用权证书或使用土地的批准文件；

（3）持有建设工程规划许可证和施工许可证；

（4）已通过竣工验收；

（5）拆迁安置已经落实；

（6）供水、供电、供热、燃气、通信等配套设施设备具备交付使用条件，其他配套基础设施和公共设备具备交付使用条件或已确定施工进度与交付日期；

（7）物业管理方案已经落实。

三、商品房销售代理

房地产销售代理是指房地产开发企业或其他房地产拥有者将物业销售业务委托专门的房地产中介服务机构代为销售的一种经营方式。

（1）实行销售代理必须签订委托合同。房地产开发企业应当与受托房地产中介服务机构订立书面委托合同，委托合同应当载明委托期限、委托权限以及委托人和被委托人的权利、义务。中介机构销售商品房时，应当向商品房购买人出示商品房的有关证明文件和商品房销售委托书。

（2）房地产中介服务机构的收费。受托房地产中介服务机构在代理销售商品房时，不得收取佣金以外的其他费用。

（3）房地产销售人员的职业能力要求。房地产销售专业性强、涉及的法律法规多、价值量大，对房地产销售人员要求较高。因此，从事房地产销售的人员一般都需经过专业培训，达到一定的水平，如取得房地产经纪专业人员职业资格，才能胜任商品房的销售工作。

四、商品房销售的其他限制性规定

根据《商品房销售管理办法》，房地产开发企业不得有下列行为：

（1）房地产开发企业不得在未解除商品房买卖合同前，将作为合同标的物的商品房再行销售给他人；

（2）房地产开发企业不得采取返本销售或变相返本销售的方式销售商品房；

（3）不符合商品房销售条件的房地产开发企业，不得销售商品房，不得向买受人收取任何预定款性质费用；

（4）商品住宅必须按套销售，不得分割拆零销售。

此外，一些规范性文件还有一些限制性规定。

（1）禁止期房买卖。国务院根据《城市房地产管理法》第四十六条的授权决定禁止商品房预购人将购买的未竣工的预售商品房再行转让。即在预售商品房竣工交付、预购人取得房屋所有权证之前，房地产主管部门不得为其办理转让等手续；房屋所有权申请人与登记备案的预售合同载明的预购人不一致的，房屋权属登记机关不得为其办理房屋权属登记手续。

（2）实名制购房。2005 年 5 月 9 日，《国务院办公厅转发建设部等部门关于做好稳定住房价格工作意见的通知》规定，实行实名制购房，推行商品房预售合同网上及时备案，防范私下交易行为。

（3）住房限购。《关于进一步做好房地产市场调控工作有关问题的通知》（国办发〔2011〕1号）要求各直辖市、计划单列市、省会城市和房价过高、上涨过快的城市，在一定时期内，要从严制定和执行住房限购措施。对已拥有两套及以上住房的当地户籍居民家庭、拥有一套及以上住房的非当地户籍居民家庭，无法提供一定年限当地纳税证明或社会保险缴纳证明的非当地户籍居民家庭，要暂停在本行政区域内向其售房。

（4）其他限制。对虚构买卖合同，囤积房源，发布不实价格和销售进度信息，恶意哄抬房价，诱骗消费者争购，以及不履行开工时间、竣工时间、销售价格（位）和套型面积控制性项目要求的，当地房地产主管部门要将以上行为记入房地产企业信用档案，公开予以曝光。对一些情形严重、性质恶劣的，国务院住房城乡建设部门会同有关部门要及时依法从严处罚，并向社会公布。

五、商品房买卖合同

《城市房地产开发经营管理条例》第二十七条规定：商品房销售，当事人双方应当签订书面合同。

（一）商品房买卖合同的内容

2014年4月9日，住房城乡建设部、国家工商行政管理总局印发《商品房买卖合同（预售）示范文本》（GF-2014—0171）、《商品房买卖合同（现售）示范文本》（GF-2014—0172）。

1. 商品房预售合同主要内容

（1）合同当事人；

（2）商品房基本状况；

（3）商品房价款；

（4）商品房交付条件与交付手续；

（5）面积差异处理方式；

（6）规划设计变更；

（7）商品房质量及保修责任；

（8）合同备案与房屋登记；

（9）前期物业管理；

（10）其他事项，业主共有部分约定、配套设施约定、争议解决方式等。

2. 商品房现售合同主要内容

（1）合同当事人；

（2）商品房基本状况；

（3）商品房价款；

（4）商品房交付条件与交付手续；

（5）商品房质量及保修责任；

（6）房屋登记；

（7）物业管理；

（8）其他事项。

（二）计价方式

商品房销售可以按套（单元）计价，也可以按套内建筑面积或按建筑面积计价。按套、套内建筑面积计价并不影响用建筑面积进行产权登记。

商品房建筑面积由套内建筑面积和分摊的共有建筑面积组成，套内建筑面积部分为专有部分，分摊的共有面积部分为共有产权，买受人按照法律、法规的规定，对其享有权利承担责任。按套（单元）计价或者按套内建筑面积计价的，商品房买卖合同中应当注明建筑面积和分摊的共有建筑面积。

（三）预约合同

《最高人民法院关于审理商品房买卖合同纠纷案件适用法律若干问题的解释》第五条规定，商品房的认购、订购、预订等协议具备《商品房销售管理办法》第十六条规定的商品房买卖合同的主要内容，并且出卖人已经按照约定收受购房款的，该协议应当认定为商品房买卖合同。

按照《商品房销售管理办法》第十六条，商品房买卖合同应当明确以下主要内容：

（1）当事人名称或者姓名和住所；

（2）商品房基本状况；

（3）商品房的销售方式；

（4）商品房价款的确定方式及总价款、付款方式、付款时间；

（5）交付使用条件及日期；

（6）装饰、设备标准承诺；

（7）供水、供电、供热、燃气、通信、道路、绿化等配套基础设施和公共设施的交付承诺和有关权益、责任；

（8）公共配套建筑的产权归属；

（9）面积差异的处理方式；

（10）办理产权登记有关事宜；

（11）解决争议的方法；

（12）违约责任；

（13）双方约定的其他事项。

六、规划、设计变更

房地产开发企业应当按照城乡规划主管部门核发的建设工程规划许可证规定的条件建设商品房，不得擅自变更规划、设计。经规划部门批准的规划变更、设计单位同意的设计变更，导致商品房的结构形式、户型、空间尺寸、朝向、供热、采暖等方式变化，以及出现合同当事人约定的其他影响商品房质量或使用功能情形的，房地产开发企业应当在变更确立之日起 10 日内，书面通知买受人。

买受人有权在通知到达之日起 15 日内作出是否退房的书面答复。买受人在通知到达之日起 15 日内未作出书面答复的，视同接受规划、设计变更以及由此引起的房价款的变更。房地产开发企业未在规定时限内通知买受人的，买受人有权解除合同。买受人解除合同的，应当书面通知房地产开发企业。房地产开发企业应当自解除合同通知送达之日起 15 日内退还买受人已付全部房价款（含已付贷款部分），并自买受人付款之日起，按照不低于中国人民银行公布的同期贷款基准利率计付利息；同时，以全部房价款为基数，按照合同中约定比例向买受人支付违约金。

七、面积误差的处理方式

在商品房预售中，一般以预测面积作为合同约定的面积，以实测面积作为产权登记的面积。当事人应当在合同中约定合同约定面积发生误差的处理方式。按套内建筑面积或者建筑面积计价的，当事人可以在合同中约定面积误差比。面积误差比是实测面积与预测面积之差与预测面积之比，公式为

$$面积误差比=\frac{实测面积-预测面积}{预测面积}\times 100\%$$

合同中没有约定面积误差比的，按以下原则处理。

（1）按套内建筑面积计价的，面积误差比绝对值在3%以内（含3%，下同）的，据实结算房价款。按建筑面积计价的，建筑面积或套内建筑面积误差比绝对值均在3%以内的，根据实测建筑面积结算房价款。

（2）按套内建筑面积计价，面积误差比绝对值超过3%时，买受人有权解除合同。按建筑面积计价的，建筑面积或套内建筑面积任何一个的误差比绝对值超过3%的，买受人就有权解除合同。买受人解除合同的，房地产开发企业应当自解除合同通知送达之日起15日内退还买受人已付全部房价款（含已付贷款部分），并自买受人付款之日起，按照不低于中国人民银行公布的同期贷款基准利率计付利息。

买受人不退房的，实测面积大于预测面积时，面积误差比在3%之内的房价款由买受人补足；超出3%部分的房价款由房地产企业承担，产权归买受人。实测面积小于预测约定面积时，面积误差比绝对值在3%（含3%）以内部分的房价款由房地产开发企业返还买受人；绝对值超过3%的房价款由房地产开发企业双倍返还买受人。

八、商品房交付的责任

房地产开发企业应当将符合交付使用条件的房屋按期向商品房买受人交付。商品房买受人检验商品房并接受房屋。对房屋的转移占有，视为房屋的交付使用，但当事人另有约定的除外。

（一）违约责任

出卖人迟延交付房屋或者买受人迟延支付购房款，经催告后在3个月的合理期限内仍未履行，解除权人请求解除合同的，人民法院应予支持，但当事人另有约定的除外。法律没有规定或者当事人没有约定，经对方当事人催告后，解除权行使的合理期限为3个月。对方当事人没有催告的，解除权人自知道或者应当知道解除事由之日起1年内行使。逾期不行使的，解除权消灭。

根据《民法典》第五百八十九条的规定，商品房出卖人按照约定向买受人交付商品房，买受人无正当理由拒绝受领的，出卖人可以请求买受人赔偿合同履行增加的费用。在商品房买受人受领迟延期间，出卖人无须支付买受人违约之后的利息。

（二）房屋风险

房屋毁损、灭失的风险，在交付使用前由出卖人承担，交付使用后由买受人承担；买受人接到出卖人的书面交房通知，无正当理由拒绝接收的，房屋毁损、灭失的风险自书面交房通知确定的交付使用之日起由买受人承担，但法律另有规定或者当事人另有约定的除外。

（三）保修责任

当事人应当在合同中就保修范围、保修期限、保修责任等内容作出约定。房地产开发企业承担的保修期从房地产开发企业（出卖人）将商品房交付给买受人之日起计算。

第四节　房屋租赁管理

《城市房地产管理法》规定，房屋租赁，是指房屋所有权人作为出租人将其房屋出租给承租人使用，由承租人向出租人支付租金的行为。《商品房屋租赁管理办法》规定，租赁活动是民事活动，应当遵循平等、自愿、合法和诚实信用原则。

一、商品房屋租赁条件

自然人、法人或非法人组织对享有所有权的房屋和国家授权管理与经营的房屋可以依法出租。出租商品住房的，应当以原设计的房间为最小出租单位，人均租住建筑面积不得低于当地人民政府规定的最低标准。厨房、卫生间、阳台和地下储藏室不得出租供人员居住。有下列情形之一的房屋不得出租：

（1）属于违法建筑的；

（2）不符合安全、防灾等工程建设强制性标准的；

（3）违反规定改变房屋使用性质的；

（4）法律、法规规定禁止出租的其他情形。

二、商品房屋租赁合同

（一）房屋租赁合同的概念

《民法典》第七百零三条规定，租赁合同是出租人将租赁物交付承租人使用、收益，承租人支付租金的合同。商品房屋租赁合同是出租人与承租人签订的，用于明确租赁双方权利义务关系的协议。《城市房地产管理法》规定：房屋租赁，出租人和承租人应当签订书面租赁合同，约定租赁期限、租赁用途、租赁价格、修缮责任等条款，以及双方的其他权利和义务，并向房产管理部门登记备案。

（二）房屋租赁合同的主要内容

《城市房地产管理法》要求房屋租赁合同约定租赁期限、租赁用途、租赁价格、修缮责任等条款，以及双方的其他权利和义务。《商品房屋租赁管理办法》对商品房屋租赁合同的内容作了进一步明确，要求一般应当包括以下内容：

（1）房屋租赁当事人的姓名（名称）和住所。

（2）房屋的坐落、面积、结构、附属设施，家具和家电等室内设施状况。

（3）租金和押金数额、支付方式。房屋租金，是承租人为取得一定期限内房屋的使用权而付给房屋所有权人的经济补偿。租金标准是租赁合同的核心之一。《城市房地产管理法》规定："以营利为目的，房屋所有权人将以划拨方式取得土地使用权的国有土地上建成的房屋出租的，应当将租金中所含土地收益上缴国家。具体办法由国务院规定。"《商品房屋租赁管理办法》中规定："房屋租赁合同期内，出租人不得单方面随意提高租金水平。"

（4）租赁用途和房屋使用要求。租赁用途，是指房屋租赁合同中规定的出租房屋的使用性质。承租人应当按照租赁合同规定的使用性质使用房屋，不得变更使用用途；确需变动的，应当征得出租人的同意，并重新签订租赁合同。承租人与第三者互换房屋时，应当事先征得出租人的同意，出租人应当支持承租人的合理要求。换房后，原租赁合同即行终止，新的承租人应与出租人另行签订租赁合同。

（5）房屋和室内设施的安全性能。承租人应当按照合同约定的租赁用途和使用要求合理使用房屋，不得擅自改动房屋承重结构和拆改室内设施，不得损害其他业主和使用人的合法权益。承租人因使用不当等原因造成承租房屋和设施损坏的，承租人应当负责修复或者承担赔偿责任。

（6）租赁期限。《民法典合同编》规定，租赁期限不得超过20年，超过20年的，超过部分无效。租赁期限届满，当事人可以续订租赁合同；但约定的租赁期限自续订之日起不得超过20年。承租人有义务在租赁期限届满后返还所承租的房屋。如需继续承租原租赁的房屋，应当在租赁期满前，征得出租人的同意，并重新签订租赁合同。出租人应当按照租赁合同约定的期限将房屋交给承租人使用，并保证租赁合同期限内承租人的正常使用。出租人在租赁合同届满前需要收回房屋的，应当事先征得承租人的同意，并赔偿承租人的损失。

（7）房屋维修责任。出租人应当按照合同约定履行房屋的维修义务并确保房屋和室内设施安全。未及时修复损坏的房屋，影响承租人正常使用的，应当按照约定承担赔偿责任或者减少租金。出租住宅用房的自然损坏或合同约定由出租人修缮的，由出租人负责修复。不及时修复致使房屋发生破坏性事故，造成承租人财产损失或者人身伤害的，应当由出租人承担赔偿责任。租用房屋从事生产经营活动的，修缮责任由双方当事人在租赁合同中约定。房屋修缮责任人对房屋及其设备应当及时、认真地检查、修缮，保证房屋的使用安全。房屋修缮责任人对形成租赁关系的房屋确实无力修缮的，可以与另一方当事人合修，责任人因此付出的修缮费用，可以折抵租金或由出租人分期偿还。

（8）物业服务、水、电、燃气等相关费用的缴纳。

（9）争议解决办法和违约责任。

（10）其他约定。如房屋租赁当事人应当在房屋租赁合同中约定房屋被征收或者拆迁时的处理办法。

在上述条款中，租赁期限、租赁用途、租金及交付方式、房屋的修缮责任是《城市房地产管理法》规定的必备条款。《商品房屋租赁管理办法》规定，房地产管理部门可以会同工商行政管理部门制定房屋租赁合同示范文本，供当事人选用。

（三）房屋租赁合同的效力

1. 未备案不影响租赁合同效力

当事人未依照法律、行政法规规定办理租赁合同登记备案手续的，不影响合同的效力。

2. 房屋租赁合同无效的法律后果

房屋租赁合同无效，当事人请求参照合同约定的租金标准支付房屋占有使用费的，人民法院一般应予支持。当事人请求赔偿因合同无效受到的损失，人民法院依照《民法典》第一百五十七条和《最高人民法院关于审理城镇房屋租赁合同纠纷案件具体应用法律若干问题的解释》（2020 年修正）第七条、第十一条、第十二条的规定处理。

《民法典》第一百五十七条规定，民事法律行为无效、被撤销或者确定不发生效力后，行为人因该行为取得的财产，应当予以返还；不能返还或者没有必要返还的，应当折价补偿。有过错的一方应当赔偿对方由此所受到的损失；各方都有过错的，应当各自承担相应的责任。法律另有规定的，依照其规定。

《最高人民法院关于审理城镇房屋租赁合同纠纷案件具体应用法律若干问题的解释》第七条规定，承租人经出租人同意装饰装修，租赁合同无效时，未形成附合的装饰装修物，出租人同意利用的，可折价归出租人所有；不同意利用的，可由承租人拆除。因拆除造成房屋毁损的，承租人应当恢复原状。已形成附合的装饰装修物，出租人同意利用的，可折价归出租人所有；不同意利用的，由双方各自按照导致合同无效的过错分担现值损失。第十一条规定，承租人未经出租人同意装饰装修或者扩建发生的费用，由承租人负担。出租人请求承租人恢复原状或者赔偿损失的，人民法院应予支持。第十二条规定，承租人经出租人同意扩建，但双方对扩建费用的处理没有约定的，人民法院按照下列情形分别处理：①办理合法建设手续的，扩建造价费用由出租人负担；②未办理合法建设手续的，扩建造价费用由双方按照过错分担。

3. 一房多租

依据《最高人民法院关于审理城镇房屋租赁合同纠纷案件具体应用法律若干问题的解释》第五条，出租人就同一房屋订立数份租赁合同，在合同均有效的情况下，承租人均主张履行合同的，人民法院按照下列顺序确定履行合同的承租人：

（1）已经合法占有租赁房屋的；

（2）已经办理登记备案手续的；

（3）合同成立在先的。

不能取得租赁房屋的承租人请求解除合同、赔偿损失的，依照《民法典》

的有关规定处理。

三、商品房屋租赁登记备案

《商品房屋租赁管理办法》第十四条规定：“房屋租赁合同订立后三十日内，房屋租赁当事人应当到租赁房屋所在地直辖市、市、县人民政府建设（房地产）主管部门办理房屋租赁登记备案。”

（一）房屋租赁登记备案材料

商品房屋租赁当事人办理房屋租赁登记备案，应当提交下列材料：

（1）房屋租赁合同；

（2）房屋租赁当事人身份证明；

（3）房屋所有权证书或者其他合法权属证明；

（4）直辖市、市、县人民政府建设（房地产）主管部门规定的其他材料。

商品房屋租赁当事人提交的材料应当真实、合法、有效，不得隐瞒真实情况或者提供虚假材料。房屋租赁当事人可以书面委托他人办理房屋租赁登记备案。

（二）房屋租赁登记备案办理

对商品房屋租赁当事人提交的材料齐全并且符合法定形式、出租人与房屋所有权证书或者其他合法权属证明记载的主体一致、不属于《商品房屋租赁管理办法》规定不得出租的房屋的，直辖市、市、县人民政府建设（房地产）主管部门应当在3个工作日内办理房屋租赁登记备案，向租赁当事人开具房屋租赁登记备案证明。

申请人提交的申请材料不齐全或者不符合法定形式的，直辖市、市、县人民政府建设（房地产）主管部门应当告知房屋租赁当事人需要补正的内容。

（三）房屋租赁登记备案证明

商品房屋租赁登记备案证明载明内容包括：出租人姓名（名称），承租人姓名（名称），有效身份证件种类和号码，出租房屋的坐落、租赁用途、租金数额、租赁期限等。房屋租赁登记备案证明遗失的，应当向原登记备案的部门补领。商品房屋租赁登记备案内容发生变化、续租或者租赁终止的，当事人应当在30日内，到原租赁登记备案的部门办理房屋租赁登记备案的变更、延续或者注销手续。

（四）房屋租赁登记备案系统

按照《商品房屋租赁管理办法》要求，直辖市、市、县房地产主管部门应当建立房屋租赁登记备案信息系统，逐步实行房屋租赁合同网上登记备案，并纳入房地产市场信息系统。房屋租赁登记备案记载的信息内容应当包括：出租人的姓名（名称）、住所，承租人的姓名（名称）、身份证件种类和号码，出租房屋的坐落、租赁用途、租金数额、租赁期限等。

四、商品房屋转租

商品房屋转租，是指房屋承租人将承租的商品房屋再出租的行为。

（一）房屋转租的条件

《民法典》规定，承租人经出租人同意，可以将租赁物转租给第三人。房屋转租，应当订立转租合同。转租合同除符合房屋租赁合同的有关部门规定外，还必须具备出租人同意转租证明。转租合同也必须按照《城市房地产管理法》《商品房屋租赁管理办法》的规定办理登记备案手续。

（二）房屋转租的相关规定

承租人转租的，承租人与出租人之间的租赁合同继续有效；第三人造成租赁物损失的，承租人应当赔偿损失。承租人未经出租人同意转租的，出租人可以解除合同。承租人经出租人同意将租赁物转租给第三人，转租期限超过承租人剩余租赁期限的，超过部分的约定对出租人不具有法律约束力，但是出租人与承租人另有约定的除外。出租人知道或者应当知道承租人转租，但是在6个月内未提出异议的，视为出租人同意转租。承租人拖欠租金的，次承租人可以代承租人支付其欠付的租金和违约金，但是转租合同对出租人不具有法律约束力的除外。次承租人代为支付的租金和违约金，可以充抵次承租人应当向承租人支付的租金；超出其应付的租金数额的，可以向承租人追偿。

房屋租赁合同无效、履行期限届满或者解除，出租人请求负有腾房义务的次承租人支付逾期腾房占有使用费的，人民法院应予支持。

（三）轻资产住房租赁企业监管

按照《住房城乡建设部等部门关于加强轻资产住房租赁企业监管的意见》

（建房规〔2021〕2 号），从事住房租赁经营的企业，以及转租住房 10 套（间）以上的自然人，应当依法办理市场主体登记，取得营业执照，其名称和经营范围均应当包含“住房租赁”相关字样。住房租赁企业跨区域经营的，应当在开展经营活动的城市设立独立核算法人实体。住房租赁企业应当具有专门经营场所，开展经营前，通过住房租赁管理服务平台向所在城市住房城乡建设主管部门推送开业信息，由所在城市住房城乡建设主管部门通过住房租赁管理服务平台向社会公示。

住房租赁企业应当在商业银行设立 1 个住房租赁资金监管账户，向所在城市住房城乡建设部门备案，并通过住房租赁管理服务平台向社会公示。住房租赁企业发布房源信息时，应当同时发布住房租赁资金监管账户信息。

住房租赁企业单次收取租金的周期原则上不超过 3 个月；除市场变动导致的正常经营行为外，支付房屋权利人的租金原则上不高于收取承租人的租金。住房租赁企业单次收取租金超过 3 个月的，或单次收取押金超过 1 个月的，应当将收取的租金、押金纳入监管账户，并通过监管账户向房屋权利人支付租金、向承租人退还押金。

五、房屋租赁的相关规定

（一）买卖不破租赁

《民法典》第七百二十五条规定：租赁物在承租人按照租赁合同占有期限内发生所有权变动的，不影响租赁合同的效力。《商品房屋租赁管理办法》第十二条规定：房屋租赁期间内，因赠与、析产、继承或者买卖转让房屋的，原房屋租赁合同继续有效。

《最高人民法院关于审理城镇房屋租赁合同纠纷案件具体应用法律若干问题的解释》规定：租赁房屋在承租人按照租赁合同占有期限内发生所有权变动，承租人请求房屋受让人继续履行原租赁合同的，人民法院应予支持。但租赁房屋具有下列情形或者当事人另有约定的除外。

（1）房屋在出租前已设立抵押权，因抵押权人实现抵押权发生所有权变动的。

（2）房屋在出租前已被人民法院依法查封的。出租人与抵押权人协议折价、变卖租赁房屋偿还债务，应当在合理期限内通知承租人。承租人请求以同等条件优先购买房屋的，人民法院应予支持。

（二）承租人的优先购买权

《民法典》第七百二十六条规定：出租人出卖租赁房屋的，应当在出卖之前的合理期限内通知承租人，承租人享有以同等条件优先购买的权利；但是，房屋按份共有人行使优先购买权或者出租人将房屋出卖给近亲属的除外。出租人履行通知义务后，承租人在15日内未明确表示购买的，视为承租人放弃优先购买权。第七百二十七条规定：出租人委托拍卖人拍卖租赁房屋的，应当在拍卖5日前通知承租人。承租人未参加拍卖的，视为放弃优先购买权。第七百二十八条规定：出租人未通知承租人或者有其他妨害承租人行使优先购买权情形的，承租人可以请求出租人承担赔偿责任。但是，出租人与第三人订立的房屋买卖合同的效力不受影响。

（三）承租人的优先承租权

《民法典》第七百三十四条规定：租赁期限届满，承租人继续使用租赁物，出租人没有提出异议的，原租赁合同继续有效，但是租赁期限为不定期。租赁期限届满，房屋承租人享有以同等条件优先承租的权利。

（四）租赁继承

《民法典》第七百三十二条规定：承租人在房屋租赁期限内死亡的，与其生前共同居住的人或者共同经营人可以按照原租赁合同租赁该房屋。

（五）租赁合同的单方解除权

1. 承租人的单方解除权

根据《民法典》，有下列情形之一，非因承租人原因致使租赁物无法使用的，承租人可以解除合同：

（1）租赁物被司法机关或者行政机关依法查封、扣押；

（2）租赁物权属有争议；

（3）租赁物具有违反法律、行政法规关于使用条件的强制性规定情形。

此外，承租人可以解除合同的情形还有：

（1）因不可归责于承租人的事由，致使租赁物部分或者全部毁损、灭失的，承租人可以请求减少租金或者不支付租金；因租赁物部分或者全部毁损、灭失，致使不能实现合同目的的，承租人可以解除合同。

（2）租赁物危及承租人的安全或者健康的，即使承租人订立合同时明知该租赁物质量不合格，承租人仍然可以随时解除合同。

2. 出租人的单方解除权

（1）承租人未按照约定的方法或者未根据租赁物的性质使用租赁物，致使租赁物受到损失的，出租人可以解除合同并请求赔偿损失。

（2）承租人无正当理由未支付或者迟延支付租金的，出租人可以请求承租人在合理期限内支付；承租人逾期不支付的，出租人可以解除合同。《民法典》第七百二十一条规定：承租人应当按照约定的期限支付租金。对支付租金的期限没有约定或者约定不明确，依据本法第五百一十条的规定仍不能确定，租赁期限不满 1 年的，应当在租赁期限届满时支付；租赁期限 1 年以上的，应当在每届满 1 年时支付，剩余期限不满 1 年的，应当在租赁期限届满时支付。

（3）承租人未经出租人同意转租的，出租人可以解除合同。

3. 双方的单方解除权

《民法典》第五百一十条规定：合同生效后，当事人就质量、价款或者报酬、履行地点等内容没有约定或者约定不明确的，可以协议补充；不能达成补充协议的，按照合同相关条款或者交易习惯确定。第七百三十条规定：当事人对租赁期限没有约定或者约定不明确，依据本法第五百一十条的规定仍不能确定的，视为不定期租赁；当事人可以随时解除合同，但是应当在合理期限之前通知对方。

（六）出租人的权利瑕疵担保责任

《民法典》第七百二十三条规定：因第三人主张权利，致使承租人不能对租赁物使用、收益的，承租人可以请求减少租金或者不支付租金。第三人主张权利的，承租人应当及时通知出租人。

（七）承租人对租赁房屋的装饰装修

依据《民法典》，承租人应当妥善保管租赁物，因保管不善造成租赁物毁损、灭失的，应当承担赔偿责任。承租人经出租人同意，可以对租赁物进行改善或者增设他物。承租人未经出租人同意，对租赁物进行改善或者增设他物的，出租人可以请求承租人恢复原状或者赔偿损失。

《最高人民法院关于审理城镇房屋租赁合同纠纷案件具体应用法律若干问题的解释》对此进行了具体规定。

1. 经出租人同意时

承租人经出租人同意装饰装修，租赁期限届满或者合同解除时，除当事人另有约定外，未形成附合的装饰装修物，可由承租人拆除。因拆除造成房屋毁损的，承租人应当恢复原状。

承租人经出租人同意装饰装修，合同解除时，双方对已形成附合的装饰装修物的处理没有约定的，人民法院按照下列情形分别处理。

（1）因出租人违约导致合同解除，承租人请求出租人赔偿剩余租赁期内装饰装修残值损失的，应予支持。

（2）因承租人违约导致合同解除，承租人请求出租人赔偿剩余租赁期内装饰装修残值损失的，不予支持，但出租人同意利用的，应在利用价值范围内予以适当补偿。

（3）因双方违约导致合同解除，剩余租赁期内的装饰装修残值损失，由双方根据各自的过错承担相应的责任。

（4）因不可归责于双方的事由导致合同解除的，剩余租赁期内的装饰装修残值损失，由双方按照公平原则分担。法律另有规定的，适用其规定。

承租人经出租人同意装饰装修，租赁期间届满时，承租人请求出租人补偿附合装饰装修费用的，不予支持。但当事人另有约定的除外。

承租人经出租人同意扩建，但双方对扩建费用的处理没有约定的，人民法院按照下列情形分别处理：

（1）办理合法建设手续的，扩建造价费用由出租人负担；

（2）未办理合法建设手续的，扩建造价费用由双方按照过错分担。

2. 未经出租人同意时

承租人擅自变动房屋建筑主体和承重结构或者扩建，在出租人要求的合理期限内仍不予恢复原状，出租人请求解除合同并要求赔偿损失的，人民法院依照《民法典》第七百一十一条的规定处理。《民法典》第七百一十一条规定：承租人未按照约定的方法或者未根据租赁物的性质使用租赁物，致使租赁物受到损失的，出租人可以解除合同并请求赔偿损失。

承租人未经出租人同意装饰装修或者扩建发生的费用，由承租人负担。出租人请求承租人恢复原状或者赔偿损失的，人民法院应予支持。

六、住房租赁市场管理有关政策规定

《国务院办公厅关于加快培育和发展住房租赁市场的若干意见》（国办发〔2016〕39号）指出，实行购租并举，培育和发展住房租赁市场，是深化住房制度改革的重要内容，是实现城镇居民住有所居目标的重要途径。要以建立购租并举的住房制度为主要方向，健全以市场配置为主、政府提供基本保障的住房租赁体系，支持住房租赁消费，促进住房租赁市场健康发展。

该意见从6个方面提出了培育和发展住房租赁市场的具体政策措施。

1. 培育市场供应主体

发展住房租赁企业，提高住房租赁企业规模化、集约化、专业化水平。鼓励房地产开发企业开展住房租赁业务，规范住房租赁中介机构，支持和规范个人出租住房。

2. 鼓励住房租赁消费

完善住房租赁支持政策，保障承租人依法享受基本公共服务，引导城镇居民通过租房解决居住问题。落实提取住房公积金支付房租政策。明确各方权利义务，保护承租人和出租人合法权益。

3. 完善公共租赁住房

推进公共租赁住房货币化，提高公共租赁住房运营保障能力。在城镇稳定就业的外来务工人员、新就业大学生和青年医生、青年教师等专业技术人员，凡符合条件的应纳入公共租赁住房保障范围。鼓励地方政府采取购买服务或政府和社会资本合作（PPP）模式，将现有政府投资和管理的公共租赁住房交由专业化、社会化企业运营管理。

4. 支持租赁住房建设

各地应结合住房供需状况等因素，将新建租赁住房纳入住房发展规划。允许将商业用房等按规定改建为租赁住房，允许将现有住房按照国家和地方的住宅设计规范改造后出租。

5. 加大政策支持力度

对依法登记备案的住房租赁企业、机构和个人，给予税收优惠政策支持。支持符合条件的住房租赁企业发行债券、不动产证券化产品。稳步推进房地产投资信托基金（REITs）试点。鼓励地方政府盘活城区存量土地，采用多种方式增加租赁住房用地有效供应。

6. 加强住房租赁监管

完善住房租赁法律法规。城市人民政府对本行政区域内的住房租赁市场管理负总责，要建立多部门联合监管体制，明确职责分工，充分发挥街道、乡镇等基层组织作用。加快建设住房租赁信息服务与监管平台，推进部门间信息共享。各有关部门要按照职责分工，加强行业管理。

第五节　房地产抵押管理

一、房地产抵押的概念

《民法典》规定，为担保债务的履行，债务人或者第三人不转移财产的占有，将该财产抵押给债权人的，债务人不履行到期债务或者发生当事人约定的实现抵押权的情形，债权人有权就该财产优先受偿。前款规定的债务人或者第三人为抵押人，债权人为抵押权人，提供担保的财产为抵押财产。

《城市房地产抵押管理办法》规定，房地产抵押是指抵押人以其合法的房地产以不转移占有的方式向抵押权人提供债务履行担保的行为。债务人不履行债务时，债权人有权依法以抵押的房地产拍卖所得的价款优先受偿。抵押人，是指将依法取得的房地产提供给抵押权人，作为本人或者第三人履行债务担保的公民、法人或者其他组织。抵押权人，是指接受房地产抵押作为债务人履行债务担保的公民、法人或者其他组织。

预购商品房贷款抵押，是指购房人在支付首期规定的房价款后，由贷款银行代其支付其余的购房款，将所购商品房抵押给贷款银行作为偿还贷款履行担保的行为。在建工程抵押，是指抵押人为取得在建工程继续建造资金的贷款，以其合法方式取得的土地使用权连同在建工程的投入资产，以不转移占有的方式抵押给贷款银行作为偿还贷款履行担保的行为。

二、房地产抵押的条件

（一）可以抵押的财产

《民法典》规定，债务人或者第三人有权处分的下列财产可以抵押：

（1）建筑物和其他土地附着物；

（2）建设用地使用权；

（3）海域使用权；

（4）生产设备、原材料、半成品、产品；

（5）正在建造的建筑物、船舶、航空器；

（6）交通运输工具；

（7）法律、行政法规未禁止抵押的其他财产。

抵押人可以将前款所列财产一并抵押。

企业、个体工商户、农业生产经营者可以将现有的以及将有的生产设备、原材料、半成品、产品抵押，债务人不履行到期债务或者发生当事人约定的实现抵押权的情形，债权人有权就抵押财产确定时的动产优先受偿。以建筑物抵押的，该建筑物占用范围内的建设用地使用权一并抵押。以建设用地使用权抵押的，该土地上的建筑物一并抵押。抵押人未依据前款规定一并抵押的，未抵押的财产视为一并抵押。乡镇、村企业的建设用地使用权不得单独抵押。以乡镇、村企业的厂房等建筑物抵押的，其占用范围内的建设用地使用权一并抵押。

（二）不得抵押的财产

《民法典》规定，下列财产不得抵押：

（1）土地所有权；

（2）宅基地、自留地、自留山等集体所有土地的使用权，但是法律规定可以抵押的除外；

（3）学校、幼儿园、医疗机构等为公益目的成立的非营利法人的教育设施、医疗卫生设施和其他公益设施；

（4）所有权、使用权不明或者有争议的财产；

（5）依法被查封、扣押、监管的财产；

（6）法律、行政法规规定不得抵押的其他财产。

三、房地产抵押合同

（一）合同的内容

《民法典》规定，设立抵押权，当事人应当采用书面形式订立抵押合同。抵押合同一般包括下列条款：

（1）被担保债权的种类和数额；

（2）债务人履行债务的期限；

（3）抵押财产的名称、数量等情况；

（4）担保的范围。

抵押权人在债务履行期限届满前，与抵押人约定债务人不履行到期债务时抵押财产归债权人所有的，只能依法就抵押财产优先受偿。

《城市房地产抵押管理办法》规定，房地产抵押合同一般应载明下列内容：

（1）抵押人、抵押权人的名称或者个人姓名、住所；

（2）被担保债权种类、数额；

（3）抵押房地产的处所、名称、状况、建筑面积、用地面积以及四至、所有权归属或者使用权归属等；

（4）抵押房地产的价值；

（5）抵押房地产的占用管理人、占用管理方式、占用管理责任以及意外损毁、灭失的责任；

（6）债务人履行债务的期限；

（7）担保的范围；

（8）违约责任；

（9）争议解决的方式；

（10）抵押合同订立的时间与地点；

（11）双方约定的其他事项。

（二）合同的效力

1. 抵押合同效力认定的几种情形

《最高人民法院关于适用〈中华人民共和国民法典〉有关担保制度的解释》有如下规定。

（1）以违法的建筑物抵押的，抵押合同无效，但是一审法庭辩论终结前已经办理合法手续的除外。

（2）当事人以建设用地使用权依法设立抵押，抵押人以土地上存在违法的建筑物为由主张抵押合同无效的，人民法院不予支持。

（3）抵押人以划拨建设用地上的建筑物抵押，当事人以该建设用地使用权不能抵押或者未办理批准手续为由主张抵押合同无效或者不生效的，人民法院不予支持。抵押权依法实现时，拍卖、变卖建筑物所得的价款，应当优先用于补缴建设用地使用权出让金。

（4）当事人以划拨方式取得的建设用地使用权抵押，抵押人以未办理批准手续为由主张抵押合同无效或者不生效的，人民法院不予支持。已经依法办理抵押登记，抵押权人主张行使抵押权的，人民法院应予支持。抵押权依法实现时所得的价款，应当优先用于补缴建设用地使用权出让金。

（5）当事人以依法被查封或者扣押的财产抵押，抵押权人请求行使抵押权，经审查查封或者扣押措施已经解除的，人民法院应予支持。抵押人以抵押权设立时财产被查封或者扣押为由主张抵押合同无效的，人民法院不予支持。以依法被监管的财产抵押的，适用该规定。

（6）以公益为目的的非营利性学校、幼儿园、医疗机构、养老机构等，以教育设施、医疗卫生设施、养老服务设施和其他公益设施以外的不动产、动产或者财产权利设立担保物权，人民法院应当认定抵押合同有效。

2. 抵押合同无效的法律后果

抵押合同是主债权债务合同的从合同，主合同无效的，抵押合同无效，但法律另有规定的除外。当事人在担保合同中约定担保合同的效力独立于主合同，或者约定担保人对主合同无效的法律后果承担担保责任，该有关担保独立性的约定无效。主合同有效的，有关担保独立性的约定无效不影响担保合同的效力；主合同无效的，人民法院应当认定担保合同无效，但是法律另有规定的除外。

主合同有效而第三人提供的担保合同无效，人民法院应当区分不同情形确定担保人的赔偿责任：

（1）债权人与担保人均有过错的，担保人承担的赔偿责任不应超过债务人不能清偿部分的 1/2；

（2）担保人有过错而债权人无过错的，担保人对债务人不能清偿的部分承担赔偿责任；

（3）债权人有过错而担保人无过错的，担保人不承担赔偿责任。

主合同无效导致第三人提供的担保合同无效，担保人无过错的，不承担赔偿责任；担保人有过错的，其承担的赔偿责任不应超过债务人不能清偿部分的 1/3。

四、房地产抵押权的设立及其相关规定

（一）抵押权的设立

1. 抵押登记

《民法典》规定，将建筑物和其他土地附着物、建设用地使用、海域使用

权和正在建造的建筑物抵押的，应当办理抵押登记。抵押权自登记时设立。因此，房地产抵押权自登记时设立。

不动产登记簿就抵押财产、被担保的债权范围等所作的记载与抵押合同约定不一致的，人民法院应当根据登记簿的记载确定抵押财产、被担保的债权范围等事项。当事人申请办理抵押登记手续时，因登记机构的过错致使其不能办理抵押登记，当事人请求登记机构承担赔偿责任的，人民法院依法予以支持。不动产抵押合同生效后未办理抵押登记手续，债权人请求抵押人办理抵押登记手续的，人民法院应予支持。

抵押财产因不可归责于抵押人自身的原因灭失或者被征收等导致不能办理抵押登记，债权人请求抵押人在约定的担保范围内承担责任的，人民法院不予支持；但是抵押人已经获得保险金、赔偿金或者补偿金等，债权人请求抵押人在其所获金额范围内承担赔偿责任的，人民法院依法予以支持。因抵押人转让抵押财产或者其他可归责于抵押人自身的原因导致不能办理抵押登记，债权人请求抵押人在约定的担保范围内承担责任的，人民法院依法予以支持，但是不得超过抵押权能够设立时抵押人应当承担的责任范围。

2. 无权处分财产的抵押

当事人以所有权、使用权不明或者有争议的财产抵押，经审查构成无权处分的，人民法院应当依照《民法典》第三百一十一条的规定处理。

《民法典》第三百一十一条规定：无处分权人将不动产或者动产转让给受让人的，所有权人有权追回；除法律另有规定外，符合下列情形的，受让人取得该不动产或者动产的所有权：

（1）受让人受让该不动产或者动产时是善意的；

（2）以合理的价格转让；

（3）转让的不动产或者动产依照法律规定应当登记的已经登记，不需要登记的已经交付给受让人。

受让人依据前款规定取得不动产或者动产的所有权的，原所有权人有权向无处分权人请求损害赔偿。

当事人善意取得其他物权的，参照适用前两款规定。

3. 在建工程抵押

当事人仅以建设用地使用权抵押，债权人主张抵押权的效力及于土地上已有的建筑物以及正在建造的建筑物已完成部分的，人民法院应予支持。债权人主张抵押权的效力及于正在建造的建筑物的续建部分以及新增建筑物的，人民法院不予支持。当事人以正在建造的建筑物抵押，抵押权的效力范围限于已办理抵押登记的部分。当事人按照担保合同的约定，主张抵押权的效力及于续建部分、新增建筑物以及规划中尚未建造的建筑物的，人民法院不予支持。抵押人将建设用地使用权、土地上的建筑物或者正在建造的建筑物分别抵押给不同债权人的，人民法院应当根据抵押登记的时间先后确定清偿顺序。

4. 抵押预告登记的效力

当事人办理抵押预告登记后，预告登记权利人请求就抵押财产优先受偿，经审查存在尚未办理建筑物所有权首次登记、预告登记的财产与办理建筑物所有权首次登记时的财产不一致、抵押预告登记已经失效等情形，导致不具备办理抵押登记条件的，人民法院不予支持；经审查已经办理建筑物所有权首次登记，且不存在预告登记失效等情形的，人民法院应予支持，并应当认定抵押权自预告登记之日起设立。

当事人办理了抵押预告登记，抵押人破产，经审查抵押财产属于破产财产，预告登记权利人主张就抵押财产优先受偿的，人民法院应当在受理破产申请时在抵押财产的价值范围内予以支持，但是在人民法院受理破产申请前1年内，债务人对没有财产担保的债务设立抵押预告登记的除外。

5. 物上代位性

担保期间，担保财产毁损、灭失或者被征收等，担保物权人可以就获得的保险金、赔偿金或者补偿金等优先受偿。被担保债权的履行期限未届满的，也可以提存该保险金、赔偿金或者补偿金等。抵押权依法设立后，抵押财产毁损、灭失或者被征收等，抵押权人请求按照原抵押权的顺位就保险金、赔偿金或者补偿金等优先受偿的，人民法院应予支持。给付义务人已经向抵押人给付了保险金、赔偿金或者补偿金，抵押权人请求给付义务人向其给付保险金、赔偿金或者补偿金的，人民法院不予支持，但是给付义务人接到抵押权人要求向其给付的通知后仍然向抵押人给付的除外。

（二）抵押房地产的转让

抵押期间，抵押人可以转让抵押财产。当事人另有约定的，按照其约定。抵押财产转让的，抵押权不受影响。抵押人转让抵押财产的，应当及时通知抵押权人。抵押权人能够证明抵押财产转让可能损害抵押权的，可以请求抵押人将转让所得的价款向抵押权人提前清偿债务或者提存。转让的价款超过债权数额的部分归抵押人所有，不足部分由债务人清偿。抵押权设立前，抵押财产已经出租并转移占有的，原租赁关系不受该抵押权的影响。

当事人约定禁止或者限制转让抵押财产但是未将约定登记，抵押人违反约定转让抵押财产，抵押权人请求确认转让合同无效的，人民法院不予支持；抵押财产已经交付或者登记，抵押权人请求确认转让不发生物权效力的，人民法院不予支持，但是抵押权人有证据证明受让人知道的除外；抵押权人请求抵押人承担违约责任的，人民法院依法予以支持。

当事人约定禁止或者限制转让抵押财产且已经将约定登记，抵押人违反约定转让抵押财产，抵押权人请求确认转让合同无效的，人民法院不予支持；抵押财产已经交付或者登记，抵押权人主张转让不发生物权效力的，人民法院应予支持，但是因受让人代替债务人清偿债务导致抵押权消灭的除外。

（三）抵押权的变化

抵押权不得与债权分离而单独转让或者作为其他债权的担保。债权转让的，担保该债权的抵押权一并转让，但是法律另有规定或者当事人另有约定的除外。

抵押人的行为足以使抵押财产价值减少的，抵押权人有权请求抵押人停止其行为；抵押财产价值减少的，抵押权人有权请求恢复抵押财产的价值，或者提供与减少的价值相应的担保。抵押人不恢复抵押财产的价值，也不提供担保的，抵押权人有权请求债务人提前清偿债务。

抵押权人可以放弃抵押权或者抵押权的顺位。抵押权人与抵押人可以协议变更抵押权顺位以及被担保的债权数额等内容。但是，抵押权的变更未经其他抵押权人书面同意的，不得对其他抵押权人产生不利影响。债务人以自己的财产设定抵押，抵押权人放弃该抵押权、抵押权顺位或者变更抵押权的，其他担保人在抵押权人丧失优先受偿权益的范围内免除担保责任，但是其他担保人承诺仍然提供担保的除外。

主合同当事人协议以新贷偿还旧贷，债权人请求旧贷的担保人承担担保责任的，人民法院不予支持；债权人请求新贷的担保人承担担保责任的，按照下列情形处理：

（1）新贷与旧贷的担保人相同的，人民法院应予支持；

（2）新贷与旧贷的担保人不同，或者旧贷无担保、新贷有担保的，人民法院不予支持，但是债权人有证据证明新贷的担保人提供担保时对以新贷偿还旧贷的事实知道或者应当知道的除外。主合同当事人协议以新贷偿还旧贷，旧贷的物的担保人在登记尚未注销的情形下同意继续为新贷提供担保，在订立新的贷款合同前又以该担保财产为其他债权人设立担保物权，其他债权人主张其担保物权顺位优先于新贷债权人的，人民法院不予支持。

有下列情形之一的，担保物权消灭：

（1）主债权消灭；

（2）担保物权实现；

（3）债权人放弃担保物权；

（4）法律规定担保物权消灭的其他情形。

（四）最高额抵押权

为担保债务的履行，债务人或者第三人对一定期间内将要连续发生的债权提供担保财产的，债务人不履行到期债务或者发生当事人约定的实现抵押权的情形，抵押权人有权在最高债权额限度内就该担保财产优先受偿。最高额抵押权设立前已经存在的债权，经当事人同意，可以转入最高额抵押担保的债权范围。最高额抵押担保的债权确定前，部分债权转让的，最高额抵押权不得转让，但是当事人另有约定的除外。最高额抵押担保的债权确定前，抵押权人与抵押人可以通过协议变更债权确定的期间、债权范围以及最高债权额。但是，变更的内容不得对其他抵押权人产生不利影响。

最高额担保中的最高债权额，是指包括主债权及其利息、违约金、损害赔偿金、保管担保财产的费用、实现债权或者实现担保物权的费用等在内的全部债权，但是当事人另有约定的除外。登记的最高债权额与当事人约定的最高债权额不一致的，人民法院应当依据登记的最高债权额确定债权人优先受偿的范围。

有下列情形之一的，抵押权人的债权确定：

（1）约定的债权确定期间届满；

（2）没有约定债权确定期间或者约定不明确，抵押权人或者抵押人自最高额抵押权设立之日起满两年后请求确定债权；

（3）新的债权不可能发生；

（4）抵押权人知道或者应当知道抵押财产被查封、扣押；

（5）债务人、抵押人被宣告破产或者解散；

（6）法律规定债权确定的其他情形。

五、房地产抵押权的实现

（一）担保范围

担保物权的担保范围包括主债权及其利息、违约金、损害赔偿金、保管担保财产和实现担保物权的费用。当事人另有约定的，按照其约定。

（二）房地产抵押权的实现方式

债务人不履行到期债务或者发生当事人约定的实现抵押权的情形，抵押权人可以与抵押人协议以抵押财产折价或者以拍卖、变卖该抵押财产所得的价款优先受偿。协议损害其他债权人利益的，其他债权人可以请求人民法院撤销该协议。抵押权人与抵押人未就抵押权实现方式达成协议的，抵押权人可以请求人民法院拍卖、变卖抵押财产。抵押财产折价或者变卖的，应当参照市场价格。抵押财产折价或者拍卖、变卖后，其价款超过债权数额的部分归抵押人所有，不足部分由债务人清偿。

（三）抵押权的顺位

同一财产向 2 个以上债权人抵押的，拍卖、变卖抵押财产所得的价款依照下列规定清偿：

（1）抵押权已经登记的，按照登记的时间先后确定清偿顺序；

（2）抵押权已经登记的先于未登记的受偿；

（3）抵押权未登记的，按照债权比例清偿。

（四）抵押财产被扣押

债务人不履行到期债务或者发生当事人约定的实现抵押权的情形，致使抵押财产被人民法院依法扣押的，自扣押之日起，抵押权人有权收取该抵押财产的天然孳息或者法定孳息，但是抵押权人未通知应当清偿法定孳息义务人的除外。前款规定的孳息应当先充抵收取孳息的费用。

（五）从物与添附

从物产生于抵押权依法设立前，抵押权人主张抵押权的效力及于从物的，人民法院应予支持，但是当事人另有约定的除外。从物产生于抵押权依法设立后，抵押权人主张抵押权的效力及于从物的，人民法院不予支持，但是在抵押权实现时可以一并处分。

抵押权依法设立后，抵押财产被添附，添附物归第三人所有，抵押权人主张抵押权效力及于补偿金的，人民法院应予支持。抵押权依法设立后，抵押财产被添附，抵押人对添附物享有所有权，抵押权人主张抵押权的效力及于添附物的，人民法院应予支持，但是添附导致抵押财产价值增加的，抵押权的效力不及于增加的价值部分。抵押权依法设立后，抵押人与第三人因添附成为添附物的共有人，抵押权人主张抵押权的效力及于抵押人对共有物享有的份额的，人民法院应予支持。添附包括附合、混合与加工。

（六）新增建筑物

建设用地使用权抵押后，该土地上新增的建筑物不属于抵押财产。该建设用地使用权实现抵押权时，应当将该土地上新增的建筑物与建设用地使用权一并处分。但是，新增建筑物所得的价款，抵押权人无权优先受偿。

（七）集体土地使用权抵押

以集体所有土地的使用权依法抵押的，实现抵押权后，未经法定程序，不得改变土地所有权的性质和土地用途。

（八）抵押权行使期间

抵押权人应当在主债权诉讼时效期间行使抵押权；未行使的，人民法院不予保护。

六、房地产抵押估价的要求

房地产抵押要确定其抵押价值。根据原建设部、中国人民银行和原中国银行业监督管理委员会联合印发的《关于规范与银行信贷业务相关的房地产抵押估价管理有关问题的通知》规定，商业银行在发放房地产抵押贷款前，可以与抵押人协商确定房地产的抵押价值，也可以委托房地产估价机构评估房地产抵押价值，为其确定房地产抵押贷款额度提供参考依据。通过委托估价方式确定房地产抵押价值的，原则上由商业银行委托房地产估价机构进行评估，但商业银行与借款人另有约定的，也可以按照约定，由约定方委托房地产估价机构进行评估。房地产抵押价值为抵押房地产在估价时点假定未设立法定优先受偿权利下的市场价值减去房地产估价师知悉的法定优先受偿款。扣除的法定优先受偿款，一般是指在抵押的房地产上债权人依法拥有的优先受偿款，即假定在估价时点实现抵押权时，法律规定优先于本次抵押贷款受偿的款额，包括发包人拖欠承包人的建筑工程价款、已抵押担保的债权数额、以及其他法定优先受偿款。

在房地产抵押估价活动中，房地产估价师应当勤勉尽责，包括了解抵押房地产的法定优先受偿权利等情况；必要时对委托人提供的有关情况和资料进行核查；全面、细致地了解估价对象，对估价对象进行实地查勘，将估价对象现状与相关权属证明材料上记载的内容逐一进行对照，做好实地查勘记录，拍摄能够反映估价对象外观、内部状况和周围环境、景观的照片；处置房地产时，除评估房地产的公开市场价值外，同时给出快速变现价值的意见及其理由等。

房地产抵押估价报告要全面、详细地界定估价对象的范围和在估价时点的法定用途、实际用途以及区位、实物、权益状况；披露估价对象已设定的抵押权；分析估价对象的变现能力；披露已作为假设和限制条件，对估价结果有重大影响的因素，并说明其对估价结果可能产生的影响；将法定优先受偿权利等情况的书面查询资料和调查记录、内外部状况照片作为估价报告的附件。对由于各种原因不能拍摄内外部状况照片的，应当在估价报告中予以披露。房地产抵押估价报告应用有效期从估价报告出具之日起计，不得超过1年。房地产估价师预计估价对象的市场价格将有较大变化的，应当缩短估价报告应用有效期。

此外，按照《关于规范与银行信贷业务相关的房地产抵押估价管理有关问题的通知》要求，商业银行要加强对已抵押房地产市场价格变化的监测。为及时掌握抵押价值变化情况，商业银行可以定期委托或者在市场价格变化较快时委托房地产估价机构评估房地产抵押价值。处置抵押房地产前，商业银行还应当委托房地产估价机构进行评估，了解房地产的市场价值。

第七章 房地产中介服务法规制度

第一节 房地产中介服务行业管理概述

一、房地产中介服务

房地产中介服务是指具有专业职业资格的人员在房地产投资、开发、销售、交易等各个环节中，为当事人提供专业服务的经营活动，是房地产咨询、房地产估价、房地产经纪等活动的总称。

房地产咨询是指为从事房地产活动的当事人提供法律、法规、政策、信息、技术等方面服务的经营活动。

房地产估价是指专业房地产估价人员根据特定的估价目的，遵循公认的估价原则，按照严谨的估价程序，运用科学的估价方法，在对影响房地产价值的因素进行综合分析的基础上，对房地产在特定时点的价值进行测算和判定的活动。

房地产经纪是指房地产经纪机构和房地产经纪人为促成他人房地产交易而向委托人提供房地产居间、代理等专业服务并收取佣金的行为。

二、房地产中介服务行业管理的内容

房地产中介服务是房地产经营活动中重要的组成部分。为规范房地产中介服务管理，保障当事人的合法权益，依照《城市房地产管理法》的有关规定，国务院住房城乡建设主管部门先后制定了《房地产估价机构管理办法》《注册房地产估价师管理办法》《房地产经纪管理办法》，以加强对房地产中介服务行业的管理。

房地产行政主管部门作为房地产中介服务的行业主管部门，主要依据

上述法律法规对房地产中介服务实施行业监督管理，使房地产中介服务行业真正成为与社会主义市场经济相适应，自主经营、自担风险、自我约束、自我发展、平等竞争的经济组织，促进中介服务机构独立、客观、公正地执业。

（一）房地产中介服务人员的资格管理

1. 房地产估价师职业资格

国家实行房地产价格评估人员资格认证制度。房地产估价师职业资格属准入类职业资格，由国务院建设主管部门会同有关部门共同负责管理。

2. 房地产经纪专业人员职业资格

国家实行房地产经纪人员职业资格制度。房地产经纪专业人员职业资格属水平评价类职业资格，分高级房地产经纪、房地产经纪人和房地产经纪人协理 3 个层级，由人力资源社会保障部、住房城乡建设部共同负责房地产经纪专业人员职业资格制度的政策制定，并按职责分工对房地产经纪专业人员职业资格制度的实施进行指导、监督和检查。中国房地产估价师学会与房地产经纪人学会具体承担房地产经纪专业人员职业资格的评价与管理工作。

（二）房地产中介服务机构管理

房地产中介服务机构包括房地产咨询机构、房地产估价机构和房地产经纪机构。对中介服务机构的管理主要采取备案、资质分级、资信评价与日常监督相结合的管理模式。从事房地产中介服务活动应设立相应的房地产中介服务机构。根据《城市房地产管理法》，设立房地产中介服务机构应当具备下列条件。

（1）有自己的名称、组织机构。

（2）有固定的服务场所。

（3）有规定数量的财产和经费。

（4）有足够数量的专业人员。从事房地产估价业务的，须有规定数量的房地产估价师；从事房地产经纪业务的，须有规定数量的房地产经纪人。

（5）法律、法规规定的其他条件。

设立房地产中介服务机构，应当向当地工商行政管理部门申请设立登记。房地产中介服务机构在领取营业执照后的 1 个月内，应当到登记机关所在地的县级以上房地产行政主管部门备案。

三、房地产中介服务收费

（一）房地产估价服务收费

房地产估价一般按照评估总额的一定比例收取服务费用。根据《国家发展改革委关于放开部分服务价格的通知》（发改价格〔2014〕2732号），自2015年1月1日起，放开房地产估价收费。放开房地产估价收费后，房地产价格评估机构遵守《中华人民共和国价格法》（以下简称《价格法》）等法律法规要求，合法经营，为委托人等提供质量合格、价格合理的服务；要严格落实明码标价制度，在经营场所醒目位置公示价目表和投诉举报电话等信息；不得利用优势地位，强制服务、强制收费，或只收费不服务、少服务多收费；不得在标价之外收取任何未予标明的费用。

（二）房地产咨询、经纪收费

《国家发展改革委 住房城乡建设部关于放开房地产咨询收费和下放房地产经纪收费管理的通知》对此有具体规定。

1. 房地产咨询服务收费实行市场调节价

自2014年7月1日起，放开房地产咨询服务收费。房地产中介服务机构接受委托，提供有关房地产政策法规、技术及相关信息等咨询的服务收费，实行市场调节价。

2. 房地产经纪服务收费实行政府指导价管理或市场调节价

下放房地产经纪服务收费定价权限，由省级人民政府价格、住房城乡建设行政主管部门管理，各地可根据当地市场发育实际情况，决定实行政府指导价管理或市场调节价。实行政府指导价管理的，要制定合理的收费标准并明确收费对应的服务内容等；实行市场调节价的，房地产经纪服务收费标准由委托和受托双方，依据服务内容、服务成本、服务质量和市场供求状况协商确定。

各房地产中介服务机构应按照《价格法》《房地产经纪管理办法》等法律法规要求，公平竞争、合法经营，诚实守信，为委托人提供价格合理、优质高效服务；严格执行明码标价制度，在其经营场所的醒目位置公示价目表，价目表应包括服务项目、服务内容及完成标准、收费标准、收费对象及支付方式等基本标价要素；一项服务包含多个项目和标准的，应当明确标示每一个项目名称和收费标准，不得混合标价、捆绑标价；代收代付的税、费也应予以标明。房地产中介服务机构不得收取任何未标明的费用。

第二节　房地产估价机构管理

房地产估价机构，是指依法设立并取得房地产估价机构资质，从事房地产估价活动的中介服务机构。为加强对房地产估价机构的管理，规范房地产估价行为，依据《城市房地产管理法》和《中华人民共和国资产评估法》（以下简称《资产评估法》）等法律，住房城乡建设部相继发布了《房地产估价机构管理办法》和一系列规范性文件。

一、房地产估价机构的组织形式

依据《资产评估法》，评估机构可以采取合伙制，也可以采取公司制。目前，房地产估价机构组织形式主要是合伙制和公司制中的有限责任制。

（一）合伙制

采取合伙制的，应当遵循《中华人民共和国合伙企业法》的一般性规定：一是有两个以上的合伙人，合伙人为自然人的，自然人应当具有完全民事行为能力；二是有书面合伙协议；三是有合伙人认缴或者实际出资；四是有合伙企业的名称和生产经营场所；五是符合法律、行政法规规定的其他条件。依据《资产评估法》第十五条第二款，合伙形式的评估机构，应当有两名以上评估师；其合伙人2/3以上应当是具有3年以上从业经历且最近3年内未受停止从业处罚的评估师。

（二）有限责任公司

采取有限责任制的，应当遵循《公司法》有限责任制公司的一般规定：一是股东符合法定人数，即50人以下；二是有符合公司章程规定的全体股东认缴的出资额；三是股东共同制定公司章程；四是有公司名称，建立符合有限责任公司要求的组织机构；五是有公司住所。采取有限公司制的，出资人以其出资额为限承担法律责任，房地产估价机构以其全部财产对其债务承担责任。

依据《资产评估法》第十五条第三、第四款规定，采取公司形式的评估机构，应当有8名以上评估师和2名以上股东，其中2/3以上股东应当是具有3年以上从业经历且最近3年内未受停止从业处罚的评估师。评估机构的合伙人或者股东为2名的，两名合伙人或者股东都应当是具有3年以上从业经历且最近3年内未受停止从业处罚的评估师。

二、房地产估价机构设立和备案

《资产评估法》规定，设立评估机构，应当向工商行政管理部门申请办理登记。评估机构应当自领取营业执照之日起30日内向有关评估行政管理部门备案。评估行政主管部门应当及时将备案情况向社会公示。设立房地产评估机构，应当符合《资产评估法》第十五条、第二十七条、第二十八条规定。对符合规定的，省级住房城乡建设（房地产）主管部门应当予以备案，核发统一格式的备案证明；符合《房地产估价机构管理办法》中相应等级标准的，在备案证明中予以标注。

《住房城乡建设部关于贯彻落实资产评估法规范房地产估价行业管理有关问题的通知》（建房〔2016〕275号）要求，自2016年12月1日起，对房地产估价机构实行备案管理制度，不再实行资质核准制度。

三、房地产估价机构等级

房地产估价机构等级分为一、二、三级。新设立房地产估价机构等级核定为三级，设1年的暂定期。

（一）一级房地产估价机构标准

（1）机构名称有“房地产估价”或者“房地产评估”字样；

（2）从事房地产估价活动连续6年以上，且取得二级房地产估价机构资质3年以上；

（3）有15名以上专职注册房地产估价师；

（4）在申请核定等级之日前3年平均每年完成估价标的物建筑面积50万平方米以上或者土地面积25万平方米以上；

（5）法定代表人或者执行合伙人是注册后从事房地产估价工作3年以上的专职注册房地产估价师；

（6）有限责任公司的股东中有3名以上、合伙企业的合伙人中有2名以上专职注册房地产估价师，股东或者合伙人中有一半以上是注册后从事房地产估价工作 3 年以上的专职注册房地产估价师；

（7）有限责任公司的股份或者合伙企业的出资额中专职注册房地产估价师的股份或者出资额合计不低于 60%；

（8）有固定的经营服务场所；

（9）估价质量管理、估价档案管理、财务管理等各项企业内部管理制度健全；

（10）随机抽查的 1 份房地产估价报告符合《房地产估价规范》的要求；

（11）在申请核定等级之日前 3 年内无《房地产估价机构管理办法》第三十三条禁止的行为。

（二）二级房地产估价机构标准

（1）机构名称有“房地产估价”或者“房地产评估”字样；

（2）取得三级房地产估价机构资质后从事房地产估价活动连续 4 年以上；

（3）有 8 名以上专职注册房地产估价师；

（4）在申请核定等级之日前 3 年平均每年完成估价标的物建筑面积 30 万平方米以上或者土地面积 15 万平方米以上；

（5）法定代表人或者执行合伙人是注册后从事房地产估价工作 3 年以上的专职注册房地产估价师；

（6）有限责任公司的股东中有 3 名以上、合伙企业的合伙人中有 2 名以上专职注册房地产估价师，股东或者合伙人中有一半以上是注册后从事房地产估价工作 3 年以上的专职注册房地产估价师；

（7）有限责任公司的股份或者合伙企业的出资额中专职注册房地产估价师的股份或者出资额合计不低于 60%；

（8）有固定的经营服务场所；

（9）估价质量管理、估价档案管理、财务管理等各项企业内部管理制度健全；

（10）随机抽查的 1 份房地产估价报告符合《房地产估价规范》的要求；

（11）在申请核定等级之日前 3 年内无《房地产估价机构管理办法》第三十三条禁止的行为。

（三）三级房地产估价机构标准

（1）机构名称有“房地产估价”或者“房地产评估”字样；

（2）有3名以上专职注册房地产估价师；

（3）在暂定期内完成估价标的物建筑面积8万平方米以上或者土地面积3万平方米以上；

（4）法定代表人或者执行合伙人是注册后从事房地产估价工作3年以上的专职注册房地产估价师；

（5）有限责任公司的股东中有2名以上、合伙企业的合伙人中有2名以上专职注册房地产估价师，股东或者合伙人中有一半以上是注册后从事房地产估价工作3年以上的专职注册房地产估价师；

（6）有限责任公司的股份或者合伙企业的出资额中专职注册房地产估价师的股份或者出资额合计不低于60%；

（7）有固定的经营服务场所；

（8）估价质量管理、估价档案管理、财务管理等各项企业内部管理制度健全；

（9）随机抽查的1份房地产估价报告符合《房地产估价规范》的要求；

（10）在申请核定等级之日前3年内无《房地产估价机构管理办法》第三十三条禁止的行为。

四、房地产估价机构监管

《资产评估法》规定，自然人、法人或者非法人组织需要确定评估对象价值的，可以自愿委托评估机构评估。涉及国有资产或者公共利益等事项，法律、行政法规规定需要评估（法定评估）的，应当依法委托评估机构评估。

（一）房地产估价机构业务范围

房地产估价机构依法在其等级许可范围内从事房地产估价活动，不受行政区域、行业限制。房地产估价活动，包括土地、建筑物、构筑物、在建工程、以房地产为主的企业整体资产、企业整体资产中的房地产等各类房地产评估，以及因转让、抵押、房屋征收补偿、司法鉴定、课税、公司上市、企业改制、企业清算、资产重组、资产处置等需要进行的房地产评估。

房地产估价机构不得超越资质等级业务范围承接房地产估价业务：

（1）一级房地产估价机构可以从事各类房地产估价业务；

（2）二级房地产估价机构可以从事除公司上市、企业清算以外的房地产估价业务；

（3）三级房地产估价机构可以从事除公司上市、企业清算、司法鉴定以外的房地产估价业务；

（4）暂定期内的三级房地产估价机构可以从事除公司上市、企业清算、司法鉴定、城镇房屋拆迁、在建工程抵押以外的房地产估价业务。

（二）房地产估价机构分支机构监管

一级房地产估价机构可以设立分支机构。二、三级房地产估价机构不得设立分支机构。各等级的房地产估价机构不得设立类似分支机构性质的“办事处”“联络点（站）”等机构。一级房地产估价机构设立分支机构应当符合下列条件：

（1）名称采用“房地产估价机构名称+分支机构所在地行政区划名+分公司（分所）”的形式；

（2）分支机构负责人应当是注册后从事房地产估价工作 3 年以上并无不良执业记录的专职注册房地产估价师；

（3）在分支机构所在地有 3 名以上专职注册房地产估价师；

（4）固定的经营服务场所；

（5）估价质量管理、估价档案管理、财务管理等各项内部管理制度健全。

注册于分支机构的专职注册房地产估价师，不计入设立分支机构的房地产估价机构的专职注册房地产估价师人数。设立分支机构，应当自领取分支机构营业执照之日起 30 日内，提交分支机构的营业执照复印件、房地产估价机构证书正本复印件、分支机构及设立该分支机构的房地产估价机构负责人的身份证明、拟在分支机构执业的专职注册房地产估价师注册证书复印件，到分支机构工商注册所在地的省、自治区人民政府建设行政主管部门及直辖市人民政府房地产行政主管部门备案。省、自治区人民政府建设行政主管部门、直辖市人民政府房地产行政主管部门在接受备案后 10 日内，告知分支机构工商注册所在地的市、县人民政府房地产行政主管部门，并报国务院建设行政主管部门备案。分支机构变更名称、负责人、住所等事项或房地产估价机构撤销分支机构，应当在工商行政管理部门办理变更或者注销登记手续后 30 日内，报原备案机关备案。

（三）房地产估价机构合并、分设

房地产估价机构合并，合并后存续或者新设立的房地产估价机构可以承继合并前各方中较高的等级，但应当符合相应的等级条件。房地产估价机构分立的，只能由分立后的一方房地产估价机构承继原房地产估价机构等级，但应当符合原房地产估价机构等级条件。承继原房地产估价机构等级的一方由各方协商确定，其他各方按照新设立的中介服务机构申请房地产估价机构等级。

（四）开展房地产估价活动的基本要求

委托人有权自主依法选择评估机构进行评估，任何组织或者个人不得非法限制或者干预。对评估事项涉及 2 个以上当事人的，由全体当事人协商委托评估机构。委托开展法定评估业务，应当依法选择评估机构。委托人应当与评估机构订立委托合同，约定双方的权利和义务。委托人应当按照合同约定向评估机构支付费用，不得索要、收受或者变相索要、收受回扣。委托人应当对其提供的权属证明、财务会计信息和其他资料的真实性、完整性、合法性负责。

对受理的评估业务，评估机构应当指定至少 2 名评估专业人员承办。委托人有权要求与相关当事人及评估对象有利害关系的评估专业人员回避。评估专业人员应当根据评估业务具体情况，对评估对象进行现场调查，收集权属证明、财务会计信息和其他资料并进行核查验证、分析整理，作为评估的依据。

评估专业人员应当恰当选择评估方法，除依据评估执业准则只能选择 1 种评估方法的外，应当选择 2 种以上评估方法，经综合分析，形成评估结论，编制评估报告。评估机构应当对评估报告进行内部审核。

评估报告应当由至少 2 名承办该项业务的评估专业人员签名并加盖评估机构印章。评估机构及其评估专业人员对其出具的评估报告依法承担责任。委托人不得串通、唆使评估机构或者评估专业人员出具虚假评估报告。

评估机构开展法定评估业务，应当指定至少 2 名相应专业类别的评估师承办，评估报告应当由至少 2 名承办该项业务的评估师签名并加盖评估机构印章。

委托人对评估报告有异议的，可以要求评估机构解释。委托人认为评估机构或者评估专业人员违法开展业务的，可以向有关评估行政管理部门或者行业协会投诉、举报，有关评估行政管理部门或者行业协会应当及时调查处理，并答复委托人。委托人或者评估报告使用人应当按照法律规定和评估报告载明的使用范围使用评估报告。委托人或者评估报告使用人违反前款规定使用评估报告的，评估机构和评估专业人员不承担责任。

（五）房地产估价机构业务监管

房地产估价机构应当依法独立、客观、公正地开展业务，建立健全质量控制制度，保证估价报告的客观、真实、合理。房地产估价机构应当建立健全内部管理制度，对本机构的估价专业人员遵守法律、行政法规和估价准则的情况进行监督，并对其从业行为负责。房地产估价机构应当依法接受监督检查，如实提供估价档案以及相关情况。违反《资产评估法》规定，应当委托房地产估价机构进行法定评估而未委托的，由有关部门责令改正；拒不改正的，处10万元以上50万元以下罚款；情节严重的，对直接负责的主管人员和其他直接责任人员依法给予处分；造成损失的，依法承担赔偿责任；构成犯罪的，依法追究刑事责任。

1. 业务承揽

房地产估价机构及执行房地产估价业务的估价人员与委托人或者估价业务相对人有利害关系的，应当回避。房地产估价业务由房地产估价机构统一接受委托，统一收取费用。分支机构应当以设立该分支机构的房地产估价机构名义承揽估价业务。承揽房地产估价业务时，房地产估价机构应当与委托人签订书面估价委托合同，内容包括：委托人的名称或者姓名和住所、估价机构的名称和住所、估价对象、估价目的、估价时点、委托人的协助义务、估价服务费及其支付方式、估价报告交付的日期和方式、违约责任、解决争议的方法。房地产估价师不得以个人名义承揽估价业务。委托人拒绝提供或者不如实提供执行估价业务所需的权属证明、财务会计信息和其他资料的，房地产估价机构有权依法拒绝其履行合同的要求。委托人要求出具虚假估价报告或者有其他非法干预估价结果情形的，房地产估价机构有权解除合同。房地产估价机构应根据业务需要建立职业风险基金，或者自愿办理职业责任保险，完善风险防范机制。

2. 异地执业

房地产估价机构在其工商注册所在地行政区域外从事房地产估价业务的，完成估价业务后，房地产估价机构应向业务发生地县级以上地方人民政府住房城乡建设主管部门留存房地产估价报告备查。

3. 业务转让

经委托人书面同意，房地产估价机构可以与其他房地产估价机构合作完成估价业务，以合作双方的名义共同出具估价报告。

4. 估价所需资料获取

委托人及相关当事人应当协助房地产估价机构进行实地查勘，如实向房地产估价机构提供估价必需的资料，并对其提供资料的真实性负责。除法律、法规另有规定外，未经委托人书面同意，房地产估价机构不得对外提供估价过程中获知的当事人的商业秘密和业务资料。因估价需要，房地产估价机构和注册房地产估价师可以向房地产行政主管部门查询房地产交易、登记信息。除涉及国家秘密、商业秘密和个人隐私的内容外，房地产行政主管部门应当提供查询服务。

5. 报告出具

房地产估价报告由房地产估价机构出具，加盖房地产估价机构公章，并有至少 2 名专职注册房地产估价师签字。分支机构以设立该分支机构的房地产估价机构的名义出具估价报告，有至少 2 名专职注册房地产估价师签字并加盖该房地产估价机构公章。

6. 估价档案保管

根据《资产评估法》，估价档案的保存期限不得少于 15 年，属于法定评估业务的，保存期限不得少于 30 年。《房地产估价机构管理办法》规定，房地产估价报告的保管期限届满而估价服务的行为尚未结束的，应当保管到估价服务的行为结束为止。房地产估价机构破产、解散时，其房地产估价报告及相关资料应当移交当地建设（房地产）行政主管部门或其指定的机构。

五、房地产估价机构的禁止行为和法律责任

（一）房地产估价机构的禁止行为

房地产估价机构不得有下列行为：

（1）利用开展业务之便，牟取不正当利益；

（2）允许其他机构以本机构名义开展业务，或者冒用其他机构名义开展业务；

（3）以恶性压价、支付回扣、虚假宣传，或者贬损、诋毁其他评估机构等不正当手段招揽业务；

（4）受理与自身有利害关系的业务；

（5）分别接受利益冲突双方的委托，对同一评估对象进行评估；

（6）出具虚假评估报告或者有重大遗漏的评估报告；

（7）聘用或者指定不符合《资产评估法》规定的人员从事评估业务；

（8）违反法律、行政法规的其他行为。

（二）房地产估价机构的法律责任

房地产估价机构违反《资产评估法》规定，有下列情形之一的，由有关评估行政管理部门予以警告，可以责令停业 1 个月以上 6 个月以下；有违法所得的，没收违法所得，并处违法所得 1 倍以上 5 倍以下罚款；情节严重的，由工商行政管理部门吊销营业执照；构成犯罪的，依法追究刑事责任。

（1）利用开展业务之便，牟取不正当利益的；

（2）允许其他机构以本机构名义开展业务，或者冒用其他机构名义开展业务的；

（3）以恶性压价、支付回扣、虚假宣传，或者贬损、诋毁其他评估机构等不正当手段招揽业务的；

（4）受理与自身有利害关系的业务的；

（5）分别接受利益冲突双方的委托，对同一评估对象进行评估的；

（6）出具有重大遗漏的评估报告的；

（7）未按《资产评估法》规定的期限保存评估档案的；

（8）聘用或者指定不符合《资产评估法》规定的人员从事评估业务的；

（9）对本机构的评估专业人员疏于管理，造成不良后果的。

房地产估价机构未按《资产评估法》规定备案或者不符合《资产评估法》第十五条规定的条件的，由有关评估行政管理部门责令改正；拒不改正的，责令停业，可以并处 1 万元以上 5 万元以下罚款。房地产估价机构违反《资产评估法》规定，出具虚假评估报告的，由有关评估行政管理部门责令停业 6 个月以上 1 年以下；有违法所得的，没收违法所得，并处违法所得 1 倍以上 5 倍以下罚款；情节严重的，由工商行政管理部门吊销营业执照；构成犯罪的，依法追究刑事责任。房地产估价机构、房地产估价师在 1 年内累计 3 次因违反《资产评估法》规定受到责令停业、责令停止从业以外处罚的，有关评估行政管理部门可以责令其停业或者停止从业 1 年以上 5 年以下。房地产估价师违反《资产评估法》规定，给委托人或者其他相关当事人造成损失的，由其所在的房地产估价机构依法承担赔偿责任。房地产估价机构履行赔偿责任后，可以向有故意或者重大过失行为的房地产估价师追偿。

第三节 房地产估价师职业资格制度

《城市房地产管理法》规定，国家实行房地产价格评估人员资格认证制度。根据《注册房地产估价师管理办法》和《住房城乡建设部、自然资源部关于印发〈房地产估价师职业资格制度规定〉〈房地产估价师职业资格考试实施办法〉的通知》（建房规〔2021〕3号），房地产价格评估人员资格认证制度又包括房地产估价师职业资格制度和注册职业管理制度。也就是说，取得职业资格的人员，经过注册方能以注册房地产估价师的名义执业。

一、《资产评估法》关于评估专业人员的规定

（一）一般规定

根据《资产评估法》，评估专业人员依法开展业务，受法律保护。评估专业人员包括评估师和其他具有评估专业知识及实践经验的评估从业人员。评估师是指通过评估师资格考试的评估专业人员。国家根据经济社会发展需要确定评估师专业类别。有关全国性评估行业协会按照国家规定组织实施评估师资格全国统一考试。具有高等院校专科以上学历的公民，可以参加评估师资格全国统一考试。有关全国性评估行业协会应当在其网站上公布评估师名单，并实时更新。因故意犯罪或者在从事评估、财务、会计、审计活动中因过失犯罪而受刑事处罚，自刑罚执行完毕之日起不满5年的人员，不得从事评估业务。

（二）评估专业人员的权利和义务

评估专业人员享有下列权利：

（1）要求委托人提供相关的权属证明、财务会计信息和其他资料，以及为执行公允的评估程序所需的必要协助；

（2）依法向有关国家机关或者其他组织查阅从事业务所需的文件、证明和资料；

（3）拒绝委托人或者其他组织、个人对评估行为和评估结果的非法干预；

（4）依法签署评估报告；

（5）法律、行政法规规定的其他权利。

评估专业人员应当履行下列义务：

（1）诚实守信，依法独立、客观、公正从事业务；

（2）遵守评估准则，履行调查职责，独立分析估算，勤勉谨慎从事业务；

（3）完成规定的继续教育，保持和提高专业能力；

（4）对评估活动中使用的有关文件、证明和资料的真实性、准确性、完整性进行核查和验证；

（5）对评估活动中知悉的国家秘密、商业秘密和个人隐私予以保密；

（6）与委托人或者其他相关当事人及评估对象有利害关系的，应当回避；

（7）接受行业协会的自律管理，履行行业协会章程规定的义务；

（8）法律、行政法规规定的其他义务。

（三）评估专业人员的禁止行为

评估专业人员不得有下列行为：

（1）私自接受委托从事业务、收取费用；

（2）同时在两个以上评估机构从事业务；

（3）采用欺骗、利诱、胁迫，或者贬损、诋毁其他评估专业人员等不正当手段招揽业务；

（4）允许他人以本人名义从事业务，或者冒用他人名义从事业务；

（5）签署本人未承办业务的评估报告；

（6）索要、收受或者变相索要、收受合同约定以外的酬金、财物，或者牟取其他不正当利益；

（7）签署虚假评估报告或者有重大遗漏的评估报告；

（8）违反法律、行政法规的其他行为。

（四）评估专业人员的法律责任

评估专业人员违反《资产评估法》规定，有下列情形之一的，由有关评估行政管理部门予以警告，可以责令停止从业 6 个月以上 1 年以下；有违法所得的，没收违法所得；情节严重的，责令停止从业 1 年以上 5 年以下；构成犯罪的，依法追究刑事责任：

（1）私自接受委托从事业务、收取费用的；

（2）同时在两个以上评估机构从事业务的；

（3）采用欺骗、利诱、胁迫，或者贬损、诋毁其他评估专业人员等不正当手段招揽业务的；

（4）允许他人以本人名义从事业务，或者冒用他人名义从事业务的；

（5）签署本人未承办业务的评估报告或者有重大遗漏的评估报告的；

（6）索要、收受或者变相索要、收受合同约定以外的酬金、财物，或者牟取其他不正当利益的。

评估专业人员违反《资产评估法》规定，签署虚假评估报告的，由有关评估行政管理部门责令停止从业 2 年以上 5 年以下；有违法所得的，没收违法所得；情节严重的，责令停止从业 5 年以上 10 年以下；构成犯罪的，依法追究刑事责任，终身不得从事评估业务。违反《资产评估法》规定，未经工商登记以评估机构名义从事评估业务的，由工商行政管理部门责令停止违法活动；有违法所得的，没收违法所得，并处违法所得 1 倍以上 5 倍以下罚款。

二、房地产估价师职业资格考试

（一）考试报名条件

具备下列考试报名条件的公民，可以申请参加房地产估价师职业资格考试：

（1）拥护中国共产党领导和社会主义制度；

（2）遵守中华人民共和国宪法、法律、法规，具有良好的业务素质和道德品行；

（3）具有高等院校专科以上学历。

（二）考试组织

房地产估价师职业资格考试实行全国统一大纲、统一试题、统一组织。住房城乡建设部会同自然资源部负责审定房地产估价师职业资格考试科目，对考试工作进行指导、监督、检查。考试大纲编写、命审题、阅卷等具体考务工作委托有关行业组织承担。全国房地产估价师职业资格考试办公室（以下简称“考试办公室”）由住房城乡建设部会同自然资源部组建，负责考试的组织实施工作，考试办公室设在住房城乡建设部房地产市场监管司。

房地产估价师职业资格考试设置 4 个科目，原则上每年举行 1 次。住房城乡建设部会同自然资源部负责“房地产制度法规政策”“房地产估价原理与方法”科目的考试大纲编制、命审题、阅卷等工作。住房城乡建设部、自然资源部分别负责“房地产估价基础与实务”“土地估价基础与实务”科目的考试大纲编制、命审题、阅卷等工作。

（三）考试内容

房地产估价师职业资格考试分为基础理论和估价实务两部分。重点考察估价人员对基础理论知识及相关知识的掌握程度、估价技术与技巧的熟练程度、综合而灵活地应用基础理论和估价技术解决实际问题的能力。

考试设置4个科目。

“房地产制度法规政策”，内容主要是房地产管理的基本制度、相关法规、主要政策，其中以《民法典》《城市房地产管理法》《土地管理法》《资产评估法》《国有土地上房屋征收与补偿条例》《城市房地产抵押管理办法》《房地产估价机构管理办法》《注册房地产估价师管理办法》等法律、法规、规章为重点。

“房地产估价原理与方法”，内容主要包括房地产估价的基本理论、房地产估价中应用的基本方法等。

“房地产估价基础与实务”，内容主要包括房地产投资分析、房地产市场分析、房地产开发等方面知识；不同估价目的和不同类型房地产估价的特点与估价技术路线，通过对不同估价目的和不同类型房地产估价案例的分析，考察其实际工作能力与业务水平。

“土地估价基础与实务”，内容主要包括土地投资分析等方面知识；不同估价目的和不同类型土地的特点与估价技术路线，通过对不同估价目的和不同类型土地估价案例的分析，考察其实际工作能力与业务水平。

（四）资格证书

房地产估价师职业资格证书有两类：一类是在《房地产估价师职业资格制度规定》实施前，房地产估价师资格考试由住房城乡建设部（原建设部）、人力资源社会保障部（原人事部）实施，房地产估价师职业资格证书由住房城乡建设部（原建设部）、人力资源社会保障部（原人事部）共同用印；另一类是《房地产估价师职业资格制度规定》实施后，房地产估价师资格考试由住房城乡建设部会同自然资源部实施，房地产估价师职业资格证书由住房城乡建设部统一印制，住房城乡建设部、自然资源部共同用印。

三、房地产估价师注册

根据《资产评估法》确定的评估分类监管的原则，以及《房地产估价师职业资格制度规定》，房地产估价师注册管理部门为住房城乡建设部。

（一）房地产估价师注册规定

《房地产估价师职业资格制度规定》实施后，取得房地产估价资格的人员，以及按照《房地产估价师职业资格制度规定》已换领由住房城乡建设部、自然资源部用印的房地产估价师职业资格证书的人员，拟从事房地产估价或者土地估价，申请房地产估价师注册的应当向住房城乡建设部申请注册。住房城乡建设部会同自然资源部负责审核，自然资源部在规定时限内对注册申请提出不予注册的意见并说明理由的，住房城乡建设部不予注册。经审核通过的，颁发住房城乡建设部用印的职业注册证书。该类注册房地产估价师既可以出具房地产估价报告，也可以出具土地估价报告。

《房地产估价师职业资格制度规定》实施前，取得房地产估价资格且未按照或者不符合《房地产估价师职业资格制度规定》换领房地产估价师资格证书条件的人员，申请房地产估价师注册的，应当向住房城乡建设部申请注册。住房城乡建设部负责审核。

（二）房地产估价师注册种类和条件

根据《注册房地产估价师管理办法》，房地产估价师注册分为初始注册、变更注册、延续注册、注销注册和撤销注册。其中，初始注册、变更注册、延续注册需由当事人申请；注销注册可由当事人申请，也可由国务院建设主管部门依职权直接作出；撤销注册由国务院建设主管部门依据职权或者根据利害关系人的请求直接作出。

房地产估价师注册的条件为：取得房地产估价师资格；达到房地产估价师继续教育合格标准；受聘于房地产估价机构；无《注册房地产估价师管理办法》第十四条规定的不予注册的情形。

《注册房地产估价师管理办法》第十四条规定的不予注册的情形有：

（1）不具有完全民事行为能力的；

（2）刑事处罚尚未执行完毕的；

（3）因房地产估价及相关业务活动受刑事处罚，自刑事处罚执行完毕之日起至申请注册之日止不满 5 年的；

（4）因前项规定以外原因受刑事处罚，自刑事处罚执行完毕之日起至申请注册之日止不满 3 年的；

（5）被吊销注册证书，自被处罚之日起至申请注册之日止不满 3 年的；

（6）以欺骗、贿赂等不正当手段获准的房地产估价师注册被撤销，自被撤销注册之日起至申请注册之日止不满3年的；

（7）申请在2个或者2个以上房地产估价机构执业的；

（8）为现职公务员的；

（9）年龄超过65周岁的；

（10）法律、行政法规规定不予注册的其他情形。

（三）房地产估价师注册程序

1. 注册申请

自2016年10月20日起，房地产估价师资格注册试行网上申报、受理和审批。房地产估价师申请初始注册、变更注册、注销注册的，应通过“房地产估价师注册系统”向住房城乡建设部提出注册申请。

2. 注册决定

对申请初始注册、变更注册、延续注册和注销注册的，住房城乡建设部应当自受理之日起15日内作出决定。

3. 注册有效期

注册证书是注册房地产估价师的执业凭证。注册有效期为3年。注册有效期满需继续执业的，应当在注册有效期满30日前，按照规定的程序申请延续注册；延续注册的，注册有效期为3年。

4. 注册证书失效

注册房地产估价师有下列情形之一的，其注册证书失效：

（1）聘用单位破产的；

（2）聘用单位被吊销营业执照的；

（3）聘用单位被吊销或者撤回房地产估价机构资质证书的；

（4）已与聘用单位解除劳动合同且未被其他房地产估价机构聘用的；

（5）注册有效期满且未延续注册的；

（6）年龄超过65周岁的；

（7）死亡或者不具有完全民事行为能力的；

（8）其他导致注册失效的情形。

5. 注销注册

有下列情形之一的，注册房地产估价师应当及时向国务院建设主管部门提出注销注册的申请，交回注册证书，国务院建设主管部门应当办理注销手续，公告其注册证书作废：

（1）有《注册房地产估价师管理办法》第十五条所列情形发生的；

（2）依法被撤销注册的；

（3）依法被吊销注册证书的；

（4）受到刑事处罚的；

（5）法律、法规规定应当注销注册的其他情形。

注册房地产估价师有前款所列情形之一的，有关单位和个人有权向国务院建设主管部门举报；县级以上地方人民政府建设（房地产）主管部门应当及时报告国务院建设主管部门。

6. 撤销注册

有下列情形之一的，国务院建设主管部门依据职权或者根据利害关系人的请求，可以撤销房地产估价师注册：

（1）注册机关工作人员滥用职权、玩忽职守作出准予房地产估价师注册行政许可的；

（2）超越法定职权作出准予房地产估价师注册许可的；

（3）违反法定程序作出准予房地产估价师注册许可的；

（4）对不符合法定条件的申请人作出准予房地产估价师注册许可的；

（5）依法可以撤销房地产估价师注册的其他情形。

申请人以欺骗、贿赂等不正当手段获准房地产估价师注册许可的，应当予以撤销。

四、注册房地产估价师职业监管

（一）注册房地产估价师权利和义务

注册房地产估价师享有下列权利：

（1）使用注册房地产估价师名称；

（2）在规定范围内执行房地产估价及相关业务；

（3）签署房地产估价报告；

（4）发起设立房地产估价机构；

（5）保管和使用本人的注册证书；

（6）对本人执业活动进行解释和辩护；

（7）参加继续教育；

（8）获得相应的劳动报酬；

（9）对侵犯本人权利的行为进行申诉。

注册房地产估价师应当履行下列义务：

（1）遵守法律、法规、行业管理规定和职业道德规范；

（2）执行房地产估价技术规范和标准；

（3）保证估价结果的客观公正，并承担相应责任；

（4）保守在执业中知悉的国家秘密和他人的商业、技术秘密；

（5）与当事人有利害关系的，应当主动回避；

（6）接受继续教育，努力提高执业水准；

（7）协助注册管理机构完成相关工作。

（二）注册房地产估价师执业

取得职业资格的人员，应当受聘于1个具有房地产估价机构资质的单位，经注册后方可从事房地产估价执业活动。注册房地产估价师可以在全国范围内开展与其聘用单位业务范围相符的房地产估价活动。注册房地产估价师从事执业活动，由聘用单位接受委托并统一收费。在房地产估价过程中给当事人造成经济损失，聘用单位依法应当承担赔偿责任的，可依法向负有过错的注册房地产估价师追偿。

（三）注册房地产估价师禁止行为

注册房地产估价师不得有下列行为：

（1）不履行注册房地产估价师义务；

（2）在执业过程中，索贿、受贿或者谋取合同约定费用外的其他利益；

（3）在执业过程中实施商业贿赂；

（4）签署有虚假记载、误导性陈述或者重大遗漏的估价报告；

（5）在估价报告中隐瞒或者歪曲事实；

（6）允许他人以自己的名义从事房地产估价业务；

（7）同时在2个或者2个以上房地产估价机构执业；

（8）以个人名义承揽房地产估价业务；

（9）涂改、出租、出借或者以其他形式非法转让注册证书；

（10）超出聘用单位业务范围从事房地产估价活动；

（11）严重损害他人利益、名誉的行为；

（12）法律、法规禁止的其他行为。

第四节　房地产经纪机构和人员管理

为了规范房地产经纪活动，保护房地产交易及经纪活动当事人的合法权益，促进房地产市场健康发展，住房城乡建设部发布了《房地产经纪管理办法》。

一、房地产经纪机构管理

房地产经纪机构是指依法设立，从事房地产经纪活动的中介服务机构。房地产经纪机构可以设立分支机构。设立房地产经纪机构和分支机构，应当具有足够数量的房地产经纪人员。房地产经纪机构和分支机构与其招用的房地产经纪人员，应当按照《民法典》的规定签订劳动合同。

（一）房地产经纪机构备案

房地产经纪机构及其分支机构应当自领取营业执照之日起 30 日内，到所在直辖市、市、县人民政府建设（房地产）主管部门备案。直辖市、市、县人民政府建设（房地产）主管部门应当将房地产经纪机构及其分支机构的名称、住所、法定代表人（执行合伙人）或者负责人、注册资本、房地产经纪人员等备案信息向社会公示。房地产经纪机构及其分支机构变更或者终止的，应当自变更或者终止之日起 30 日内，到所在直辖市、市、县人民政府建设（房地产）主管部门办理备案变更或者注销手续。

（二）房地产经纪活动管理

房地产经纪业务应当由房地产经纪机构统一承接，服务报酬由房地产经纪机构统一收取。分支机构应当以设立该分支机构的房地产经纪机构名义承揽业务。房地产经纪人员不得以个人名义承接房地产经纪业务和收取费用。

房地产经纪机构及其分支机构应当在其经营场所醒目位置公示下列内容：

（1）营业执照和备案证明文件；

（2）服务项目、内容、标准；

（3）业务流程；

（4）收费项目、依据、标准；

（5）交易资金监管方式；

（6）信用档案查询方式、投诉电话及12358价格举报电话；

（7）政府主管部门或者行业组织制定的房地产经纪服务合同、房屋买卖合同、房屋租赁合同示范文本；

（8）法律、法规、规章规定的其他事项。

分支机构还应当公示设立该分支机构的房地产经纪机构的经营地址及联系方式。房地产经纪机构代理销售商品房项目的，还应当在销售现场明显位置明示商品房销售委托书和批准销售商品房的有关证明文件。

（三）房地产经纪合同要求

房地产经纪机构接受委托提供房地产信息、实地看房、代拟合同等房地产经纪服务的，应当与委托人签订书面房地产经纪服务合同。房地产经纪服务合同应当包含下列内容：

（1）房地产经纪服务双方当事人的姓名（名称）、住所等情况和从事业务的房地产经纪人员情况；

（2）房地产经纪服务的项目、内容、要求以及完成的标准；

（3）服务费用及其支付方式；

（4）合同当事人的权利和义务；

（5）违约责任和纠纷解决方式。

房地产经纪机构提供代办贷款、代办房地产登记等其他服务的，应当向委托人说明服务内容、收费标准等情况，经委托人同意后，另行签订合同。

房地产经纪服务实行明码标价制度。房地产经纪机构应当遵守价格法律、法规和规章规定，在经营场所醒目位置标明房地产经纪服务项目、服务内容、收费标准以及相关房地产价格和信息。房地产经纪机构不得收取任何未予标明的费用；不得利用虚假或者使人误解的标价内容和标价方式进行价格欺诈；一项服务可以分解为多个项目和标准的，应当明确标示每一个项目和标准，不得混合标价、捆绑标价。房地产经纪机构未完成房地产经纪服务合同约定事项，或者服务未达到房地产经纪服务合同约定标准的，不得收取佣金。两家或者两家以上房地产经纪机构合作开展同一宗房地产经纪业务的，只能按照一宗业务收取佣金，不得向委托人增加收费。

房地产经纪机构签订的房地产经纪服务合同，应当加盖房地产经纪机构印章，并由从事该业务的1名房地产经纪人或者2名房地产经纪人协理签名。

（四）禁止行为

房地产经纪机构和房地产经纪人员不得有下列行为：

（1）捏造散布涨价信息，或者与房地产开发经营单位串通捂盘惜售、炒卖房号，操纵市场价格；

（2）对交易当事人隐瞒真实的房屋交易信息，低价收进高价卖（租）出房屋赚取差价；

（3）以隐瞒、欺诈、胁迫、贿赂等不正当手段招揽业务，诱骗消费者交易或者强制交易；

（4）泄露或者不当使用委托人的个人信息或者商业秘密，牟取不正当利益；

（5）为交易当事人规避房屋交易税费等非法目的，就同一房屋签订不同交易价款的合同提供便利；

（6）改变房屋内部结构分割出租；

（7）侵占、挪用房地产交易资金；

（8）承购、承租自己提供经纪服务的房屋；

（9）为不符合交易条件的保障性住房和禁止交易的房屋提供经纪服务；

（10）法律、法规禁止的其他行为。

二、房地产经纪专业人员管理

房地产经纪专业人员，是指从事房地产经纪活动的高级房地产经纪人、房地产经纪人和房地产经纪人协理。国家对房地产经纪专业人员实行职业资格制度，纳入全国专业技术人员职业资格统一规划和管理。根据《房地产经纪专业人员职业资格制度暂行规定》和《房地产经纪专业人员职业资格考试实施办法》，国家设立水平评价类房地产经纪专业人员职业资格制度，面向全社会提供房地产经纪专业人员能力水平评价服务，资格注册转变为登记服务管理。

（一）房地产经纪专业人员职业资格考试

房地产经纪专业人员职业资格分为房地产经纪人协理、房地产经纪人和高级房地产经纪人 3 个级别。房地产经纪人协理和房地产经纪人职业资格，实行统一考试的评价方式。高级房地产经纪人职业资格评价的具体办法另行规定。

中国房地产估价师与房地产经纪人学会，具体承担房地产经纪专业人员职业资格的评价与管理工作，负责组织成立考试专家委员会，研究拟定考试科目、考试大纲、考试试题和考试合格标准。从 2016 年起，房地产经纪人协理、房地产经纪人职业资格实行全国统一大纲、统一命题、统一组织的考试制度。原则上每年举行 1 次考试。

申请参加房地产经纪专业人员职业资格考试应当具备的基本条件有：

（1）遵守国家法律、法规和行业标准与规范；

（2）秉承诚信、公平、公正的基本原则；

（3）恪守职业道德。

申请参加房地产经纪人协理职业资格考试的人员，除具备上述基本条件外，还必须具备中专或者高中及以上学历。

申请参加房地产经纪专业人员职业资格考试的人员，除具备上述基本条件外，还必须符合下列条件之一。

（1）通过考试取得房地产经纪人协理职业资格证书后，从事房地产经纪业务工作满 6 年。也就是说，高中或中专学历的人员，通过考试取得房地产经纪人协理职业资格证书，从事房地产经纪工作满 6 年后，可以报名参加房地产经纪人职业资格考试。通过考试后，可以与拥有大专、本科学历的人员一样，取得房地产经纪人职业资格，单位可以聘用其担任中级职称，享受中级职称专业人员的政策待遇。这项规定，给房地产经纪行业人员中的高中、中专学历的人员，提供了晋升为房地产经纪人的通道。

（2）取得大专学历，工作满 6 年，其中从事房地产经纪业务工作满 3 年。

（3）取得大学本科学历，工作满 4 年，其中从事房地产经纪业务工作满 2 年。

（4）取得双学士学位或研究生班毕业，工作满 3 年，其中从事房地产经纪业务工作满 1 年。

（5）取得硕士学历（学位），工作满 2 年，其中从事房地产经纪业务工作满 1 年。

（6）取得博士学历（学位）。

房地产经纪人协理职业资格考试设“房地产经纪综合能力”和“房地产经纪操作实务”2 个科目。考试分 2 个半天进行，每个科目的考试时间均为 2.5 小时。房地产经纪人职业资格考试设“房地产交易制度政策”“房地产经纪职业导论”“房地产经纪专业基础”和“房地产经纪业务操作”4 个科目。考试分 4 个半天进行，每个科目的考试时间均为 2.5 小时。

（二）房地产经纪专业人员登记服务

各级别房地产经纪人员资格证书实行登记服务制度。中国房地产估价师与房地产经纪人学会负责登记服务的具体工作，定期向社会公布房地产经纪人员资格证书的登记情况，建立持证人员的诚信档案，为用人单位提供信息查询服务。

三、房地产经纪人员技术能力与职责要求

凡从事房地产经纪活动的人员，必须取得房地产经纪专业人员职业资格并经登记后执业。

（一）房地产经纪专业人员职业技术能力

房地产经纪人应当具备的职业技术能力：

（1）具有一定的房地产经济理论和相关经济理论，并具有丰富的房地产专业知识；

（2）能够熟练掌握和运用与房地产经纪业务相关的法律、法规和行业管理的各项规定；

（3）熟悉房地产市场的流通环节，具有熟练的实务操作的技术和技能；

（4）具有丰富的房地产经纪实践经验和一定资历，熟悉市场行情变化，有较强的创新能力和开拓能力，能创立和提高企业的品牌；

（5）有一定的外语水平。

房地产经纪人协理应当具备的职业技术能力：

（1）了解房地产的法律、法规及有关行业管理的规定；

（2）具有一定的房地产专业知识；

（3）掌握一定的房地产流通的程序和实务操作技术及技能。

（二）房地产经纪专业人员的权利和义务

房地产经纪人享有的权利：

（1）依法发起设立房地产经纪机构；

（2）加入房地产经纪机构，承担房地产经纪机构关键岗位职责；

（3）指导房地产经纪人协理开展各种经纪业务；

（4）经所在机构授权订立房地产经纪合同等重要文件；

（5）要求委托人提供与交易有关的资料；

（6）有权拒绝执行委托人发出的违法指令；

（7）执行房地产经纪业务并获得合理佣金。

房地产经纪人协理享有的权利：

（1）加入房地产经纪机构；

（2）协助房地产经纪人处理经纪有关事务并获得合理的报酬。

房地产经纪人、房地产经纪人协理应当履行的义务：

（1）遵守法律、法规、行业管理规定和职业道德规范；

（2）不得同时受聘于2个或者2个以上房地产经纪机构执行业务；

（3）接受职业继续教育，不断提高业务水平；

（4）向委托人披露相关信息，充分保障委托人的权益，完成委托业务；

（5）为委托人保守商业秘密。

四、规范房地产经纪中介行为

为加强房地产中介管理，保护群众合法权益，促进行业健康发展，住房城乡建设部、国家发展改革委、工业和信息化部、人民银行、税务总局、工商总局、银监会七部门于2016年7月29日联合印发了《关于加强房地产中介管理促进行业健康发展的意见》（建房〔2016〕168号），要求建立多部门联动机制，省级房地产、价格、通信、金融、税务、工商行政等主管部门要加强对市、县工作的监督和指导，建立联动监管机制；市、县房地产主管部门负责房地产中介行业管理和组织协调，加强中介机构和从业人员管理。积极推行从业人员实名服务制度。中介机构备案时，要提供本机构所有从事经纪业务的人员信息。市、县房地产主管部门要对中介从业人员进行实名登记。中介从业人员服务时应当佩戴标明姓名、机构名称、国家职业资格等信息的工作牌。各地房地产主管部门要积极落实房地产经纪专业人员职业资格制度，鼓励中介从业人员参加职业资格考试、接受继续教育和培训，不断提升职业能力和服务水平。

住房城乡建设部要求进一步规范房地产中介行为，持续整顿市场秩序。各地要将房地产中介机构编造散布谣言、发布虚假信息、赚取房源差价、挪用交易资金、违规开展金融业务、违规代理销售、无照经营等7类违法违规行为作为整治重点，依法从严从重从快进行查处。要视情节轻重，依法给予责令限期整改、暂停网签、处以罚款等行政处罚；对情节严重的，要在整改期内暂停中介机构所有门店的业务办理。在此基础上，还要将违法违规的中介机构公开曝光，列入严重失信企业“黑名单”，性质恶劣的要依法清出市场。构成犯罪的，要移送有关部门依法追究刑事责任。

第五节　住房置业担保管理

一、住房置业担保概述

住房置业担保是融资担保的一种。融资担保，是指担保人为被担保人借款、发行债券等债务融资提供担保的行为。住房置业担保，是指住房置业担保公司在借款人无法满足贷款人要求提供担保的情况下，为借款人申请个人住房贷款而与贷款人签订保证合同，提供连带责任保证担保的行为。我国对住房置业担保性质、担保公司、担保的设立、担保的解除及风险防范都作了较为明确的规定。理解住房置业担保概念需把握3点。

一是住房置业担保公司提供的住房置业担保，是个人住房贷款担保方式的一种补充。个人住房贷款是指贷款人向借款人发放的用于购买自用普通住房的贷款。贷款人发放个人住房贷款时，借款人必须提供担保，借款人到期未能偿还贷款本息的，贷款人有权依法处理其抵押物或质押物，或由保证人承担偿还本息的连带责任。除了住房置业担保外，还有抵押、质押及其他保证担保等担保方式。

二是住房置业担保是特定的专业性担保机构提供的保证担保，以区别于其他形式的住房保证担保行为。《住房置业担保管理试行办法》对住房置业担保公司规定了严格的设立程序和设立条件，对担保机构的业务管理也有具体规定。

三是住房置业担保规定了保证方式和反担保方式，住房置业担保提供的保证方式是连带责任保证，依照连带责任保证的法律规定，债务人在主合同规定的债务履行期限届满时没有履行债务的，债权人可以要求债务人履行债务，也可以要求保证人在其保证范围内承担保证责任。同时，要求借款人将其本人或者第三人的合法房屋依法向担保公司进行抵押反担保。担保公司有权就代为清偿的部分向借款人进行追偿，并要求行使房屋抵押权，处置抵押物。

《融资担保公司监督管理条例》（国务院令第683号）于2017年10月1日开始实施。为了实现融资担保机构和融资担保业务监管全覆盖，2019年10月23日，银保监会发布《关于印发融资担保公司监督管理补充规定的通知》，将未取得融资担保业务经营许可证但实际上经营融资担保业务的住房置业担保公司、信用增进公司等机构纳入监管。《住房置业担保管理试行办法》同时废止。

二、住房置业担保公司（中心）纳入融资担保监管

《关于印发融资担保公司监督管理补充规定的通知》要求，依据《关于印发〈住房置业担保管理试行办法〉的通知》（建住房〔2000〕108号）设立的住房置业担保公司（中心）应当纳入融资担保监管。具体分3种情形。

（1）继续开展住房置业担保业务的住房置业担保公司（中心），应于2020年6月前向监督管理部门申领融资担保业务经营许可证，经营范围以监督管理部门批准文件为准，并接受监督管理部门的监管，严格执行《融资担保公司监督管理条例》及配套制度的监管要求。《关于印发融资担保公司监督管理补充规定的通知》印发前发生的存量住房公积金贷款担保业务，可不计入融资担保责任余额，但应向监督管理部门单独列示报告。监督管理部门与住房城乡建设主管部门要加强沟通协调，核实相关情况，积极稳妥推进牌照申领工作。对有存量住房公积金贷款担保业务的住房置业担保公司（中心），监督管理部门可给予不同时限的过渡期安排，达标时限应不晚于2020年末。

（2）《关于印发融资担保公司监督管理补充规定的通知》印发后不再新增住房置业担保业务，仍有存量住房置业担保业务的住房置业担保公司（中心），可以不申领融资担保业务经营许可证，但应当根据《中华人民共和国担保法》《民法典》等法律法规及规章制度要求，依法依规履行担保责任，并接受监督管理部门的监管。

（3）《关于印发融资担保公司监督管理补充规定的通知》印发后新设立开展住房置业担保业务的融资担保公司，应当向监督管理部门申领融资担保业务经营许可证，严格执行《融资担保公司监督管理条例》及其配套制度的监管要求，接受监督管理部门的监管。监督管理部门不得给予过渡期安排。

三、融资担保公司与经营许可

《融资担保公司监督管理条例》规定，融资担保公司是指依法设立、经营

融资担保业务的有限责任公司或者股份有限公司。融资担保公司开展业务，应当遵守法律法规，审慎经营、诚实守信，不得损害国家利益、社会公共利益和他人合法权益。

设立融资担保公司，应当符合《公司法》的规定，并具备下列条件：

（1）股东信誉良好，最近3年无重大违法违规记录；

（2）注册资本不低于2000万元人民币，且为实缴货币资本；

（3）拟任董事、监事、高级管理人员熟悉与融资担保业务相关的法律法规，具有履行职责所需的从业经验和管理能力；

（4）有健全的业务规范和风险控制等内部管理制度。

省、自治区、直辖市根据本地区经济发展水平和融资担保行业发展的实际情况，可以提高前款规定的注册资本最低限额。

申领融资担保业务经营许可证。申请设立融资担保公司，应当向监督管理部门提交申请书和证明其符合上述规定条件的材料。监督管理部门应当自受理申请之日起30日内作出批准或者不予批准的决定。决定批准的，颁发融资担保业务经营许可证；不予批准的，书面通知申请人并说明理由。经批准设立的融资担保公司由监督管理部门予以公告。

四、融资担保业务经营规则

《融资担保公司监督管理条例》要求，融资担保公司应当按照审慎经营原则，建立健全融资担保项目评审、担保后管理、代偿责任追偿等方面的业务规范以及风险管理等内部控制制度。

（一）担保风险控制

1. 担保责任余额限制

融资担保公司应当按照国家规定的风险权重，计量担保责任余额。融资担保公司的担保责任余额不得超过其净资产的10倍。对主要为小微企业和农业、农村、农民服务的融资担保公司，前款规定的倍数上限可以提高至15倍。融资担保公司对同一被担保人的担保责任余额与融资担保公司净资产的比例不得超过10%，对同一被担保人及其关联方的担保责任余额与融资担保公司净资产的比例不得超过15%。

2. 担保对象限制

融资担保公司不得为其控股股东、实际控制人提供融资担保，为其他关联方提供融资担保的条件不得优于为非关联方提供同类担保的条件。融资担保公司为关联方提供融资担保的，应当自提供担保之日起30日内向监督管理部门报告，并在会计报表附注中予以披露。

3. 准备金提取

融资担保公司应当按照国家有关规定提取相应的准备金。融资担保公司自有资金的运用，应当符合国家有关融资担保公司资产安全性、流动性的规定。

4. 反担保与信息披露

被担保人或者第三人以抵押、质押方式向融资担保公司提供反担保，依法需要办理登记的，有关登记机关应当依法予以办理。融资担保公司有权要求被担保人提供与融资担保有关的业务活动和财务状况等信息。融资担保公司应当向被担保人的债权人提供与融资担保有关的业务活动和财务状况等信息。

（二）融资担保费率

融资担保费率由融资担保公司与被担保人协商确定。纳入政府推动建立的融资担保风险分担机制的融资担保公司，应当按照国家有关规定降低对小微企业和农业、农村、农民的融资担保费率。

（三）禁止行为

融资担保公司不得从事下列活动：

（1）吸收存款或者变相吸收存款；

（2）自营贷款或者受托贷款；

（3）受托投资。

第六节 房地产中介服务行业自律与信用档案

要进一步规范房地产中介服务行为，除房地产行政管理部门应加强对房地产中介服务机构的监管外，还要建立房地产中介服务行业自律机制，形成行业行政管理、从业人员自律、行业组织监督相互配合的管理约束体制。

一、房地产中介服务人员的职业道德

法律和道德是两个不同的范畴，在社会活动中，具体的行为往往需要法律和道德共同调节。法律调节是国家或政府通过强制力来规范具体的行为；而道德调节是一种自律行为，即以人们内心的良知去支配自己的行为。

我国房地产中介服务行业尚处在发育阶段，房地产中介服务人员要从维护行业发展、维护行业信誉、维护自身利益的角度出发，在加强业务技能学习、树立现代市场营销观念的同时，不断提高个人职业道德修养，做到遵纪守法、诚实待客、严格守信、爱岗敬业，自觉维护职业形象，促进房地产中介服务市场的健康发展。

二、房地产中介服务行业组织

（一）行业组织的法定职能

行业组织是行业监督管理体系的重要组成部分，是评估机构和评估专业人员的自律性组织。发挥行业组织作用、加强行业自律管理，是加强监管的重要途径。

《资产评估法》设专章就评估行业组织的设立、职责作出了具体规定。

《资产评估法》规定评估行业按照专业领域设立全国性评估行业协会，根据需要设立地方性评估行业协会。评估机构、评估专业人员加入有关评估行业协会，平等享有章程规定的权利，履行章程规定的义务。有关评估行业协会公布加入本协会的评估机构、评估专业人员名单。

评估行业协会履行下列职责：

（1）制定会员自律管理办法，对会员实行自律管理；

（2）依据评估基本准则，制定评估执业准则和职业道德准则；

（3）组织开展会员继续教育；

（4）建立会员信用档案，将会员遵守法律、行政法规和评估准则的情况记入信用档案，并向社会公开；

（5）检查会员建立风险防范机制的情况；

（6）受理对会员的投诉、举报，受理会员的申诉，调解会员执业纠纷；

（7）规范会员从业行为，定期对会员出具的评估报告进行检查，按照章程规定对会员给予奖惩，并将奖惩情况及时报告有关评估行政管理部门；

（8）保障会员依法开展业务，维护会员合法权益；

（9）法律、行政法规和章程规定的其他职责。

（二）全国房地产估价和经纪行业组织

1994 年 9 月，经民政部注册登记，我国组建了全国性的房地产中介服务行业自律组织——中国房地产估价师学会。它是隶属于住房城乡建设部的全国性社会团体。2004 年 7 月，经建设部同意，民政部批准中国房地产估价师学会更名为“中国房地产估价师与房地产经纪人学会”（China Institute of Real Estate Appraisers and Agents，CIREA）。2021 年，经住房城乡建设部同意，民政部核准，住房租赁也被纳入中国房地产估价师与房地产经纪人学会行业自律范围。目前，中国房地产估价师与房地产经纪人学会的主要职责包括：开展房地产估价、房地产经纪、住房租赁理论和方法的研究，承担房地产经纪专业人员职业资格考试、登记工作，协助政府有关主管部门进行房地产估价师考试、注册工作，组织房地产估价、房地产经纪专业培训和房地产估价师、房地产经纪专业人员继续教育，制定房地产估价、房地产经纪、住房租赁标准及职业道德规范，开展国际学术交流等。下设考试注册、教育培训、学术、国际交流、标准、房地产信息化、行业自律与维权等专业委员会，并创办了《中国房地产估价与经纪》杂志，开设了中国房地产估价师网站（www. cirea. org. cn）和中国房地产经纪人网站（www. agents. org. cn），以及中国房地产估价、中国房地产经纪、中国住房租赁微信公众号。

凡从事房地产估价、房地产经纪工作的组织和个人，承认中国房地产估价师与房地产经纪人学会章程，遵守其有关规定的，可申请加入中国房地产估价师与房地产经纪人学会。《房地产估价机构管理办法》《注册房地产估价师管理办法》《房地产经纪经管理办法》明确要求房地产估价行业组织应加强对房地产估价机构、注册房地产估价师的管理，鼓励房地产估价机构、注册房地产估价师加入房地产估价行业组织。中国房地产估价师与房地产经纪人学会的最高权力机构是全国会员代表大会。在全国会员代表大会闭会期间，理事会为中国房地产估价师与房地产经纪人学会的领导机构。

中国房地产估价师与房地产经纪人学会在建立房地产估价师职业资格、房地产经纪专业人员职业资格制度，建立和完善行业自律机制方面作了大量工作。中国房地产估价师与房地产经纪人学会主要通过以下工作开展行业自律管理：

（1）开展行业自律情况的调研工作，为政府制定有关政策提供意见和建议；

（2）建立行业内部的自律规则，制止低价竞争和价格垄断行为，维护行业内部公平竞争；

（3）制定行业规范和从业人员道德规范，实施房地产估价师、房地产经纪人继续教育工作；

（4）参与房地产估价机构资质管理规定和标准的制定工作；

（5）拟定房地产经纪机构评价标准，并组织实施评价工作等。

全国有 20 多个省份也相继成立了本地区的房地产估价、房地产经纪行业组织，如北京、上海、天津、重庆、广东、浙江、江苏、海南、内蒙古、黑龙江、山西等省份成立了房地产估价、房地产经纪学（协）会或联合会等地方性行业组织。这些地方性行业组织与中国房地产估价师与房地产经纪人学会密切配合，在从业人员道德教育、实施行业自律方面都发挥了较大作用，促进了房地产中介服务行业的健康发展。

三、房地产中介服务行业规范

（一）国家标准《房地产估价规范》和房地产估价若干指导意见

1999 年，中国房地产估价师与房地产经纪人学会等单位受建设部委托，通过深入的调查研究和认真的分析，编制了国家标准《房地产估价规范》（GB/T 50291—1999），并于 1999 年 6 月 1 日起施行。《房地产估价规范》对房地产估价术语、估价原则、估价程序、估价方法、估价结果和估价报告等作出了明确要求，进一步规范了房地产估价行为，促进了房地产估价行业的发展。

在此基础上，中国房地产估价师与房地产经纪人学会还先后针对房地产抵押估价的特点，制定了《房地产抵押估价指导意见》等。《房地产抵押估价指导意见》要求估价报告对优先受偿权等影响抵押物变现能力的因素进行重点分析，明确了房地产抵押价值与房地产市场价值的关系，规范了房地产抵押估价委托收费，对“房地产抵押估价”“法定优先受偿款”等名词给出了规范的定义，强调了估价师的职责及编写抵押估价报告的要求。该指导意见的出台使房地产估价法律法规和技术规范体系更加趋于完善，规范了房地产抵押估价行为，维护了相关当事人的合法权益。

（二）《房地产经纪执业规则》和《房地产经纪业务合同推荐文本》

2006年10月，中国房地产估价师与房地产经纪人学会发布了《房地产经纪执业规则》和《房地产经纪业务合同推荐文本》，全国房地产经纪行业的自律工作迈出了坚实的一步。2013年1月，中国房地产估价师与房地产经纪人学会重新修订发布了《房地产经纪执业规则》。

《房地产经纪执业规则》是房地产经纪行业组织对房地产经纪机构、房地产经纪人员进行自律管理的重要依据，是指导房地产经纪行为的基本准则。《房地产经纪执业规则》对房地产经纪活动中的基本术语、房地产经纪人员的职业道德、房地产经纪业务的承揽、房地产经纪合同的使用、房源客源信息的发布、佣金的收取等作出了明确规定。

针对在房地产经纪活动中，一方面，有些房地产经纪机构和经纪人员利用房地产经纪活动中信息不对称的特点，采取不平等格式合同条款（霸王条款）损害客户的利益；另一方面，公众对房地产经纪业务和相关法律法规熟悉程度不够，不易弄清合同中的约定是否损害了其合法权益的问题，中国房地产估价师与房地产经纪人学会从规范行业发展、推动社会认知的角度出发，推出了《房地产经纪业务合同推荐文本》。

为使房地产经纪活动各方当事人的权利和义务关系更加明晰，《房地产经纪业务合同推荐文本》针对房屋买卖和房屋租赁在达成交易之前进行的委托事项分别制定了《房屋出售委托协议》《房屋出租委托协议》《房屋承购委托协议》《房屋承租委托协议》《房屋买卖合同》《房屋租赁合同》等六个合同。《房屋出售委托协议》由房屋出售人与房地产经纪机构签订；《房屋出租委托协议》由房屋出租人与房地产经纪机构签订；《房屋承购委托协议》由房屋承购人与房地产经纪机构签订；《房屋承租委托协议》由房屋承租人与房地产经纪机构签订；而《房屋买卖合同》和《房屋租赁合同》则分别由买卖双方或租赁双方与其委托的房地产经纪机构签订。同时，针对房地产经纪业务中信息不对称造成的提供虚假信息等行为，《房屋出售委托协议》和《房屋出租委托协议》都附带了《标的房屋信息》。《标的房屋信息》针对委托出售或出租的房屋的具体情况，如房屋的权益信息、区位信息和实物信息等要求委托人和受托人共同如实填写，以确保房屋信息的真实性。《房屋承购委托协议》和《房屋承租委托协议》都附带了《房屋需求信息》，在要求委托人提供真实的求购或求租意向的同时，也对受托人的职业能力提出了一定的要求。

为加强监督，中国房地产估价师与房地产经纪人学会要求房地产经纪机构在经营场所内的醒目位置明示中国房地产估价师与房地产经纪人学会会员证书、《房地产经纪执业规则》和《房地产经纪业务合同推荐文本》。要求房地产经纪机构、注册房地产经纪人严格遵守、自觉执行《房地产经纪执业规则》，使用《房地产经纪业务合同推荐文本》，自觉接受监督。委托人选用《房地产经纪业务合同推荐文本》的，房地产经纪机构不得拒绝。

《房地产经纪执业规则》和《房地产经纪业务合同推荐文本》的发布与实施，对规范房地产经纪行为、提高房地产经纪服务质量、保障房地产经纪活动当事人的合法权益、维护房地产市场秩序、加强房地产经纪行业自律管理、促进房地产经纪行业持续健康发展具有重要意义。

四、房地产中介服务行业信用档案体系

加快房地产估价机构、房地产经纪机构和房地产估价师、房地产经纪人诚信体系建设，大力提倡诚信为本的企业发展理念，不仅是政府构建公平竞争的市场经济秩序的需要，更是房地产估价、房地产经纪行业自身发展的必然要求。建立房地产中介服务行业信用档案，能够为各级政府部门和社会公众监督房地产中介服务行业及执（从）业人员市场行为提供依据，为社会公众查询企业和个人信用信息提供服务，为社会公众对房地产中介服务领域违法违规行为提供投诉的途径，从而有利于减少或避免商业欺诈、弄虚作假、损害消费者合法利益等行为的发生，使失信者在扩大经营范围、拓展业务等方面受到限制。

（一）房地产信用档案的建立范围

按照原建设部《关于建立房地产企业及执（从）业人员信用档案系统的通知》的规定，房地产信用档案的建立范围是房地产开发企业、房地产中介服务机构、物业服务企业和房地产估价师、房地产经纪人、房地产经纪人协理等专业人员［统称“执（从）业人员”］。它覆盖房地产行业所有企业和执（从）业人员的信用信息管理系统，即凡是从事房地产经济活动的房地产开发企业、物业服务企业、房地产中介服务机构及执（从）业人员，不论所在地域、资质等级、登记注册类型、规模大小，都是房地产信用档案监督的对象。2002 年 9 月，建设部开通了中国房地产估价信用档案信息系统，建立健全了一级资质房地产估价机构和注册房地产估价师信用档案。各省级房地

产行政主管部门也陆续建立了二、三级资质房地产估价机构的信用档案。2006年10月，中国房地产估价师与房地产经纪人学会建立了中国房地产经纪信用档案，并通过中国房地产经纪人网向社会公开。

《房地产估价机构管理办法》和《注册房地产估价师管理办法》对房地产估价信用档案作出了明确要求，房地产估价机构要按照要求提供真实、准确、完整的房地产估价信用档案信息。房地产估价机构的不良行为应当作为该机构法定代表人或者执行合伙人的不良行为记入其信用档案；注册房地产估价师及其聘用单位要按照要求，提供真实、准确、完整的注册房地产估价师信用档案信息。注册房地产估价师或者其聘用单位违反规定，未按照要求提供房地产估价师信用档案信息的，由县级以上地方人民政府房地产主管部门责令限期改正；逾期未改正的，可处以1000元以上1万元以下的罚款。

（二）房地产中介服务行业信用档案的构成

房地产中介服务行业信用档案是房地产信用档案的重要组成部分。房地产中介服务行业信用档案包括房地产估价机构、注册房地产估价师、房地产经纪机构、注册房地产经纪人等房地产中介服务机构及其执（从）业人员的信用档案。

（三）房地产中介服务行业信用档案的内容

房地产中介服务行业信用档案记录房地产中介服务机构和注册房地产估价师、注册房地产经纪人等执（从）业人员的信用信息。

房地产估价机构、房地产经纪机构信用档案的主要内容包括：机构基本情况、机构良好行为记录、机构不良行为记录、估价项目汇总、估价项目基本情况、股东（合伙人）情况、注册房地产估价师基本情况、机构资质年审情况、投诉情况等。房地产估价机构和房地产经纪机构的违法违规行为，被投诉举报处理、行政处罚等情况，作为其不良行为记入其信用档案。

注册房地产估价师、注册房地产经纪人信用档案的主要内容包括：个人基本情况、个人业绩汇总、继续教育情况、科研能力表现、良好行为记录、不良行为记录、投诉情况等。按照《房地产估价机构管理办法》的规定，房地产估价机构的不良行为，也作为该机构法定代表人或者执行合伙人的不良行为记入其信用档案。

（四）房地产中介服务行业信用档案的管理

随着政府电子政务的发展，房地产信用档案系统将逐步与有关政府部门

（如银行、工商、税收、质检、社保等）的信息系统互联互通，从同业征信向联合征信过渡，实现信息共享，以更加全面地反映房地产中介服务行业和执（从）业人员的信用状况。

1. 管理原则

房地产中介服务行业信用档案按照“统一规划、分级建设、分步实施、信息共享”的原则进行，逐步实现房地产中介服务行业信用档案系统覆盖全行业的目标。各级房地产行政主管部门负责组织辖区内房地产信用档案系统的建设与管理工作。

2. 组织实施

住房城乡建设部组织建立一级资质房地产估价机构及执业人员信用档案系统。中国房地产估价师与房地产经纪人学会为房地产中介服务行业信用档案的系统管理部门，在住房城乡建设部领导下，负责一级资质房地产估价机构和房地产中介执业人员信用档案的日常管理工作，包括有关信用信息的征集、登记、审核、更新及管理等工作，提供网上信用信息查询服务；并负责起草相关的信用信息管理制度，包括信息征集、使用和更新的规则与方法，信息公示的内容、范围和保留时限，投诉信息的处理与管理办法等。

3. 信息采集

信用档案信息依法从多种途径采集，充分利用现有信息资源，从政府部门、房地产中介行业自律组织、房地产中介服务机构、执（从）业人员、其他中介机构及社会公众等多种途径获得，并与机构资质审批、专业人员执（从）业资格注册工作有机结合。不良行为记录，除了要求房地产中介服务机构自报外，各级房地产行政主管部门、各级房地产中介行业自律组织也应及时报送房地产中介服务机构和有关责任人员的违法违规处理情况，房地产信用档案将按规定予以公示。

房地产中介服务机构或执业人员获部省级表彰或荣誉称号，即可作为良好行为记录载入该企业或执（从）业人员的信用档案。良好行为记录由房地产企业及执（从）业人员直接报送，或由各级建设（房地产）行政主管部门、房地产中介行业自律组织采集并审核后提交系统管理部门。

房地产中介服务机构或执（从）业人员出现违反房地产法律法规及相关法律法规、标准规范的行为，并受到行政处罚的，即可作为不良行为载入该企业或执（从）业人员的信用档案。不良行为记录以企业自报为主，房地产企业应在受到行政处罚后10日内将有关信息直接报送系统管理部门；也可通过各级建设（房地产）行政主管部门、房地产中介行业自律组织将行政处罚意见和其他不良行为记录提交系统管理部门。

4. 信息维护和更新

房地产中介服务行业信用档案是由政府组织建立的，由系统管理部门对信息进行维护和更新。对涉及企业商业秘密的信息要注意保密，实行授权查询；未经核实的信息不得在网上公示；不良记录在公示前，必须经过严格的审核批准程序。

5. 投诉处理

房地产中介服务行业信用档案系统专门设立了网上投诉栏目，社会公众可以在网上按照统一格式对房地产市场违法违纪行为进行投诉。按照《关于建立房地产企业及执（从）业人员信用档案系统的通知》的规定，系统管理部门对收到的投诉信息，要进行登记、整理、分类，并根据被投诉对象和投诉内容，或转交有关行政部门进行核查、处理，或转给被投诉机构进行处理。房地产中介服务机构对系统管理部门转去的投诉要在15日内反馈意见（包括处理结果或正在处理情况）。无正当理由未按时反馈的，将在网上公示投诉情况。机构对已公示的违法违规行为进行整改后，可提请相关行政主管部门组织考核验收，并在网上公布整改结果。如要撤销公示，须由被公示单位提出申请，经相关行政主管部门同意，方可从网上撤销；不良行为记录分类在房地产中介服务行业信用档案中保留一定期限。

6. 信息查询

按照依法、合理保护企业商业秘密和分类、分级管理原则，房地产中介服务机构、执（从）业人员信用档案内容分为公示信息和授权查询信息两大类。任何单位和个人有权查阅信用档案公示信息。公示信息可直接在中国住宅与房地产信息网、中国房地产估价师网和中国房地产经纪人网上免费查询。授权查询信息，如房地产估价机构信用档案中估价项目名称、委托人名称、委托人联系电话等内容，需按照房地产信用档案管理规定的条件和程序进行查询。

第八章　不动产登记法规制度

第一节　不动产登记概述

不动产登记，是指不动产登记机构依法将不动产权利归属和其他法定事项记载于不动产登记簿的行为。依据《民法典》，不动产物权的设立、变更、转让和消灭，应当依照法律规定登记。动产物权的设立和转让，应当依照法律规定交付。不动产物权的设立、变更、转让和消灭，经依法登记，发生效力；未经登记，不发生效力，但是法律另有规定的除外。依法属于国家所有的自然资源，所有权可以不登记。

一、不动产登记的目的

（一）维护交易安全

不动产登记后，不动产上的物权归属和内容可在不动产登记簿上准确地展现。

不动产登记簿具有公信效力。即便不动产登记簿上记载的物权归属和内容与真实情况不一致，只要权利人、利害关系人没有申请更正登记或异议登记，善意信赖登记簿记载的当事人不动产交易就应当得到保护。因此，不动产物权交易的当事人通过查询不动产登记簿，就可以判断作为交易标的物的不动产上的物权归属与内容，可以正确判断能否进行交易，避免受到他人欺诈。不动产登记为交易当事人提供了较大的便利，减少了交易成本，保证了交易较快完成，交易效率得到极大的提高。

（二）保护不动产权利人的物权

物权是一种对世权与绝对权。物权取得、变动需要通过一定方式向外界加以展示。登记就是一种展示的方法。通过登记可以清晰、准确地展现不动产物权的归属和内容，保护权利人依法取得的物权。

（三）有利于国家对不动产进行管理、征收赋税和进行宏观调控

首先，城市规划、建设和管理要了解城市土地的自然状况，以及房屋的布局、结构、用途等基本情况。房地产开发和住宅建设，需要了解建设区域内的土地和原有房屋的各种资料，以便合理地规划建设用地，妥善安置原有住户，并按照有关规定对被征收房屋给予合理补偿。房地产买卖和物业管理等一系列活动都涉及房地产权属和房屋的自然状况，这就需要向不动产登记机构了解该房地产的位置、权界、面积、建筑年代等准确的资料。

其次，不动产登记制度使得国家能够细致全面地掌握境内不动产情况，为征收各种赋税服务。如《中华人民共和国契税法》（以下简称《契税法》）第十一条规定：纳税人办理纳税事宜后，税务机关应当开具契税完税凭证。纳税人办理土地、房屋权属登记，不动产登记机构应当查验契税完税、减免税凭证或者有关信息。未按照规定缴纳契税的，不动产登记机构不予办理土地、房屋权属登记。《土地增值税暂行条例》第十二条规定：纳税人未按照本条例缴纳土地增值税的，土地管理部门、房产管理部门不得办理有关的权属变更手续。

最后，不动产登记的信息能够为国家进行宏观调控、推行各种调控政策提供决策的依据。例如，通过不动产登记的数据，国家可以准确地判断房地产交易的实际情况、城镇居民的居住情况等，以便进行相应的宏观调控。

二、不动产登记的范围

不动产登记的范围为不动产的物权。按照物权法定原则，不动产物权的种类和内容必须由法律规定，任何人不能创设物权。根据《民法典》，不动产物权包括所有权、用益物权、担保物权。不动产所有权包括国家所有权、集体所有权、私人所有权；业主的建筑物区分所有权、共有（按份共有、共同共有）。不动产用益物权包括土地承包经营权、建设用地使用权、宅基地使用权、居住权、地役权。不动产担保物权包括不动产抵押权。

《不动产登记暂行条例》第五条规定，不动产登记的范围为：

（1）集体土地所有权；

（2）房屋等建筑物、构筑物所有权；

（3）森林、林木所有权；

（4）耕地、林地、草地等土地承包经营权；

（5）建设用地使用权；

（6）宅基地使用权；

（7）海域使用权；

（8）地役权；

（9）抵押权；

（10）法律规定需要登记的其他不动产权利。

此外，《民法典》第三百六十八条规定，设立居住权的，应当向登记机构申请居住权登记。居住权自登记时设立。第三百七十条规定，居住权期限届满或者居住权人死亡的，居住权消灭。居住权消灭的，应当及时办理注销登记。因此，居住权也属于不动产登记的范围，需依法登记后设立。

三、不动产登记的模式

根据登记的内容和方式的不同，各国不动产登记主要可分为契据登记制和产权登记制两大类型。

（一）契据登记制

契据登记制模式是对抗要件主义。这种登记模式下，不动产权利的变更、他项权利的设定，在当事人订立合约之时就已生效，即双方一经产生债的关系，不动产权利的转移或他项权利的设定即同时成立。登记仅仅是作为对抗第三人的要件，所以称为“对抗要件主义”。其主要特点是：是否办理不动产登记由当事人选择；登记机构对登记申请一般进行形式审查；登记只具有公示力而无公信力，不经登记，只能在当事人中产生效力，不能对抗第三人。法院可以裁定已登记的契约无效，登记机构对此并不承担责任。因该项制度为法国首创，所以又称为“法国登记制”。

（二）产权登记制

产权登记制模式是成立要件主义。这种登记模式下，当事人订立的有关房地产权利转移或他项权利设定的合同效力只是一种债的效力，即当事人在法律上只能得到债权的保护，而不能得到物权的保护。只有履行不动产登记手续以后，不动产受让人权利才宣告成立。房屋买卖等法律行为发生的物权变动采取“合同+登记”的模式。例如，甲将房屋卖给乙，双方除签订房屋买卖合同外，还要去不动产登记机构办理房屋所有权转移登记。如不办理房屋所有权转移登记，乙仅依靠房屋买卖合同是得不到物权保护的。之所以称为成立要件主义，是因为其将登记作为物权权利成立的要件。产权登记制又可分为权利登记制和托伦斯登记制两种。

1. 权利登记制

登记机构备置登记簿，记载房地产权利的取得、变更过程，利害关系人、相关当事人可就登记簿的记载推知该房地产产权状态，若房地产权利的取得未经登记，便不产生效力，不仅不能对抗第三人，在当事人之间也不发生效力。其主要特点为：登记机构对登记申请进行实质审查，登记权利的现状；登记有公信力，即登记簿上所载事项，可以对抗善意第三人，在法律上有绝对的效力。因该项制度发源于德国，故又称为“德国登记制”。

2. 托伦斯登记制

该制度为澳大利亚人托伦斯所创，在核准登记以后发给权利人权属证书，房地产权利一旦载入政府产籍，权利状态就明确地记载在权属证书上，权利人可以凭证行使房地产权利。其主要特点是：房地产权利一经登记便具有绝对的法律效力；已登记权利如发生转移，必须在登记簿上加以记载；登记采取强制登记制度；登记簿为 2 份，权利人取得副本，登记机构保留正本，正副本内容必须完全一致。

四、不动产登记机构

（一）不动产登记机构设置

《民法典物权编》确定了国家对不动产实行统一登记制度。统一登记的范围、登记机构和登记办法，由法律、行政法规规定。《不动产登记暂行条例》实施前，国土资源、住房城乡建设（房地产）和林业等部门依据《城市房地产管理法》《中华人民共和国森林法》等法律，分别负责土地、房屋和林木等不动产登记工作。2013 年 12 月，中央机构编制委员会印发了《中央编办关于整合不动产登记职能的通知》，确定国土资源部负责指导监督全国土地登记、房屋登记、林地登记、海域登记等不动产登记工作。住房城乡建设部、原国家林业局、原国家海洋局等协同原国土资源部分别指导房屋、林地、海域登记工作。农村土地承包经营权纳入不动产统一登记，予以 5 年过渡期。过渡期内，原农业部会同原国土资源部等部门负责指导农村土地承包经营权统一登记工作。过渡期后，由原国土资源部指导。对地方登记机构职能，该通知要求充分利用现有资源将不动产登记职能统一到一个部门。《不动产登记暂行条例》第六条规定：国务院国土资源主管部门负责指导、监督全国不动产登记工作。县级以上地方人民政府应当确定一个部门为本行政区域的不动产登记机构，负责不动产登记工作，并接受上级人民政府不动产登记主管部门的指导、监督。因此，在中央层面，国土资源部门负责指导监督不动产登记工作，住房城乡建设部门协同指导房屋登记工作。在地方层面，不动产登记机构如何设立由地方人民政府确定。

根据《不动产登记暂行条例》，不动产登记由不动产所在地的县级人民政府不动产登记机构办理；直辖市、设区的市人民政府可以确定本级不动产登记机构统一办理所属各区的不动产登记。跨县级行政区域的不动产登记，由所跨县级行政区域的不动产登记机构分别办理。不能分别办理的，由所跨县级行政区域的不动产登记机构协商办理；协商不成的，由共同的上一级人民政府不动产登记主管部门指定办理。国务院确定的重点国有林区的森林、林木和林地，国务院批准项目的用海、用岛，中央国家机关使用的国有土地等不动产登记，由国务院国土资源主管部门会同有关部门规定。

（二）不动产登记机构职责

依据《民法典》，不动产登记由不动产所在地的登记机构办理。国家对不动产实行统一登记制度。统一登记的登记范围、登记机构和登记办法，由法律、行政法规规定。

登记机构应当履行下列职责：

（1）查验申请人提供的权属证明和其他必要材料；

（2）就有关登记事项询问申请人；

（3）如实、及时登记有关事项；

（4）法律、行政法规规定的其他职责。

申请登记的不动产的有关情况需要进一步证明的，登记机构可以要求申请人补充材料，必要时可以实地查看。

登记机构不得有下列行为：

（1）要求对不动产进行评估；

（2）以年检等名义进行重复登记；

（3）超出登记职责范围的其他行为。

因登记错误，造成他人损害的，登记机构应当承担赔偿责任。登记机构赔偿后，可以向造成登记错误的人追偿。

五、不动产物权生效时间

根据原因行为不同，不动产物权生效时间主要分为法定生效、基于法律行为的物权生效、基于事实行为发生生效、基于合同成立生效等四种情形。

（一）法定生效

法定生效即根据法律规定物权生效，如《民法典》第二百四十九条规定，城市的土地，属于国家所有。法律规定属于国家所有的农村和城市郊区的土地，属于国家所有。因此，通过立法形式直接公示土地所有权属于国家所有的，无须再通过登记的方式来公示所有权的归属。

（二）基于法律行为的物权生效

基于法律行为的物权生效即物权自记载于不动产登记簿生效。不动产物权的设立、变更、转让和消灭，依照法律规定应当登记的，自记载于不动产登记簿时发生效力。如房屋买卖、不动产抵押，自记载于不动产登记簿时发生物权效力。当事人之间订立有关设立、变更、转让和消灭不动产物权的合同，未办理物权登记的，不影响合同效力；依照法律规定需要办理登记的，未经登记，不发生物权效力。例如，根据《民法典》第三百四十九条、第四百零二条规定，建设用地使用权和不动产抵押权的设立应当登记，不登记则不发生物权变动效力。《民法典》第三百六十八条规定，设立居住权的，应当向登记机构申请居住权登记。居住权自登记时设立。需要注意的是，《民法典》修改了接受遗赠取得物权的生效条件，遗赠是指遗嘱指定法定继承人以外的人继受遗产，属于基于法律行为的物权变动，自记载于不动产登记簿时发生物权效力。

（三）基于事实行为发生生效

基于事实行为发生生效即基于事实行为发生的物权变动，只要事实行为发生，即使不经登记，物权变动也发生效力。这些事实行为主要有以下三种。

（1）因人民法院、仲裁委员会的法律文书或者人民政府的征收决定等，导致物权设立、变更、转让或者消灭的，自法律文书或者人民政府的征收决定等生效时发生效力。

（2）因继承取得物权的，自继承开始时发生效力。

（3）因合法建造、拆除房屋等事实行为设立或者消灭物权的，自事实行为成就时发生效力。

但权利人基于事实行为取得物权的，处分该物权时，依据法律规定需要办理登记的，未经登记，不发生物权效力。

（四）基于合同成立生效

基于合同成立生效即合同生效时物权设立，《民法典》中确定的基于合同生效时物权设立的，包括土地承包经营权、地役权。《民法典》第三百三十三条规定，土地承包经营权自土地承包经营权合同生效时设立。第三百三十五条规定，土地承包经营权互换、转让的，当事人可以向登记机构申请登记；未经登记，不得对抗善意第三人。第三百七十四条规定，地役权自地役权合同生效时设立。当事人要求登记的，可以向登记机构申请地役权登记；未经登记，不得对抗善意第三人。地役权不登记，并非意味着地役权就不能对抗第三人。地役权属于用益物权，物权具有绝对权，具有排他性。因此，地役权一经设立虽未登记，作为物权，仍可对抗侵权行为，如果他人非法侵害当事人的地役权，未经登记的地役权人，可以请求赔偿妨碍、排除损失。此外，未经登记的地役权，仅仅是不得对抗善意第三人。对恶意的第三人，如以不公正手段获取地役权登记的人、明知该地役权已经存在的第三人，仍具有对抗效力。

第二节　不动产登记类型和程序

一、不动产登记载体

不动产登记的载体有不动产登记簿和不动产权属证书，其中不动产权属证书包括不动产权证书和不动产登记证明。不动产登记簿是不动产物权归属和内容的根据：不动产物权的设立、变更、转让和消灭，依据法律规定应予登记的，自记载于不动产登记簿时发生效力。不动产登记簿应当采用电子介质，暂不具备条件的，可以采用纸质介质。不动产登记簿采用电子介质的，应当配备专门的存储设施，采取信息网络安全防护措施，并定期进行异地备份，具有唯一、确定的纸质转化形式。采用纸质介质不动产登记簿的，应当配备必要的防盗、防火、防渍、防有害生物等安全保护设施。不动产登记簿由不动产登记机构指定专人负责管理、永久保存。不动产登记簿损毁、灭失的，不动产登记机构应当及时补造。

不动产权属证书是权利人享有该不动产物权的证明。不动产权证书和不动产登记证明均属于不动产权属证书，是不动产登记机构依据不动产登记簿记载的权利内容和事宜，颁发给权利人或登记申请人作为其享有权利或已办理登记的凭证，是不动产登记簿记载内容的外在表现形式。根据《民法典》规定，不动产权属证书记载的事项，应当与不动产登记簿一致；记载不一致的，除有证据证明不动产登记簿确有错误外，以不动产登记簿为准。

二、不动产登记类型

（一）按照登记的物分类

土地登记，是指不动产登记机构依法将土地权利及相关事项在不动产登记簿上予以记载的行为。如集体土地所有权登记、国有建设用地使用权登记、集体建设用地使用权登记、宅基地使用权登记、土地使用权抵押权登记等。

房屋登记，是指不动产登记机构依法将房屋建筑物、构筑物权利及相关事项在不动产登记簿上予以记载的行为。如房屋所有权登记、房屋抵押权登记、预购商品房预告登记。

林权登记，是指不动产登记机构依法对森林、林木和林地权利及其相关事项在不动产登记簿上予以记载的行为。

（二）按照登记的物权分类

1. 不动产所有权登记

不动产所有权登记，是指不动产登记机构依法将不动产所有权及相关事项在不动产登记簿上予以记载的行为。如发生房屋买卖、互换、赠与、继承、受遗赠、以房屋出资入股，导致房屋所有权发生转移的，当事人应当在有关法律文件生效或者事实发生后申请房屋所有权转移登记。所有权是对物独占的支配权，其权能包括占有、使用、收益和处分。《民法典》第二百四十一条规定：所有权人有权在自己的不动产或者动产上设立用益物权和担保物权。用益物权人、担保物权人行使权利，不得损害所有权人的权益。所有权人在自己的不动产或动产上设立用益物权和担保物权，是其行使权利的具体体现。如不动产所有权人将不动产抵押给他人，就是所有权人行使其权能。

2. 不动产他项权利登记

不动产他项权利登记，是指不动产登记机构依法将他项权利及相关事项在不动产登记簿上予以记载的行为。不动产他项权利是指除不动产所有权以外的其他物权。不动产他项权利包括用益物权和担保物权。

（1）不动产用益物权。不动产用益物权包括土地承包经营权、建设用地使用权、宅基地使用权和地役权。《不动产登记暂行条例实施细则》规定，依法取得国有建设用地使用权，可以单独申请国有建设用地使用权登记。依法利用国有建设用地建造房屋的，可以申请国有建设用地使用权及房屋所有权登记。办理房屋所有权首次登记时，申请人应当将建筑区划内依法属于业主共有的道路、绿地、其他公共场所、公用设施和物业服务用房及其占用范围内的建设用地使用权一并申请登记为业主共有。业主转让房屋所有权的，其对共有部分享有的权利依法一并转让。

（2）不动产担保物权。不动产担保物权为抵押权。抵押权又分为一般抵押权和最高额抵押权。

①一般抵押权登记。一般抵押权登记包括抵押权设立登记、变更登记、转移登记和注销登记。申请抵押权登记，应当提交登记申请书、申请人的身份证明、不动产所有权证书、抵押合同、主债权合同和其他必要材料。对符合规定条件的，不动产登记机构应当将抵押当事人、债务人的名称（姓名）、被担保债权数额和登记时间记载于房屋登记簿。

②最高额抵押权登记。最高额抵押权登记包括设立登记、变更登记、转移登记和注销登记，以及最高额抵押权确定登记。对最高额抵押权设立前已存在债权转入最高额抵押担保的债权范围而申请登记的，申请人还应当提交已存在债权的合同或其他登记原因证明材料、抵押人与抵押权人同意将该债权纳入最高额抵押权担保范围的书面材料。对符合规定条件的最高额抵押权设立登记，不动产登记机构应当将抵押当事人、债务人的名称（姓名）、登记时间、最高债权额、债权确定的期间记载于不动产登记簿，并明确记载其为最高额抵押权。最高额抵押权担保的债权确定前，最高额抵押权发生转移的，转让人和受让人应当持登记申请书、申请人的身份证明、他项权利证书、最高额抵押权担保的债权尚未确定的证明材料、最高额抵押权发生转移的证明

材料等，申请最高额抵押权转移登记。最高额抵押权担保的债权确定前，债权人转让部分债权的，除当事人另有约定外，不动产登记机构不得办理最高额抵押权转移登记。当事人约定最高额抵押权随同部分债权的转让而转移的，应当在办理最高额抵押权确定登记之后，按照规定办理抵押权转移登记。经依法登记的最高额抵押权担保的债权确定，予以登记的，不动产登记机构应当将最高额抵押权担保的债权已经确定的事实记载于不动产登记簿。当事人协议确定或者人民法院、仲裁委员会生效的法律文书确定了债权数额的，房屋登记机构可以依照当事人一方的申请，将债权数额确定的事实记载于不动产登记簿。

此外，《民法典》还将正在建造的建筑物（在建工程）抵押纳入抵押权登记的范畴。在建工程抵押权登记包括首次登记、变更登记、转移登记和注销登记。在建工程抵押权登记事项在房屋登记簿上予以记载后，登记机构向在建工程抵押权人发放抵押登记证明。已经登记在建工程抵押权变更、转让或者消灭的，当事人应当申请变更登记、转移登记、注销登记。在建工程竣工并经房屋所有权首次登记后，当事人应当申请将在建工程抵押权登记转为房屋抵押权登记。

（三）按照登记的效力分类

1. 本登记

本登记是对不动产物权的设立、变更、转让以及消灭等法律事实进行的登记，具有终局、确定的效力，因此又被称为“终局登记”。如房屋所有权初始登记、房屋所有权转移登记等都属于本登记。本登记包括首次登记、转移登记、变更登记、注销登记、更正登记和异议登记、封查登记。

（1）首次登记。首次登记是指不动产权利第一次登记。未办理不动产首次登记的，不得办理不动产其他类型登记，但法律、行政法规另有规定的除外。

（2）转移登记。转移登记是指不动产物权转移时进行的登记。由于我国实行土地公有制即国家所有与集体所有，土地所有权不能转让。即便是集体所有的土地变为国家所有的土地，也只是通过征收的方式。因此，转移登记仅适用于土地使用权、房屋所有权及抵押权等其他物权发生转移的情形。

（3）变更登记。变更登记是指不动产物权归属的主体不变，而只是物权的内容、客体等发生变化时进行的登记。如不动产的面积发生变化、权利人名称发生变化时，应申请变更登记。

（4）注销登记。注销登记是指因法定或约定的原因使已登记的不动产物权归于消灭或因自然的、人为的原因使不动产本身灭失时进行的一种登记。如抵押权已实现，应申请抵押权注销等。

（5）更正登记和异议登记。更正登记和异议登记是保护事实上的权利人或者真正权利人以及真正权利状态的法律措施。更正登记是对原登记权利的涂销，同时对真正权利进行登记。异议登记是将事实上的权利人以及利害关系人对不动产登记簿中记载的权利提出的异议记入登记簿中，其法律效力是使登记簿所记载权利失去推定的效力。《民法典》规定：权利人、利害关系人认为不动产登记簿记载的事项错误的，可以申请更正登记。不动产登记簿记载的权利人书面同意更正或者有证据证明登记确有错误的，登记机构应当予以更正。不动产登记簿记载的权利人不同意更正的，利害关系人可以申请异议登记。登记机构予以异议登记的，申请人在异议登记之日起 15 日内不起诉，异议登记失效。异议登记不当，造成权利人损害的，权利人可以向申请人请求损害赔偿。

（6）查封登记。查封登记是指不动产登记机构按照人民法院的生效法律文书和协助执行通知书，配合人民法院对指定不动产在不动产登记簿上予以注记，以限制权利人处分被查封的不动产的行为。被查封、预查封的房屋，在查封、预查封期间不得办理抵押、转让等权属变更、转移登记手续。根据最高人民法院、原建设部、原国土资源部联合下发的《关于依法规范人民法院执行和国土资源房地产管理部门协助执行若干问题的通知》（法发〔2004〕5 号），不动产登记机构在协助人民法院执行土地使用权、房屋时，不对生效法律文书和协助执行通知书进行实体审查，认为人民法院查封、预查封或者处理的土地、房屋权属错误的，可以向人民法院提出审查建议，但不应当停止办理协助执行事项。

2. 预登记

预登记是在本登记之前进行的登记，其不具有终局、确定的效力，主要目的在于保护权利人的合法权益。如预购商品房预告登记。《民法典》规定：当事人签订买卖房屋或者其他不动产物权的协议，为保障将来实现物权，按照约定可以向登记机构申请预告登记。预告登记后，未经预告登记的权利人同意，处分该不动产的，不发生物权效力。预告登记后，债权消灭或者自进行不动产登记之日起90日内未申请登记的，预告登记失效。

预告登记与房屋交易合同网签备案有着本质区别，主要表现在5个方面。

（1）法律依据不同。房屋交易合同网签备案，依据的是行政管理法即《城市房地产管理法》，属于公法范畴。预告登记依据的是民事法律，即《民法典》，属于私法范畴。

（2）性质不同。房屋交易合同网签备案属于行政管理措施，是一项行政管理制度。预告登记是由《民法典》规定的一种登记类型、担保方法，兼具物权性与债权性，是一项民事制度。

（3）作用不同。房屋交易合同网签备案主要是规范交易活动行为，有助于政府获取房屋交易信息。有利于加强对房地产市场的监管，维护房地产市场秩序。预告登记的主要目的就是保障债权人将来能够实现物权，所有权初始登记之后能够办理所有权转移登记，从而确定地取得房屋所有权。

（4）强制性不同。房屋交易合同网签备案制度是房屋交易主体应当履行的一项强制性制度，预告登记必须是在双方有预告登记的约定之后才能申请。如果没有当事人的约定，任何人不得强制他人进行预购商品房的预告登记，不动产登记机构也不能依职权进行预告登记。

（5）适用范围不同。房屋交易合同网签备案涵盖了房屋买卖、抵押和租赁等各种交易类型。预告登记仅适用于物权登记，期房和现房的买卖、抵押中可以进行预告登记，在其他不动产物权如建设用地使用权的转让和抵押中，可以申请预告登记。预告登记的法定范围不包括房屋租赁。

三、不动产登记程序

不动产登记按照启动登记的原因，主要分为依嘱托登记、依职权登记和依申请登记。

依嘱托登记是不动产登记机构依据人民法院、人民检察院等国家有权机关出具的相关嘱托文件办理的登记，主要程序是嘱托、接受嘱托、审核和登簿。

依职权登记是不动产登记机构依职权办理不动产登记事项，主要程序是启动、审核和登簿。

依申请登记是不动产登记机构依据申请人的申请办理不动产登记，主要程序为申请、受理、审核和登簿。不动产登记机构完成登记后，应当依据法律、行政法规规定向申请人发放不动产权证书或者不动产登记证明。

（一）申请

自然人、法人或其他组织都可以申请不动产登记。无民事行为能力人、限制民事行为能力人申请不动产登记的，应当由其监护人代为申请。监护人代为申请登记的，应当提供监护人与被监护人的身份证或者户口簿、有关监护关系等材料；因处分不动产而申请登记的，还应当提供为被监护人利益的书面保证。父母之外的监护人处分未成年人不动产的，有关监护关系材料可以是人民法院指定监护的法律文书、经过公证的对被监护人享有监护权的材料或者其他材料。

当事人可以委托他人代为申请不动产登记。代理申请不动产登记的，代理人应当向不动产登记机构提供被代理人签字或者盖章的授权委托书。自然人处分不动产，委托代理人申请登记的，应当与代理人共同到不动产登记机构现场签订授权委托书，但授权委托书经公证的除外。境外申请人委托他人办理处分不动产登记的，其授权委托书应当按照国家有关规定办理认证或者公证。

1. 申请原则

不动产登记以共同申请为原则，以单方申请为例外。即申请不动产登记原则上由当事人双方共同申请，但特殊情形下，也可以单方申请。根据《不动产登记暂行条例》，属于下列情形之一的，可以由当事人单方申请：

（1）尚未登记的不动产首次申请登记的；

（2）继承、接受遗赠取得不动产权利的；

（3）人民法院、仲裁委员会生效的法律文书或者人民政府生效的决定等设立、变更、转让、消灭不动产权利的；

（4）权利人姓名、名称或者自然状况发生变化，申请变更登记的；

（5）不动产灭失或者权利人放弃不动产权利，申请注销登记的；

（6）申请更正登记或者异议登记的；

（7）法律、行政法规规定可以由当事人单方申请的其他情形。

2. 申请材料

申请人申请不动产登记应当提交下列材料，并对申请材料的真实性负责：

（1）登记申请书；

（2）申请人、代理人身份证明材料、授权委托书；

（3）相关的不动产权属来源证明材料、登记原因证明文件、不动产权证书；

（4）不动产界址、空间界限、面积等材料；

（5）与他人利害关系的说明材料；

（6）法律、行政法规以及本条例实施细则规定的其他材料。

监护人代为申请时，还应当提交证明其监护身份的证明材料。

当事人提供虚假材料申请登记，给他人造成损害的，应当承担赔偿责任。

3. 审批信息化

为深化“放管服”改革，深入推进审批服务便民化，《国务院办公厅关于压缩不动产登记办理时间的通知》（国办发〔2019〕8号）规定，应加强部门协作，实行信息共享集成、流程集成或人员集成，进行全流程优化，压缩办理时间，切实解决不动产登记耗时长、办理难问题，努力构建便捷高效、便民利民的不动产登记工作体系。

2019年底前，流程精简优化到位，不动产登记数据和相关信息质量明显提升，地级及以上城市不动产登记需要使用有关部门信息的通过共享获取，全国所有市县一般登记、抵押登记业务办理时间力争分别压缩至10个、5个工作日以内；2020年底前，不动产登记数据完善，所有市县不动产登记需要使用有关部门信息的全部共享到位，“互联网+不动产登记”在地级及以上城市全面实施，全国所有市县一般登记、抵押登记业务办理时间力争全部压缩至五个工作日以内。

（二）受理

不动产登记机构受理不动产登记申请要查验：不动产界址、空间界限、面积等材料与申请登记的不动产状况是否一致；有关证明材料、文件与申请登记的内容是否一致；登记申请是否违反法律、行政法规规定。对属于登记职责范围，申请材料齐全、符合法定形式，或者申请人按照要求提交全部补正申请材料的，应当受理并书面告知申请人；申请材料存在可以当场更正的错误的，应当告知申请人当场更正，申请人当场更正后，应当受理并书面告知申请人；申请材料不齐全或者不符合法定形式的，应当当场书面告知申请人不予受理并一次性告知需要补正的全部内容；申请登记的不动产不属于本机构登记范围的，应当当场书面告知申请人不予受理并告知申请人向有登记权的机构申请。

对房屋等建筑物、构筑物所有权首次登记，在建建筑物抵押权登记，因不动产灭失导致的注销登记，以及不动产登记机构认为需要实地查看的情形，不动产登记机构应当实地查看。对可能存在权属争议，或者可能涉及他人利害关系的登记申请，不动产登记机构可以向申请人、利害关系人或者有关单位进行调查。

对存在尚未解决的权属争议、申请登记的不动产权利超过规定期限，以及对违反法律、行政法规或法律、行政法规规定不予登记情形的，不动产登记机构应当不予登记，并书面告知申请人。不动产登记机构未当场书面告知申请人不予受理的，视为受理。

（三）登簿

经查验，申请符合登记条件的，不动产登记机构应当予以登记，依法将各类登记事项准确、完整、清晰地记载于不动产登记簿。同一不动产上设立多个抵押权的，不动产登记机构应当按照受理时间的先后顺序依次办理登记，并记载于不动产登记簿。当事人对抵押权顺位另有约定的，从其规定办理登记。

登记事项自记载于不动产登记簿时完成登记。任何人不得损毁不动产登记簿，除依法予以更正外不得修改登记事项。不动产登记簿记载的内容有：不动产的宗地面积、坐落、界址、房屋面积、用途、交易价格等自然状况；权利人、权利类型、登记类型、登记原因、权利变化等权属状况；涉及不动产权利限制、提示的事项等。不动产登记簿由不动产登记机构按照统一的登记簿样式自行制作使用。不动产登记机构可以结合地方实际，针对不同的权利登记事项，对登记簿作相应调整，但不得随意减少登记簿的内容。

（四）发证

不动产登记机构完成登记，应当依法向申请人核发不动产权证书或者登记证明。不动产权证书和不动产登记证明由国土资源部统一监制。不动产权证书有单一版和集成版两个版本。单一版证书记载一个不动产单元上的一种权利或者互相兼容的一组权利。集成版证书记载同一权利人在同一登记辖区内享有的多个不动产单元上的不动产权利。目前主要采用单一版证书。不动产登记证明用于证明不动产抵押权、地役权或者预告登记、异议登记等事项。查封登记不颁发证书或证明。除法律另有规定的外，不动产登记机构应当自受理登记申请之日起30个工作日内办结不动产登记手续。

1. 不动产权证书主要内容

（1）二维码。由不动产登记机构按照规定自行打印，用于储存不动产登记信息。

（2）登记机构（章）及时间。盖登记机构的不动产登记专用章。登记机构为县级以上人民政府依法确定的、负责不动产登记工作的部门，如××县人民政府确定由该县国土资源局负责不动产登记工作，则该县国土资源局为不动产登记机构，证书加盖“××县国土资源局不动产登记专用章”。时间填写登簿的时间，格式为××××年××月××日，如2015年3月1日。

（3）编号。为印制证书的流水号，采用字母与数字的组合。字母“D”表示单一版证书。数字一般为11位。数字前2位为省份代码，北京11、天津12、河北13、山西14、内蒙古15、辽宁21、吉林22、黑龙江23、上海31、江苏32、浙江33、安徽34、福建35、江西36、山东37、河南41、湖北42、湖南43、广东44、广西45、海南46、重庆50、四川51、贵州52、云南53、西藏54、陕西61、甘肃62、青海63、宁夏64、新疆65。国家10，用于国务院国土资源主管部门的登记发证。数字后9位为证书印制的顺序码，码值为000000001～999999999。

（4）不动产权证书号。按照A（B）C不动产权第D号结构编制。其中：“A”处填写登记机构所在省区市的简称。“B”处填写登记年度。“C”处一般填写登记机构所在市县的全称，特殊情况下，可根据实际情况使用简称，但应确保在省级范围内不出现重名。“D”处是年度发证的顺序号，一般为7位，码值为0000001～9999999。如苏（2015）徐州市不动产权第0000001号、苏（2015）睢宁县不动产权第0000001号。国务院国土资源主管部门登记的，“A”处填写“国”。“B”处填写登记年度。“C”处填写“林”或者“海”。“D”处是年度发证的顺序号，一般为7位，码值为0000001～9999999。

（5）权利人。填写不动产权利人的姓名或名称。共有不动产，发一本证书的，权利人填写全部共有人，“权利其他状况”栏记载持证人；共有人分别持证的，权利人填写持证人，其余共有人在“权利其他状况”栏记载。

（6）共有情况。填写单独所有、共同共有或者按份共有的比例。涉及房屋、构筑物的，填写房屋、构筑物的共有情况。

（7）坐落。填写宗地所在地的地理位置名称。涉及地上房屋的，填写有关部门依法确定的房屋坐落，一般包括街道名称、门牌号、幢号、楼层号、房号等。

（8）不动产单元号。填写不动产单元的编号。

（9）权利类型。根据登记簿记载的内容，填写不动产权利名称。涉及两种的，用“/”分开（“/”由登记机构自行打印）。如集体土地所有权；国家土地所有权；国有建设用地使用权；国有建设用地使用权/房屋（构筑物）所有权；宅基地使用权；宅基地使用权/房屋（构筑物）所有权；集体建设用地使用权；集体建设用地使用权/房屋（构筑物）所有权等。

（10）权利性质。国有土地填写划拨、出让、作价出资（入股）、国有土地租赁、授权经营等；集体土地填写家庭承包、其他方式承包、批准拨用、入股、联营等。土地所有权不填写。房屋按照商品房、房改房、经济适用住房、廉租住房、自建房等房屋性质填写。构筑物按照构筑物类型填写。涉及两种的，用“/”分开（“/”由登记机构自行打印）。

（11）用途。土地按《土地利用现状分类》填写二级分类，海域按《海域使用分类体系》填写用海类型二级分类。房屋、构筑物填写规划用途。涉及两种的，用“/”分开（“/”由登记机构自行打印）。

（12）面积。填写登记簿记载的不动产单元面积。涉及宗地及房屋、构筑物的，用“/”分开（“/”由登记机构自行打印），分别填写宗地及房屋、构筑物的面积。土地共有的，填写宗地面积。共同共有人和按份共有人及其比例（共有的宗地，填写相应的使用权面积；建筑物区分所有权房屋和共有土地上建筑的房屋，填写独用土地面积与分摊土地面积加总后的土地使用面积）等共有情况在“权利其他状况”栏记载。

（13）使用期限。填写具体不动产权利的使用起止时间，如××××年××月××日起××××年××月××日止。涉及地上房屋、构筑物的，填写土地使用权的起止日期。土地所有权以及未明确权利期限的可以不填。

（14）权利其他状况。根据不同的不动产权利类型，填写相应内容。其中，房屋所有权可以填写的内容主要有：房屋结构（按照钢结构、钢和钢筋混凝土结构、钢筋混凝土结构、混合结构、砖木结构、其他结构等 6 类填写），房屋总层数和所在层（记载房屋所在建筑物的总层数和所在层）。

（15）附记。记载设定抵押权、地役权、查封等权利限制或提示事项以及其他需要登记的事项。

（16）附图页。反映不动产界址及四至范围的示意图形，不一定依照比例尺。附图应当打印，暂不具备条件的，可以粘贴。房地一体登记的，附图页要同时打印或粘贴宗地图和房地产平面图。

2. 不动产登记证明

（1）证明权利或事项。填写抵押权、地役权或者预告登记、异议登记等事项。

（2）权利人（申请人）。抵押权、地役权或者预告登记，填写权利人姓名或名称。异议登记，填写申请人姓名或名称。

（3）义务人。填写抵押人、供役地权利人或者预告登记的义务人的姓名或名称。异议登记的，可以不填写。

（4）坐落。填写不动产单元所在宗地、宗海的地理位置名称。涉及地上房屋的，填写有关部门依法确定的房屋坐落，一般包括街道名称、门牌号、幢号、楼层号、房号等。

（5）不动产单元号。填写不动产单元的编号。

（6）其他。根据不同的不动产登记事项，分别填写以下内容：抵押权，不动产权证书号；抵押的方式和担保债权的数额。地役权，供役地的不动产权证书号；需役地的坐落；地役权的内容。预告登记，已有的不动产权证书号和预告登记的种类。异议登记，异议登记的内容。

（7）附记。记载其他需要填写的事项。

四、不动产登记收费

（一）缴费人

不动产登记费由登记申请人缴纳。按规定需由当事人各方共同申请不动产登记的，由登记为不动产权利人的一方缴纳；不动产抵押权登记，由登记为抵押权人的一方缴纳；不动产为多个权利人共同缴纳，具体分摊份额由权利人自行协商。

房地产开发企业不得把新建商品房办理首次登记的登记费以及因提供测绘资料产生的测绘费等其他费用转嫁给购房人承担；向购房人提供抵押贷款的商业银行，不得把办理抵押权登记的费用转嫁给购房人承担。

不动产登记机构依法办理不动产查封登记、注销登记、预告登记和因不动产登记机构错误导致的更正登记，不得收取不动产登记费。

（二）计费单位

《民法典》规定，不动产登记费按件收取，不得按照不动产的面积、体积或者价款的比例收取。

申请人以一个不动产单元提出一项不动产权利的登记申请，并完成一个登记类型登记的为一件。申请人以同一宗土地上多个抵押物办理一笔贷款，申请办理抵押权登记的，按一件收费；非同宗土地上多个抵押物办理一笔贷款，申请办理抵押权登记的，按多件收费。

不动产单元，是指权属界线封闭且具有独立使用价值的空间。有房屋等建筑物、构筑物以及森林、林木定着物的，以该房屋等建筑物、构筑物以及森林、林木定着物与土地权属界线封闭的空间为不动产单元。房屋包括独立成幢、权属界线封闭的空间，以及区分套、层、间等可以独立使用、权属界线封闭的空间。没有房屋等建筑物、构筑物以及森林、林木定着物的，以土地权属界线封闭的空间为不动产单元。

（三）收费标准

《财政部 国家发展和改革委员会关于不动产登记收费有关政策问题的通知》《国家发展改革委 财政部关于不动产登记收费标准等有关问题的通知》《财政部 国家发展改革委关于减免部分行政事业性收费有关政策的通知》，先后对不动产登记收费具体标准及相关减免作出了具体规定，不动产登记机构应认真执行收费公示制度，不得擅自增加收费项目、扩大收费范围、提高收费标准或加收其他任何费用，并自觉接受价格、财政部门的监督检查。

1. 住宅类不动产登记费

申请办理下列规划用途为住宅的房屋（以下简称“住宅”）及其建设用地使用权不动产登记事项，不动产登记费收费标准为每件80元。

（1）房地产开发企业等法人、非法人组织、自然人合法建设的住宅，申请办理房屋所有权及其建设用地使用权首次登记；

（2）居民等自然人、法人、非法人组织购买住宅，以及互换、赠与、继承、受遗赠等情形，住宅所有权及其建设用地使用权发生转移，申请办理不动产转移登记；

（3）当事人以住宅及其建设用地设定抵押，办理抵押权首次登记、转移登记；

（4）当事人按照约定在住宅及其建设用地上设定地役权，申请办理地役权首次登记、转移登记。

2. 非住宅类不动产登记费

申请办理下列非住宅类不动产权利的首次登记、转移登记，不动产登记费收费标准为每件550元。

（1）住宅以外的房屋等建筑物、构筑物所有权及其建设用地使用权或者海域使用权；

（2）无建筑物、构筑物的建设用地使用权；

（3）地役权；

（4）抵押权。

3. 不动产登记工本费

不动产登记机构按照上述规定收取不动产登记费，核发一本不动产权属证书的不收取证书工本费。向一个以上不动产权利人核发权属证书的，每增加一本证书加收证书工本费10元。

只收取不动产权属证书每本证书10元工本费的情形包括：单独申请宅基地使用权登记的；申请宅基地使用权及地上房屋所有权登记的；夫妻间不动产权利人变更，申请登记的；因不动产权属证书丢失、损坏等原因申请补发、换发证书的。

不动产登记机构依法核发不动产登记证明，不得收取登记证明工本费。

4. 不动产登记费优惠减免

（1）按照不动产登记费收费标准减半收取登记费，同时不收取第一本不动产权属证书的工本费的情形包括：申请不动产异议登记的；国家法律、法规规定予以减半收取的。

（2）免收不动产登记费，含第一本不动产权属证书的工本费的情形包括：申请与房屋配套的车库、车位、储藏室等登记，不单独核发不动产权属证书的；小微企业（含个体工商户）申请不动产登记的；国家法律、法规规定予以免收的。

（3）对申请办理车库、车位、储藏室不动产登记，单独核发不动产权属证书或登记证明的，不动产登记费按住宅类不动产登记每件80元收取。

（4）廉租住房、公共租赁住房、经济适用住房和棚户区改造安置住房所有权及其建设用地使用权办理不动产登记的，不收取不动产登记费。

（5）申请办理变更登记、更正登记的，免收不动产登记费。

第三节　不动产登记信息查询

一、一般规定

在我国，不动产登记信息不属于可以向社会公众开放查询的公开信息，也不适用《政府信息公开条例》。《民法典》《不动产登记暂行条例》等法律、行政法规，对不动产登记信息查询作了明确规定。

依据《民法典》，权利人、利害关系人可以申请查询、复制不动产登记资料，登记机构应当提供。利害关系人不得公开、非法使用权利人的不动产登记资料。《不动产登记暂行条例》规定，有关国家机关可以依照法律、行政法规的规定，查询、复制与调查处理事项有关的不动产登记资料。查询不动产登记资料的单位、个人，应当向不动产登记机构说明查询目的，不得将查询获得的不动产登记资料用于其他目的；未经权利人同意，不得泄露查询获得的不动产登记资料。

为了规范不动产登记资料查询活动，加强不动产登记资料的管理、保护和利用，维护不动产交易安全，保护不动产权利人的合法权益，制定了《不动产登记资料查询暂行办法》。不动产权利人、利害关系人可以依照《不动产登记资料查询暂行办法》的规定，查询、复制不动产登记资料。不动产权利人、利害关系人可以委托律师或者其他代理人查询、复制不动产登记资料。

二、权属证书证明查看

不动产权证书和不动产登记证明，是颁发给权利人或登记申请人作为其享有权利或已办理登记的凭证，是不动产登记簿记载内容的外在表现形式。通过查看不动产权证书，可以方便、快捷地获取不动产登记信息。根据《民法典》规定，不动产权属证书记载的事项，应当与不动产登记簿一致；记载不一致的，除有证据证明不动产登记簿确有错误外，以不动产登记簿为准。《不动产登记暂行条例》施行前依法颁发的各类不动产权属证书和制作的不动产登记簿继续有效。

三、登记资料查询

（一）不动产登记资料的范围

不动产登记资料包括：

（1）不动产登记簿等不动产登记结果；

（2）不动产登记原始资料，包括不动产登记申请书、申请人身份材料、不动产权属来源、登记原因、不动产权籍调查成果等材料以及不动产登记机构审核材料。

不动产登记资料由不动产登记机构负责保存和管理。县级以上人民政府不动产登记机构负责不动产登记资料查询管理工作。

（二）查询人

《不动产登记暂行条例》规定，权利人、利害关系人可以依法查询、复制不动产登记资料，不动产登记机构应当提供。有关国家机关可以依照法律、行政法规的规定，查询、复制与调查处理事项有关的不动产登记资料。

《不动产登记暂行条例实施细则》规定，人民法院、人民检察院、国家安全机关、国家监察机关等可以依法查询、复制与调查和处理事项有关的不动产登记资料。其他有关国家机关执行公务依法查询、复制不动产登记资料的，依照本条规定办理。涉及国家秘密的不动产登记资料的查询，按照《中华人民共和国保守国家秘密法》的有关规定执行。

（三）一般规定

不动产权利人、利害关系人可以委托律师或者其他代理人查询、复制不动产登记资料。

查询不动产登记资料，应当在不动产所在地的市、县人民政府不动产登记机构进行，但法律法规另有规定的除外。查询人到非不动产所在地的不动产登记机构申请查询的，该机构应当告知其到相应的机构查询。

不动产权利人、利害关系人申请查询不动产登记资料，应当提交查询申请书以及不动产权利人、利害关系人的身份证明材料。查询申请书应当包括下列内容：

（1）查询主体；

（2）查询目的；

（3）查询内容；

（4）查询结果要求；

（5）提交的申请材料清单。

不动产权利人、利害关系人委托代理人代为申请查询不动产登记资料的，被委托人应当提交双方身份证明原件和授权委托书。授权委托书中应当注明双方姓名或者名称、公民身份证号码或者统一社会信用代码、委托事项、委托时限、法律义务、委托日期等内容，双方签字或者盖章。代理人受委托查询、复制不动产登记资料的，其查询、复制范围由授权委托书确定。

符合查询条件，查询人需要出具不动产登记资料查询结果证明或者复制不动产登记资料的，不动产登记机构应当当场提供。因特殊原因不能当场提供的，应当在5个工作日内向查询人提供。查询结果证明应当注明出具的时间，并加盖不动产登记机构查询专用章。

有下列情形之一的，不动产登记机构不予查询，并出具不予查询告知书：

（1）查询人提交的申请材料不符合查询暂行办法规定的；

（2）申请查询的主体或者查询事项不符合查询暂行办法规定的；

（3）申请查询的目的不符合法律法规规定的；

（4）法律、行政法规规定的其他情形。

查询人对不动产登记机构出具的不予查询告知书不服的，可以依法申请行政复议或者提起行政诉讼。

（四）权利人查询不动产登记资料

不动产登记簿上记载的权利人，可以查询本不动产登记结果和本不动产登记原始资料。

不动产权利人可以申请以下索引信息查询不动产登记资料，但法律法规另有规定的除外：

（1）权利人的姓名或者名称、公民身份号码或者统一社会信用代码等特定主体身份信息；

（2）不动产具体坐落位置信息；

（3）不动产权属证书号；

（4）不动产单元号。

不动产登记机构可以设置自助查询终端，为不动产权利人提供不动产登记结果查询服务。自助查询终端应当具备验证相关身份证明以及出具查询结果证明的功能。

继承人、受遗赠人因继承和受遗赠取得不动产权利的，适用查询暂行办法中关于不动产权利人查询的规定。以上主体查询不动产登记资料的，除提交一般申请材料外，还应当提交被继承人或者遗赠人死亡证明、遗嘱或者遗赠扶养协议等可以证明继承或者遗赠行为发生的材料。

清算组、破产管理人、财产代管人、监护人等依法有权管理和处分不动产权利的主体，参照本章规定查询相关不动产权利人的不动产登记资料。以上主体查询不动产登记资料的，除提交一般申请材料外，还应当提交依法有权处分该不动产的材料。

（五）利害关系人查询不动产登记资料

符合下列条件的利害关系人可以申请查询有利害关系的不动产登记结果：

（1）因买卖、互换、赠与、租赁、抵押不动产构成利害关系的；

（2）因不动产存在民事纠纷且已经提起诉讼、仲裁而构成利害关系的；

（3）法律法规规定的其他情形。

不动产的利害关系人申请查询不动产登记结果的，除提交一般申请材料外，还应当提交下列利害关系证明材料：

（1）因买卖、互换、赠与、租赁、抵押不动产构成利害关系的，提交买卖合同、互换合同、赠与合同、租赁合同、抵押合同；

（2）因不动产存在相关民事纠纷且已经提起诉讼或者仲裁而构成利害关系的，提交受理案件通知书、仲裁受理通知书。

有买卖、租赁、抵押不动产意向，或者拟就不动产提起诉讼或者仲裁等，但不能提供利害关系证明材料的，可以提交一般申请材料，查询相关不动产登记簿记载的下列信息：

（1）不动产的自然状况；

（2）不动产是否存在共有情形；

（3）不动产是否存在抵押权登记、预告登记或者异议登记情形；

（4）不动产是否存在查封登记或者其他限制处分的情形。

以上当事人委托的律师，还可以申请查询相关不动产登记簿记载的下列信息：

（1）申请验证所提供的被查询不动产权利主体名称与登记簿的记载是否一致；

（2）不动产的共有形式；

（3）要求办理查封登记或者限制处分机关的名称。

不动产的利害关系人可以申请下列索引信息查询不动产登记资料：

（1）不动产具体坐落位置；

（2）不动产权属证书号；

（3）不动产单元号。

每份申请书只能申请查询 1 个不动产登记单元。

不动产利害关系人及其委托代理人，按照《不动产登记资料查询暂行办法》申请查询的，应当承诺不将查询获得的不动产登记资料、登记信息用于其他目的，不泄露查询获得的不动产登记资料、登记信息，并承担由此产生的法律后果。

四、查询登记信息应关注的重点

查询不动产登记信息应重点关注以下信息：

（1）房屋所有权归属情况（是单独所有还是共有）；

（2）房屋性质（是否限制转让房屋）；

（3）房屋抵押情况（是否存在抵押）；

（4）房屋预告登记情况（在预告登记生效期间，房屋所有权人转让房屋需经预告登记的权利人书面同意）；

（5）异议登记情况；

（6）房屋被查封情况。

第九章　房地产税收法规制度

第一节　税收制度概述

一、税收的概念和特征

税收是国家参与社会剩余产品分配的一种规范形式，其本质是国家凭借政治权力，按照法律规定程序和标准，无偿地取得财政收入的一种手段。税收的本质决定了它具有强制性、无偿性和固定性的特征。

二、税收制度的构成要素

税收制度由纳税义务人（以下简称“纳税人”），课税对象，计税依据，税率或税额标准，附加、加成和减免，违法违章处理等要素构成。

（一）纳税人（课税主体）

纳税人是国家行使课税权指向的单位和个人，即《中华人民共和国税法》规定的直接负有纳税义务的单位和个人。

纳税人和负税人不同。纳税人是直接向国家缴纳税款的单位和个人，负税人是实际负担税款的单位和个人。

（二）课税对象（课税客体）

课税对象又称“征税对象”，是税法规定的课税目的物，即国家对什么事物征税。

课税对象决定税收的课税范围，是区别征税与不征税的主要界限，也是区别不同税种的主要标志。根据课税对象性质的不同，全部税种分为 5 大类：流转税、收益税、财产税、资源税和行为目的税。

（三）计税依据

计税依据也称“课税依据”“课税基数”，是计算应纳税额的根据。计税依据按照计量单位划分，有两种情况：一是从价计征，二是从量计征。市场经济条件下，绝大多数的税种都是从价计征。

（四）税率或税额标准

税率是据以计算应纳税额的比率，即对课税对象的征收比例。税率和税额标准体现征税的深度。在课税对象和税目（具体的征税项目，复杂的税种需设税目）不变的情况下，课税额与税率成正比。税率是税收制度和政策的中心环节，直接关系到国家财政收入和纳税人的负担。按税率和税基的关系划分，税率主要有比例税率、累进税率和定额税率 3 类。

（五）附加、加成和减免

纳税人负担的轻重，主要通过税率的高低来调节，还可以通过附加、加成和减免措施来调节。

（六）违法违章处理

违法违章处理是对纳税人违反税法行为的处置。纳税人的违法违章行为通常包括偷税、抗税、漏税、欠税等不同情况。偷税是指纳税人有意识地采取非法手段不交或少交税款的违法行为。抗税是指纳税人对抗国家税法拒绝纳税的违法行为。欠税即拖欠税款，是指纳税人不按规定期限缴纳税款的违章行为。偷税和抗税属于违法犯罪行为。漏税和欠税属一般违章行为，不构成犯罪。

对纳税人的违法违章行为，可以根据情节轻重，分别采取以下方式进行处理：批评教育、强行扣款、加收滞纳金、罚款、追究刑事责任等。

三、税收的征管

为了加强税收征收管理，规范税收征收和缴纳行为，保障国家税收收入，保护纳税人的合法权益，促进经济和社会发展，国家制定了《税收征管法》。主要规定了 5 个方面的内容。

（1）税收的开征、停征以及减税、免税、退税、补税，依照法律的规定执行；法律授权国务院规定的，依照国务院制定的行政法规的规定执行。任何机关、单位和个人不得违反法律、行政法规的规定，擅自作出税收开征、停征以及减税、免税、退税、补税和其他同税收法律、行政法规相抵触的决定。

（2）法律、行政法规规定的纳税人和扣缴义务人必须依照法律、行政法规的规定缴纳税款、代扣代缴、代收代缴税款。

（3）税务机关应当广泛宣传税收法律、行政法规，普及纳税知识，无偿地为纳税人提供纳税咨询服务。纳税人、扣缴义务人有权向税务机关了解国家税收法律、行政法规的规定以及与纳税程序有关的情况。

（4）纳税人、扣缴义务人有权要求税务机关为纳税人、扣缴义务人的情况保密。税务机关应当依法为纳税人、扣缴义务人的情况保密。

（5）纳税人依法享有申请减税、免税、退税的权利。纳税人、扣缴义务人对税务机关作出的决定，享有陈述、申辩，申请行政复议，提起行政诉讼，请求国家赔偿等权利，同时还依法享有控告和检举税务机关、税务人员的违法违纪行为的权利。

四、现行房地产税种

我国现行房地产税收有房产税、城镇土地使用税、耕地占用税、土地增值税、契税。其他与房地产紧密相关的税种主要有增值税、城市维护建设税、企业所得税、个人所得税、印花税等。

第二节 房产税

房产税是以房产为课税对象，向产权所有人征收的一种税。

一、纳税人

凡是中国境内拥有房屋产权的单位和个人都是房产税的纳税人。产权属于全民所有的，以经营管理的单位和个人为纳税人；产权出典的，以承典人为纳税人；产权所有人、承典人均不在房产所在地的，或者产权未确定以及租典纠纷未解决的，以房产代管人或者使用人为纳税人。

二、课税对象和征税范围

房产税的课税对象是房产。《房产税暂行条例》规定，房产税在城市、县城、建制镇和工矿区征收。房产税的征税范围不包括农村。

三、税率和计税依据

（一）税率

房产税采用比例税率。按房产余值计征的，税率为1.2%；按房产租金收入计征的，税率为12%。

（二）计税依据

对于非出租的房产，以房产原值一次减除10%～30%后的余值为计税依据。具体减除幅度由省、自治区、直辖市人民政府确定。

对于出租的房产，以房产租金收入为计税依据。租金收入是房屋所有权人出租房产使用权所得的报酬，包括货币收入和实物收入。

四、纳税地点和纳税期限

房产税在房产所在地缴纳。房产不在同一地方的纳税人，应分别向房产所在地的税务机关纳税。

房产税按年计征，分期缴纳。具体纳税期限由各省、自治区、直辖市人民政府规定。

五、减税、免税

下述房产免征房产税：

（1）国家机关、人民团体、军队自用的房产。但是，上述单位的出租房产以及非自身业务使用的生产、经营用房，不属于免税范围。

（2）由国家财政部门拨付事业经费的单位自用的房产。

（3）宗教寺庙、公园、名胜古迹自用的房产。但其附设的营业用房及出租的房产，不属于免税范围。

（4）个人所有非营业用的房产。

房地产开发企业开发的商品房在出售前，对房地产开发企业而言是一种产品。因此，对房地产开发企业建造的商品房，在售出前，不征收房产税；但对售出前房地产开发企业已使用或出租、出借的商品房，应按规定征收房产税。

（5）经财政部批准免税的其他房产。

第三节　城镇土地使用税

城镇土地使用税是以城镇土地为课税对象，向拥有土地使用权的单位和个人征收的一种税。

一、纳税人

城镇土地使用税的纳税人是拥有土地使用权的单位和个人。拥有土地使用权的纳税人不在土地所在地的，由代管人或实际使用人缴纳；土地使用权未确定或权属纠纷未解决的，由实际使用人纳税；土地使用权共有的，由共有各方划分使用比例分别纳税。

二、课税对象和计税依据

城镇土地使用税在城市、县城、建制镇和工矿区征收。课税对象是上述范围内的土地。

城镇土地使用税的计税依据是纳税人实际占用的土地面积。纳税人实际占用的土地面积，是指由省、自治区、直辖市人民政府确定的单位组织测定的土地面积。

三、适用税额和应纳税额的计算

城镇土地使用税是采用分类分级的幅度定额税率。每平方米的年幅度税额按城市大小分 4 个档次：①大城市 1.5～30 元；②中等城市 1.2～24 元；③小城市 0.9～18 元；④县城、建制镇、工矿区 0.6～12 元。

城市、县城、建制镇和工矿区中的不同地方，其自然条件和经济繁荣程度各不相同，情况复杂。据此，国家规定：城市、县城、建制镇和工矿区的具体适用税额幅度，由各省、自治区、直辖市人民政府确定。

考虑到一些地区经济较为落后，需要适当降低税额以及一些经济发达地区需要适当提高税额的情况，但降低额不得超过最低税额的 30%；经济发达地区可以适当提高适用税额标准，但必须报经财政部批准。

四、纳税地点和纳税期限

城镇土地使用税由土地所在的税务机关征收。土地管理机关应当向土地所在地的税务机关提供土地使用权属资料。纳税人使用的土地不属于同一省（自治区、直辖市）管辖范围的，应由纳税人分别向土地所在地的税务机关缴纳；在同一省（自治区、直辖市）管辖范围内，纳税人跨地区使用的土地，其纳税地点由省、自治区、直辖市税务机关确定。

城镇土地使用税按年计算，分期缴纳。各省、自治区、直辖市可结合当地情况，分别确定按月、季或半年等不同的期限缴纳。

五、减税、免税

（一）政策性免税

对下列土地免征城镇土地使用税：

（1）国家机关、人民团体、军队自用的土地；

（2）由国家财政部门拨付事业经费的单位自用的土地；

（3）宗教寺庙、公园、名胜古迹自用的土地；

（4）市政街道、广场、绿化地带等公共用地；

（5）直接用于农、林、牧、渔业的生产用地；

（6）经批准开山填海整治的土地和改造的废弃土地，从使用的月份起免缴城镇土地使用税 5 年至 10 年；

（7）由财政部另行规定的能源、交通、水利等设施用地和其他用地。

纳税人缴纳土地使用税确有困难，需要定期减免的，由省、自治区、直辖市税务机关审核后，报国家税务局批准。

（二）由地方确定的免税

下列几项用地是否免税，由省、自治区、直辖市税务机关确定：

（1）个人所有的居住房屋及院落用地；

（2）房产管理部门在房租调整改革前经租的居民住房用地；

（3）免税单位职工家属的宿舍用地；

（4）民政部门举办的安置残疾人占一定比例的福利工厂用地；

（5）集体和个人举办的学校、医院、托儿所、幼儿园用地。

第四节　耕地占用税

耕地占用税是对占用耕地建房或者从事其他非农业建设的单位和个人征收的一种税。

一、纳税人

凡占用耕地建房或从事其他非农业建设的单位和个人，都是耕地占用税的纳税人。

二、课税对象和计税依据

耕地占用税的课税对象即占用耕地建房或从事其他非农业建设的行为。农田水利占用耕地的，不征收耕地占用税。占用园地建房或者从事非农业建设的，视同占用耕地征收耕地占用税。占用林地、牧草地、农田水利用地、养殖水面以及渔业水域滩涂等其他农用地建房或从事非农业建设的，比照《中华人民共和国耕地占用税法》的规定征收耕地占用税。

耕地占用税以纳税人实际占用的耕地面积为计税依据，按照规定的适用税额一次性征收，应纳税额为纳税人实际占用的耕地面积（平方米）乘以适用税额。

三、适用税额和应纳税额的计算

耕地占用税的税额如下：

（1）人均耕地不超过 1 亩的地区（以县、自治县、不设区的市、市辖区为单位，下同），每平方米为 10~50 元；

（2）人均耕地超过 1 亩但不超过 2 亩的地区，每平方米为 8~40 元；

（3）人均耕地超过 2 亩但不超过 3 亩的地区，每平方米为 6~30 元；

（4）人均耕地超过 3 亩的地区，每平方米为 5~25 元。

各地区耕地占用税的适用税额，由省、自治区、直辖市人民政府根据人均耕地面积和经济发展等情况，在前款规定的税额幅度内提出，报同级人民代表大会常务委员会决定，并报全国人民代表大会常务委员会和国务院备案。各省、自治区、直辖市耕地占用税适用税额的平均水平，不得低于《中华人民共和国耕地占用税法》所附《各省、自治区、直辖市耕地占用税平均税额表》规定的平均税额。

四、加成征税

在人均耕地低于0.5亩的地区，省、自治区、直辖市可以根据当地经济发展情况，适当提高耕地占用税的适用税额，但提高的部分不得超过本地区确定的适用税额的50%。具体适用税额按照规定的程序确定。

占用基本农田的，应当按照适用税额，加按150%征收。

五、减税、免税

（一）减税规定

（1）铁路线路、公路线路、飞机场跑道、停机坪、港口、航道、水利工程占用耕地，减按每平方米2元的税额征收耕地占用税。

（2）农村居民在规定用地标准内占用耕地新建自用住宅，按照当地适用税额减半征收耕地占用税。

（二）免税规定

（1）军事设施、学校、幼儿园、社会福利机构、医疗机构占用耕地，免征耕地占用税。

（2）农村居民经批准搬迁，新建自用住宅占用耕地不超过原宅基地面积的部分，免征耕地占用税。

（3）农村烈士遗属、因公牺牲军人遗属、残疾军人以及符合农村最低生活保障条件的农村居民，在规定用地标准以内新建自用住宅，免征耕地占用税。

（4）根据国民经济和社会发展的需要，国务院可以规定免征或者减征耕地占用税的其他情形，报全国人民代表大会常务委员会备案。

六、纳税环节和纳税期限

耕地占用税由税务机关负责征收。耕地占用税的纳税义务发生时间为纳税人收到自然资源主管部门办理占用耕地手续的书面通知的当日。纳税人应当自纳税义务发生之日起30日内申报缴纳耕地占用税。自然资源主管部门凭耕地占用税完税凭证或者免税凭证和其他有关文件，发放建设用地批准书。

第五节 土地增值税

土地增值税是对有偿转让国有土地使用权及地上建筑物和其他附着物的单位和个人征收的一种税。

一、纳税人和征税范围

凡有偿转让国有土地使用权、地上建筑物及其他附着物（以下简称“转让房地产”）并取得收入的单位和个人为土地增值税的纳税人。土地增值税的征税范围包括国有土地、地上建筑物及其他附着物。转让房地产是指转让国有土地使用权、地上建筑物和其他附着物产权的行为。不包括通过继承、赠与等方式无偿转让房地产的行为。

二、课税对象和计税依据

土地增值税的课税对象是有偿转让房地产所取得的土地增值额。

土地增值税以纳税人转让房地产取得的土地增值额为计税依据，土地增值额为纳税人转让房地产取得的收入减除规定扣除项目金额后的余额。纳税人转让房地产取得的收入，包括转让房地产的全部价款及相关的经济利益。具体包括货币收入、实物收入和其他收入。

三、税率和应纳税额的计算

土地增值税实行四级超额累进税率：

（1）增值额未超过扣除项目金额50%的部分，税率为30%；

（2）增值额超过扣除项目金额50%，未超过100%的部分，税率为40%；

（3）增值额超过扣除项目金额100%，未超过200%的部分，税率为50%；

（4）增值额超过扣除项目金额200%以上部分，税率为60%。

每级“增值额未超过扣除项目金额”的比例均包括本比例数。

为简化计算，应纳税额可按增值额乘以适用税率减去扣除项目金额乘以速算扣除系数的简便方法计算，速算公式如下：

土地增值额未超过扣除项目金额50%的，应纳税额=土地增值额×30%；土地增值额超过扣除项目金额50%，未超过100%的，应纳税额=土地增值额×40%-扣除项目×5%；土地增值额超过扣除项目金额100%，未超过200%的，应纳税额=土地增值额×50%-扣除项目×15%；土地增值额超过扣除项目金额200%的，应纳税额=土地增值额×60%-扣除项目金额×35%。

四、扣除项目

土地增值税的扣除项目为：

（1）取得土地使用权时所支付的金额；

（2）土地开发成本、费用；

（3）建房及配套设施的成本、费用，或者旧房及建筑物的评估价格；

（4）与转让房地产有关的税金；

（5）财政部规定的其他扣除项目。

另外，对纳税人成片受让土地使用权后，分期分批开发、分块转让的，其扣除项目金额的确定，可按转让土地使用权的面积占总面积的比例计算分摊；或按建筑面积计算分摊。也可按税务机关确认的其他方式计算分摊。

纳税人有下列情形之一者，按照房地产评估价格计算征收土地增值税：

（1）隐瞒、虚报房地产价格的；

（2）提供扣除项目金额不实的；

（3）转让房地产的成交价格低于房地产评估价，又无正当理由的。

五、减税、免税

下列情况免征土地增值税：

（1）纳税人建造普通标准住宅出售，其土地增值额未超过扣除金额20%的；

（2）因国家建设需要而被政府征收的房地产。

其中，普通标准住宅是指按所在地一般民用住宅标准建造的居住用房。普通标准住宅与其他住宅的具体划分界限由各省、自治区、直辖市人民政府规定。纳税人建造普通标准住宅出售，增值额未超过扣除项目金额之和 20%的，免征土地增值税；增值额超过扣除项目之和 20%的，应就其全部增值额按规定计税。

因国家建设需要依法征收的房地产，是指因城市实施规划、国家建设需要而被政府批准征收的房产或土地使用权。因城市实施规划、国家建设的需要而搬迁，由纳税人自行转让原房地产的，免征土地增值税。

符合上述免税规定的单位和个人，须向房地产所在地税务机关提出免税申请，经税务机关审核后，免征土地增值税。

六、征收管理

土地增值税的纳税人应于转让房地产合同签订之日起 7 日内，到房地产所在地的主管税务机关办理纳税申报，并向税务机关提交房屋及建筑物产权、土地使用权证书、土地转让、房产买卖合同、房地产评估报告及其他与转让房地产有关的资料。纳税人因经常发生房地产转让而难以在每次转让后申报的，经税务机关审核同意后，可以定期进行纳税申报，具体期限由税务机关根据情况确定。

纳税人在项目全部竣工结算前转让房地产取得的收入，由于涉及成本确定或其他原因，而无法据实计算土地增值税的，可以预征土地增值税，待该项目全部竣工、办理结算后再进行清算，多退少补。具体办法由各省、自治区、直辖市地方税务局根据当地情况制定。

第六节　契税

契税是在土地、房屋权属发生转移时，对产权承受人征收的一种税。

一、纳税人和征税范围

《契税法》规定，在中华人民共和国境内转移土地、房屋权属，承受的单位和个人为契税的纳税人，应当依照本法规定缴纳契税。

征收契税的土地、房屋权属，具体为土地使用权、房屋所有权。转移土地、房屋权属，是指下列行为：

（1）土地使用权出让；

（2）土地使用权转让，包括出售、赠与、互换；但不包括土地承包经营权和土地经营权的转移；

（3）房屋买卖、赠与、互换。

以作价投资（入股）、偿还债务、划转、奖励等方式转移土地、房屋权属的，应当依照《契税法》规定征收契税。

下列情形发生土地、房屋权属转移的，承受方应当依法缴纳契税：

（1）因共有不动产份额变化的；

（2）因共有人增加或者减少的；

（3）因人民法院、仲裁委员会的生效法律文书或者监察机关出具的监察文书等因素，发生土地、房屋权属转移的。

二、课税对象

契税的征税对象是发生产权转移变动的土地、房屋。

三、计税依据

契税的应纳税额按照计税依据乘以具体适用税率计算。契税的计税依据如下。

（1）土地使用权出让、出售，房屋买卖，为土地、房屋权属转移合同确定的成交价格，包括应交付的货币以及实物、其他经济利益对应的价款。

土地使用权及所附建筑物、构筑物等（包括在建的房屋、其他建筑物、构筑物和其他附着物）转让的，计税依据为承受方应交付的总价款。土地使用权出让的，计税依据包括土地出让金、土地补偿费、安置补助费、地上附着物和青苗补偿费、征收补偿费、城市基础设施配套费、实物配建房屋等应交付的货币以及实物、其他经济利益对应的价款。房屋附属设施（包括停车位、机动车库、非机动车库、顶层阁楼、储藏室及其他房屋附属设施）与房屋为同一不动产单元的，计税依据为承受方应交付的总价款，并适用与房屋相同的税率；房屋附属设施与房屋为不同不动产单元的，计税依据为转移合同确定的成交价格，并按当地确定的适用税率计税。承受已装修房屋的，应将包括装修费用在内的费用计入承受方应交付的总价款。

（2）土地使用权互换、房屋互换，为所互换的土地使用权、房屋价格的差额；土地使用权互换、房屋互换，互换价格相等的，互换双方计税依据为零；互换价格不相等的，以其差额为计税依据，由支付差额的一方缴纳契税。

（3）土地使用权赠与、房屋赠与以及其他没有价格的转移土地、房屋权属行为，为税务机关参照土地使用权出售、房屋买卖的市场价格依法核定的价格。

纳税人申报的成交价格、互换价格差额明显偏低且无正当理由的，由税务机关依照《中华人民共和国税收征收管理法》（以下简称《税收征收管理法》）的规定核定。契税的计税依据不包括增值税。

四、税率

契税税率为3%～5%。契税的具体适用税率，由省、自治区、直辖市人民政府在前款规定的税率幅度内提出，报同级人民代表大会常务委员会决定，并报全国人民代表大会常务委员会和国务院备案。省、自治区、直辖市可以依照前款规定的程序对不同主体、不同地区、不同类型住房的权属转移确定差别税率。

五、征收管理

契税由土地、房屋所在地的税务机关依据《契税法》和《税收征收管理法》的规定征收管理。契税的纳税义务发生时间，为纳税人签订土地、房屋权属转移合同的当日，或者纳税人取得其他具有土地、房屋权属转移合同性质凭证的当日。

纳税人应当在依法办理土地、房屋权属登记手续前申报缴纳契税。纳税人办理纳税事宜后，税务机关应当开具契税完税凭证。纳税人办理土地、房屋权属登记，不动产登记机构应当查验契税完税、减免税凭证或者有关信息。未按照规定缴纳契税的，不动产登记机构不予办理土地、房屋权属登记。在依法办理土地、房屋权属登记前，权属转移合同、权属转移合同性质凭证不生效、无效、被撤销或者被解除的，纳税人可以向税务机关申请退还已缴纳的税款，税务机关应当依法办理。

六、减税、免税

（一）免征契税的情形

（1）国家机关、事业单位、社会团体、军事单位承受土地、房屋权属用于办公、教学、医疗、科研、军事设施。

（2）非营利性的学校、医疗机构、社会福利机构承受土地、房屋权属用于办公、教学、医疗、科研、养老、救助。

（3）承受荒山、荒地、荒滩土地使用权用于农、林、牧、渔业生产。

（4）婚姻关系存续期间夫妻之间变更土地、房屋权属。在婚姻关系存续期间，房屋、土地权属原归夫妻一方所有，变更为夫妻双方共有或另一方所有的，或者房屋、土地权属原归夫妻双方共有，变更为其中一方所有的，或者房屋、土地权属原归夫妻双方共有，双方约定、变更共有份额的，免征契税。

（5）法定继承人通过继承承受土地、房屋权属。根据《民法典》，法定继承人包括：配偶、子女、父母；兄弟姐妹、祖父母、外祖父母。此外，代位继承人也属于法定继承人范畴。被继承人的子女先于被继承人死亡的，由被继承人的子女的直系晚辈血亲代位继承。被继承人的兄弟姐妹先于被继承人死亡的，由被继承人的兄弟姐妹的子女代位继承。

（6）依照法律规定应当予以免税的外国驻华使馆、领事馆和国际组织驻华代表机构承受土地、房屋权属。

根据国民经济和社会发展的需要，国务院对居民住房需求保障、企业改制重组、灾后重建等情形可以规定免征或者减征契税，报全国人民代表大会常务委员会备案。

（二）免征或减征的情形

省、自治区、直辖市可以对下列情形决定免征或者减征契税：

（1）因土地、房屋被县级以上人民政府征收、征用，重新承受土地、房屋权属；

（2）因不可抗力灭失住房，重新承受住房权属。

前款规定的免征或者减征契税的具体办法，由省、自治区、直辖市人民政府提出，报同级人民代表大会常务委员会决定，并报全国人民代表大会常务委员会和国务院备案。

纳税人改变有关土地、房屋的用途，或者有其他不再属于《契税法》第六条规定的免征、减征契税情形的，应当缴纳已经免征、减征的税款。

七、退税情形

纳税人缴纳契税后发生下列情形，可依照有关法律法规申请退税：

（1）因人民法院判决或者仲裁委员会裁决导致土地、房屋权属转移行为无效、被撤销或者被解除，且土地、房屋权属变更至原权利人的；

（2）在出让土地使用权交付时，因容积率调整或实际交付面积小于合同约定面积需退还土地出让价款的；

（3）在新建商品房交付时，因实际交付面积小于合同约定面积需返还房价款的。

第七节　相关税收

一、增值税

增值税是以商品在流转过程中产生的增值额作为计税依据而征收的一种流转税，有增值才征税，没增值不征税。

（一）纳税人和征税范围

在我国境内销售货物或者加工、修理修配劳务（以下简称“劳务”），销售服务、无形资产、不动产以及进口货物的单位和个人，为增值税的纳税人，应当缴纳增值税。

1. 一般纳税人

增值税纳税人年应税销售额超过财政部、国家税务总局规定的小规模纳税人标准的，应当向主管税务机关办理一般纳税人登记。已按照政策规定，选择按照小规模纳税人纳税的，不得办理一般纳税人登记。

2. 小规模纳税人

小规模纳税人是指年销售额在规定标准以下，并且会计核算不健全，不能按规定报送有关税务资料的增值税纳税人。小规模纳税人的具体认定标准为年应征增值税销售额500万元及以下。转登记纳税人按规定再次登记为一般纳税人后，不得再转登记为小规模纳税人。

（二）税率与征收率

1. 税率

根据《关于深化增值税改革有关政策的公告》，自2019年4月1日起调整增值税税率，调整后的增值税税率分别为13%、9%、6%和零税率。其中，纳税人销售基础电信、建筑、不动产租赁服务，销售不动产，转让土地使用权等，税率为9%。

2. 征收率

增值税征收率，是指对特定的货物或特定的纳税人发生应税销售行为在某一生产流通环节应纳税额与销售额的比率。增值税征收率适用于两种情况：一是小规模纳税人，二是一般纳税人发生应税销售行为按规定可以选择简易计税方法计税的。

规定情况适用5%征收率，除此以外的纳税人选择简易计税方法发生的应税销售行为均为3%。此外，根据规定，适用3%征收率的某些一般纳税人和小规模纳税人还可以减按2%计征增值税。

（三）计税方法

1. 一般计税方法

一般纳税人发生应税销售行为适用一般计税方法计税。

一般计税方法计算公式为

当期应纳增值税税额=当期销项税额−当期进项税额

（1）销项税额。销项税额是指纳税人发生应税销售行为时，按照销售额与规定税率计算并向购买方收取的增值税税额。销项税额的计算公式为

销项税额=销售额×适用税率

从销项税额的定义和公式中我们可以知道，它是由购买方在购买货物、劳务、服务、无形资产、不动产时，一并向销售方支付的税额。对于属于一般纳税人的销售方来说，在没有抵扣其进项税额前，销售方收取的销项税额还不是其应纳增值税税额。

销项税额的计算取决于销售额和适用税率两个因素。在适用税率既定的前提下，销项税额的大小主要取决于销售额的大小。

（2）进项税额。进项税额是指纳税人购进货物、劳务、服务、无形资产、不动产所支付或者负担的增值税额。进项税额是与销项税额相对应的另一个概念。对于任何一个一般纳税人而言，由于其在经营活动中，既会发生应税销售行为，又会发生购进货物、劳务、服务、无形资产、不动产行为，因此，每一个一般纳税人都会有产生的销项税额和支付的进项税额。增值税的核心就是纳税人产生的销项税额抵扣其支付的进项税额，其余额为纳税人实际应缴纳的增值税税额。这样，进项税额作为可抵扣的部分，对于纳税人实际纳税多少就起到了举足轻重的作用。

（3）应纳税额的计算。一般纳税人在计算出销项税额和进项税额后就可以得出实际应纳税额，但为了正确计算增值税的应纳税额，还应注意计算应纳税额的时间限定和特殊情况下的处理方式等方面的重要规定。

2. 简易计税方法

小规模纳税人发生应税销售行为适用简易计税方法计税。

简易计税方法的公式为：

当期应纳增值税税额＝当期销售额（不含增值税）×征收率

按简易计税方法计税的销售额不包括其应纳的增值税税额，纳税人采用销售收益和应纳增值税税额合并定价方法的，按照下列公式进行含税销售额的换算。

销售额＝含税销售额÷(1+征收率)

一般纳税人发生财政部和国家税务总局规定的特定应税销售行为，也可以选择适用简易计税方法计税，但是不得抵扣进项税额。

二、城市维护建设税、教育费附加和地方教育费附加

《中华人民共和国城市维护建设税法》自2021年9月1日起实施。城市维护建设税（以下简称“城建税”）是随增值税、消费税附征并专门用于城市维护建设的一种特别目的税。

城建税以缴纳增值税、消费税的单位和个人为纳税人。城建税在全国范围内征收，包括城市、县城、建制镇，及其以外的地区。即只要缴纳增值税、消费税（以下简称“两税”）的地方，除税法另有规定者外，都属征收城建税的范围。但对进口货物或者境外单位和个人向境内销售劳务、服务、无形资产缴纳的增值税、消费税税额，不征收城市维护建设税。

城建税实行的是地区差别税率，按照纳税人所在地的不同，税率分别规定为7%、5%、1%3个档次，具体是：纳税人所在地在城市市区的，税率为7%；在县城、建制镇的，税率为5%；不在城市市区、县城、建制镇的，税率为1%。纳税人所在地，是指纳税人住所地或者与纳税人生产经营活动相关的其他地点，具体地点由省、自治区、直辖市确定。城建税以纳税人实际缴纳的增值税、消费税税额为计税依据。“两税”税额仅指“两税”的正税，不包括税务机关对纳税人加收滞纳金和罚款等非税款项。城市维护建设税的纳税义务发生时间与增值税、消费税的纳税义务发生时间一致，分别与增值税、消费税同时缴纳。

教育费附加和地方教育费附加是随增值税、消费税附征并专门用于教育的特别目的税，以各单位和个人实际缴纳的增值税、消费税的税额为计征依据，分别与增值税、消费税同时缴纳。现行教育费附加征收率为3%。从2010年起，地方教育费附加征收率统一为2%。

三、企业所得税

（一）纳税人

在中华人民共和国境内，企业和其他取得收入的组织（以下统称“企业”）为企业所得税的纳税人。个人独资企业、合伙企业不适用《中华人民共和国企业所得税法》（以下简称《企业所得税法》）。企业分为居民企业和非居民企业。

（二）税率

企业所得税的税率为25%。非居民企业在中国境内未设立机构、场所的，或者虽设立机构、场所但取得的所得与其所设机构、场所没有实际联系的，就其来源于中国境内的所得缴纳企业所得税的，适用税率为20%。

（三）应纳税所得额

企业每一纳税年度的收入总额，减除不征税收入、免税收入、各项扣除以及允许弥补的以前年度亏损后的余额，为应纳税所得额。

企业以货币形式和非货币形式从各种来源取得的收入，为收入总额。包括：

（1）销售货物收入；

(2) 提供劳务收入；

(3) 转让财产收入；

(4) 股息、红利等权益性投资收益；

(5) 利息收入；

(6) 租金收入；

(7) 特许权使用费收入；

(8) 接受捐赠收入；

(9) 其他收入。

企业实际发生的与取得收入有关的、合理的支出，包括成本、费用、税金、损失和其他支出，准予在计算应纳税所得额时扣除。

(四) 应纳税额

企业的应纳税所得额乘以适用税率，减除依照《企业所得税法》关于税收优惠的规定减免和抵免的税额后的余额，为应纳税额。

企业取得的下列所得已在境外缴纳的所得税税额，可以从其当期应纳税额中抵免，抵免限额为该项所得依照《企业所得税法》规定计算的应纳税额；超过抵免限额的部分，可以在以后 5 个年度内，用每年度抵免限额抵免当年应抵税额后的余额进行抵补：

(1) 居民企业来源于中国境外的应税所得；

(2) 非居民企业在中国境内设立机构、场所，取得发生在中国境外但与该机构、场所有实际联系的应税所得。

四、个人所得税

(一) 纳税人

《中华人民共和国个人所得税法》规定，在中国境内有住所，或者无住所而一个纳税年度内在中国境内居住累计满 183 天的个人，为居民个人。居民个人从中国境内和境外取得的所得，依法交纳个人所得税。在中国境内无住所又不居住，或者无住所而一个纳税年度内在中国境内居住累计不满 183 天的个人，为非居民个人。非居民个人从中国境内取得的所得，交纳个人所得税。纳税年度，自公历 1 月 1 日起至 12 月 31 日止。

(二) 税目

下列各项个人所得，应当交纳个人所得税：

（1）工资、薪金所得；

（2）劳务报酬所得；

（3）稿酬所得；

（4）特许权使用费所得；

（5）经营所得；

（6）利息、股息、红利所得；

（7）财产租赁所得；

（8）财产转让所得；

（9）偶然所得。

（三）与房地产相关的个人所得税税率和应纳税所得额

财产租赁所得、财产转让所得，适用比例税率，税率为20%。

财产租赁所得，每次收入不超过4000元的，减除费用800元；4000元以上的，减除20%的费用，其余额为应纳税所得额。

财产转让所得，以转让财产的收入额减除财产原值和合理费用后的余额，为应纳税所得额。

五、印花税

印花税是对因商事活动、产权转移、权利许可证照授受等行为而书立、领受的应税凭证征收的一种税。2022年7月1日《中华人民共和国印花税法》（以下简称《印花税法》）实施后，《印花税暂行条例》同时废止。

（一）纳税人

《印花税法》扩大了纳税人范围，明确进行证券交易的单位和个人、在境外书立在境内使用的应税凭证的单位和个人均为纳税人。

（二）税目和税率

《印花税法》明确规定六类合同不征收印花税，分别是：①除记载资金账簿外，其他营业账簿不征收印花税；②个人书立的动产买卖合同不征收印花税；③管道运输合同不征收印花税；④再保险合同不征收印花税；⑤同业拆借合同不征收印花税；⑥土地承包经营权和土地经营权转移不征收印花税。

除了营业账簿印花税税率为万分之二点五，其他情形为万分之三。

（三）计税依据

《印花税法》规定印花税计税依据不包含列明增值税金额，计税依据分别是：①应税合同的计税依据，为合同所列的金额，不包括列明的增值税税款；②应税产权转移书据的计税依据，为产权转移书据所列的金额，不包括列明的增值税税款；③应税营业账簿的计税依据，为账簿记载的实收资本（股本）、资本公积合计金额；④证券交易的计税依据，为成交金额。应税合同、产权转移书据未列明金额的，印花税的计税依据按照实际结算的金额确定。

计税依据按照以上规定仍不能确定的，按照书立合同、产权转移书据时的市场价格确定；依法应当执行政府定价或者政府指导价的，按照国家有关规定确定。

第八节　有关房地产税收的优惠政策

一、享受优惠政策的普通住房标准

《国务院办公厅转发建设部等部门关于做好稳定住房价格工作意见的通知》规定，享受优惠政策的住房应同时满足以下条件：

（1）住宅小区建筑容积率在 1.0 以上；

（2）单套建筑面积在 120 平方米以下；

（3）实际成交价格低于同级别土地上住房平均交易价格 1.2 倍以下。

各省、自治区、直辖市要根据实际情况，制定本地区享受优惠政策普通住房的具体标准。允许单套建筑面积和价格标准适当浮动，但向上浮动的比例不得超过上述标准的 20%。

二、个人购买销售住房税收优惠政策

（一）契税

根据《财政部 国家税务总局 住房城乡建设部关于调整房地产交易环节契税营业税优惠政策的通知》，对个人购买家庭唯一住房（家庭成员范围包括购房人、配偶以及未成年子女，下同），面积为 90 平方米及以下的，减按 1%的税率征收契税；面积为 90 平方米以上的，减按 1.5%的税率征收契税。对个人购买家庭第二套改善性住房，面积为 90 平方米及以下的，减按 1%的税

率征收契税；面积为 90 平方米以上的，减按 2%的税率征收契税。家庭第二套改善性住房，是指已拥有一套住房的家庭购买的家庭第二套住房。

（二）土地增值税

根据《财政部 国家税务总局关于调整房地产交易环节税收政策的通知》，对个人销售住房暂免征收土地增值税。

（三）印花税

根据《财政部 国家税务总局关于调整房地产交易环节税收政策的通知》，对个人销售或购买住房暂免征收印花税。

三、个人出售住房个人所得税的有关规定和优惠政策

根据《财政部 国家税务总局 建设部关于个人出售住房所得征收个人所得税有关问题的通知》，个人出售住房个人所得税的有关规定和优惠政策主要有以下 3 个。

（1）个人出售自有住房取得的所得应按照“财产转让所得”项目征收个人所得税。

（2）个人出售自有住房的应纳税所得额，按下列原则确定。

个人出售已购公有住房，其应纳税所得额为个人出售已购公有住房的销售价款，减除住房面积标准的经济适用住房价款、原支付超过住房面积标准的房价款、向财政或原产权单位缴纳的所得收益以及税法规定的合理费用后的余额。

职工以成本价（或标准价）出资的集资合作建房、安居工程住房、经济适用住房以及拆迁安置住房，按照已购公有住房确定应纳税所得额。

（3）对个人转让自用 5 年以上，并且是家庭唯一生活用房取得的所得，继续免征个人所得税。

四、住房租赁税收优惠政策

对个人出租住房的优惠政策主要有：

（1）对个人出租住房所得，减半征收个人所得税；

（2）对个人出租、承租住房签订的租赁合同，免征印花税；

（3）对个人出租住房的，由按照 5%的征收率减按 1.5%计算缴纳增值税。

第十章　物业服务法规制度

第一节　物业管理概述

一、物业与物业管理

“物业”一词是由英语 Estate 或 Property 翻译而来的，含义为“财产、资产、拥有物、房地产”等。《物业管理条例》规定，物业管理是指业主通过选聘物业服务企业，由业主和物业服务企业按照物业服务合同约定，对房屋及配套的设施设备和相关场地进行维修、养护、管理，维护物业管理区域内的环境卫生和相关秩序的活动。《民法典》第二百八十五条规定，物业服务企业或者其他管理人根据业主的委托，依照物业服务合同管理建筑区划内的建筑物及其附属设施，接受业主的监督，并及时答复业主对物业服务情况提出的询问。

二、物业管理的基本特征

物业管理是集社会化管理、专业性服务、市场化经营于一体的管理体制，具有三大特征。

1. 社会化

物业管理的社会化有两层基本含义，一是物业的所有权人要到社会上去选聘物业服务企业，二是物业服务企业要到社会上去寻找可以代管的物业。物业的所有权、使用权与物业的经营管理权相分离是物业管理社会化的必要前提，现代化大生产的社会专业分工是实现物业管理社会化的必要条件。

2. 专业化

物业管理的专业化是指由物业服务企业通过合同的签订，按照产权人和使用人的要求去实施专业化管理。随着经济的发展和科技的进步，建设领域不断涌现新技术、新产品，物业的智能化程度越来越高，只有那些掌握管理技术和硬件技术的专业人员，具有先进的管理工具及设备，建立科学、规范的管理措施及工作程序的物业服务企业，才有能力提供相应的物业管理服务。

3. 市场化

市场化是物业管理最主要的特性。在市场经济条件下，物业管理的属性是经营，所提供的商品是服务。物业服务企业是按照现代企业制度组建并运作，向业主和使用人提供服务，业主和使用人购买并消费这种服务。这种通过市场竞争机制和商品经营的方式实现的商业行为就是市场化。

三、物业服务的基本内容

物业管理服务的基本内容主要有以下几项：

（1）物业服务区域的承接查验；

（2）物业共用部位的维护与管理；

（3）物业共用设备设施的运行、维护和管理；

（4）环境卫生、绿化管理服务；

（5）机动车和非机动车的停放管理；

（6）物业管理区域内公共秩序、消防、交通等协助管理事项的服务；

（7）物业装饰装修管理服务；

（8）物业档案资料的管理。

另外，针对不同类型、不同档次物业的具体特点，业主与物业服务企业可以通过物业服务合同约定其他服务内容。

第二节　业主的建筑物区分所有权

建筑物区分所有权，是指多个业主共同拥有一栋建筑物时，各个业主对其在构造和使用上具有独立的建筑物部分所享有的所有权与对供全体或部分所有人共同使用的建筑物部分所享有的共有权，以及基于建筑物的管理、维护和修缮等共同事务而产生的共同管理权的总称。《民法典物权编》第六章专门规定了业主的建筑物区分所有权，业主对建筑物内的住宅、经营性用房等专有部分享有所有权，对专有部分以外的共有部分享有共有和共同管理的权利。据此，业主的建筑物区分所有权由以下 3 部分构成。

一、专有部分的所有权

业主对其建筑物专有部分享有占有、使用、收益和处分的权利。建筑区划内，符合下列条件的房屋，以及车位、摊位等特定空间，应当认定为建筑物专有部分：①具有构造上的独立性，能够明确区分；②具有利用上的独立性，可以排他使用；③能够登记为特定业主所有权的客体。

专有部分可以直接占有、使用，实现居住或者营业的目的；也可以依法出租，获取收益；还可以在自己的专有部分上依法设定负担，例如，为保证债务的履行将属于自己所有的住宅或者经营性用房抵押给债权人。但业主行使专有部分所有权时，不得危及建筑物的安全，不得损害其他业主的合法权利。由于建筑物专有部分与共有部分具有一体性、不可分离性，所以业主对专有部分行使专有所有权应受到一定限制。例如，业主在对专有部分装修时，不得拆除房屋内的承重墙，不得损害其他业主的合法权益。

业主转让建筑内专有部分，其对共有部分享有的共有和共同管理的权利一并转让。业主的建筑物区分所有权是一个集合权，包括对专有部分享有的所有权、对建筑区划内共有部分享有的共有权和共同管理的权利，这 3 种权利具有不可分离性。在这 3 种权利中，业主对专有部分的所有权占主导地位，是业主对专有部分以外的共有部分享有共有权以及对共有部分享有共同管理权的前提与基础。没有业主对专有部分的所有权，就无法产生业主对专有部分以外共有部分的共有权，以及对共有部分的共同管理的权利。如果业主丧失了对专有部分的所有权，就丧失了对共有部分的共有权及对共有部分的共同管理的权利。

《民法典》规定，业主不得违反法律、法规以及管理规约，将住宅改变为经营性用房。业主将住宅改变为经营性用房的，除遵守法律、法规以及管理规约外，应当经有利害关系的业主一致同意。

不得随意改变住宅的居住用途，是业主应当遵守的一个最基本的准则，也是业主必须承担的一项基本义务。业主确实因生活需要，例如因下岗无收入来源，生活困难，将住宅改变为经营性用房，必须遵守法律、法规以及管理规约的规定，如要办理相应的审批手续，要符合国家卫生、环境保护要求等。在遵守法律、法规以及管理规约的前提下，还必须征得有利害关系的业主同意。这两个条件必须同时具备，才可以将住宅改变为经营性用房。作为业主自我管理、自我约束、自我规范的建筑区划内有关建筑物及其附属设施的管理规约，也可以依法对此问题作出规定。

二、共有部分的共有权

业主对专有部分以外的共有部分享有权利、承担义务，不得以放弃权利为由不履行义务。共有部分是指建筑物专有部分以外的部分。《民法典》规定：建筑区划内的道路，属于业主共有，但属于城镇公共道路的除外。建筑区划内的绿地，属于业主共有，但属于城镇公共绿地或者明示属于个人的除外。建筑区划内的其他公共场所、公用设施和物业服务用房，属于业主共有。

建筑区划内的以下部分，应当认定为建筑物的共有部分。

（1）建筑物的基础、承重结构、外墙、屋顶等基本结构部分，通道、楼梯、大堂等公共通道部分，消防、公共照明等附属设施、设备，避难层或者设备层间等结构部分。

（2）其他不属于业主专有部分，也不属于市政公用部分或者其他权利人所有的场所及设施等。

建筑区划内的土地，依法由业主共同享有建设用地使用权，但属于业主专有的整栋建筑物的规划占地或者城镇公共道路、绿地占地除外。

每个业主在法律对所有权未作特殊规定的情形下，对专有部分以外的走廊、楼梯、外墙面等共有部分，及对物业管理用房、公用设施、绿地、道路等共有部分享有占有、使用、收益或者处分的权利。但是，行使占有、使用、收益或者处分的权利，还要依据《民法典》及相关法律、法规和建筑区划管理规约的规定。业主对专有部分以外的共有部分的共有权，还包括对共有部分共负义务。同样，业主对共有部分如何承担义务，也要依据《民法典》及相关法律、法规和建筑区划管理规约的规定。业主对专有部分以外的共有部分的共有权，还包括对共有部分共负义务。同样，业主对共有部分如何承担义务，也要依据《民法典》及相关法律、法规和建筑区划管理规约的规定。

《民法典》第二百七十五条规定：建筑区划内，规划用于停放汽车的车位、车库的归属，由当事人通过出售、附赠或者出租等方式约定。占用业主共有的道路或者其他场地用于停放汽车的车位，属于业主共有。第二百七十六条规定：建筑区划内，规划用于停放汽车的车位、车库应当首先满足业主的需要。

此外，《最高人民法院关于审理建筑物区分所有权纠纷案件适用法律若干问题的解释》规定："建设单位按照配置比例将车位、车库，以出售、附赠或者出租等方式处分给业主的，应当认定其行为符合《民法典》第二百七十六条有关'应当首先满足业主的需要'的规定。前款所称配置比例是指规划确定的建筑区划内规划用于停放汽车的车位、车库与房屋套数的比例。"建筑区划内在规划用于停放汽车的车位之外，占用业主共有道路或者其他场地增设的车位，应当认定为《民法典》第二百七十五条第二款所称的车位，同样属于业主共有。

三、共有部分的共同管理权

业主对专有部分以外的共有部分享有共同管理的权利。《民法典》第二百七十八条规定，下列事项由业主共同决定：

（1）制定和修改业主大会议事规则；

（2）制定和修改管理规约；

（3）选举业主委员会或者更换业主委员会成员；

（4）选聘和解聘物业服务企业或者其他管理人；

（5）使用建筑物及其附属设施的维修资金；

（6）筹集建筑物及其附属设施的维修资金；

（7）改建、重建建筑物及其附属设施；

（8）改变共有部分的用途或者利用共有部分从事经营活动；

（9）有关共有和共同管理权利的其他重大事项。

业主共同决定事项，应当由专有部分面积占比 2/3 以上的业主且人数占比 2/3 以上的业主参与表决。

决定前款第（6）项至第（8）项规定的事项，应当经参与表决专有部分面积 3/4 以上的业主且参与表决人数 3/4 以上的业主同意。

决定前款其他事项，应当经参与表决专有部分面积过半数的业主且参与表决人数过半数的业主同意。

第三节　物业管理的主要制度

一、业主大会制度

（一）业主大会和业主委员会并存

《物业管理条例》确立了业主大会和业主委员会并存，业主大会决策、业主委员会执行的制度。物业管理区域内全体业主组成业主大会，业主大会代表和维护物业管理区域内全体业主的合法权益。业主委员会作为业主大会的执行机构，可以在业主大会的授权范围内就某些物业管理事项作出决定，但重大的物业管理事项的决定只能由业主大会作出。

为了规范业主大会、业主委员会的运作，加强监督管理，《物业管理条例》规定，1 个物业管理区域成立 1 个业主大会。只有 1 个业主的，或者业主人数较少且经全体业主同意，不成立业主大会的，由业主共同履行业主大会、业主委员会职责。业主大会和业主委员会应当依法履行职责，不得作出与物业管理无关的决定，不得从事与物业管理无关的活动。业主大会或者业主委员会的决定，对业主具有约束力。业主大会或者业主委员会作出的决定侵害业主合法权益的，受侵害的业主可以请求人民法院予以撤销。

（二）《业主大会和业主委员会指导规则》的规定

1. 对拒不履行义务的业主的共同管理权的限制

业主拒付物业服务费，不缴存专项维修资金以及实施其他损害业主共同权益行为的，业主大会可以在管理规约和业主大会议事规则中对其共同管理权的行使予以限制。

2. 工作经费安排

业主大会、业主委员会工作经费由全体业主承担。工作经费可以由业主分摊，也可以从物业共有部分经营所得收益中列支。工作经费的收支情况，应当定期在物业管理区域内公告，接受业主监督。工作经费筹集、管理和使用的具体办法由业主大会决定。

3. 物业管理与社区管理结合

召开业主大会会议，物业所在地的区、县房地产行政主管部门和街道办事处、乡镇人民政府应当给予指导与协助。召开业主委员会会议，应当告知相关的居民委员会，并听取居民委员会的建议。在物业管理区域内，业主大会、业主委员会应当积极配合相关居民委员会依法履行自治管理职责，支持居民委员会开展工作，并接受其指导和监督。

业主委员会在规定时间内不组织换届选举的，物业所在地的区、县房地产行政主管部门或者街道办事处、乡镇人民政府应当责令其限期组织换届选举；逾期仍不组织的，可以由物业所在地的居民委员会在街道办事处、乡镇人民政府的指导和监督下，组织换届选举工作。

因客观原因未能选举产生业主委员会或者业主委员会委员人数不足总数的1/2的，新一届业主委员会产生之前，可以由物业所在地的居民委员会在街道办事处、乡镇人民政府的指导和监督下，代行业主委员会的职责。

物业管理区域内，可以召开物业管理联席会议。物业管理联席会议由街道办事处、乡镇人民政府负责召集，由区、县房地产行政主管部门、公安派出所、居民委员会、业主委员会和物业服务企业等方面的代表参加，共同协调解决物业管理中遇到的问题。

二、管理规约制度

物业管理往往涉及多个业主，业主之间既有个体利益，也有共同利益。在单个业主的个体利益与业主之间的共同利益发生冲突时，个体利益应当服从整体利益，单个业主应当遵守物业管理区域内涉及公共秩序和公共利益的有关规定。鉴于业主之间在物业管理过程中发生的关系属于民事关系，不宜采取行政手段进行管理，而主要通过业主自治、自律的方式加以调整。管理规约就是业主实现业主自治、自律的重要基础，是体现全体业主为集体维护和管理物业共同协商制定的重要文件。根据制定主体和物业所处阶段的不同，管理规约分为临时管理规约和管理规约。

（一）临时管理规约

《物业管理条例》规定建设单位应当在销售物业之前，制定临时管理规约，对有关物业的使用、维护、管理，业主的公共利益，业主应当履行的义务，违反规约应当承担的责任等依法作出约定。建设单位制定的临时管理规约，不得侵害买受人的合法权益。建设单位应当在物业销售前将临时管理规约向买受人明示，并予以说明。买受人在与建设单位签订物业买卖合同时，应当对遵守临时管理规约予以书面承诺。根据《商品房买卖合同（预售）示范文本》和《商品房买卖合同（现售）示范文体》，临时管理规约一般应作为商品房买卖合同的附件，由买受人签字确认。实践中，临时管理规约一般自物业项目第一买受人签字时发生效力，对此后的物业买受人及物业使用人均有约束力。业主大会制定的管理规约生效时临时管理规约终止。此外，临时管理规约还是实施物业承接查验的主要依据文件。

（二）管理规约

管理规约是由全体业主共同制定的规范业主在物业管理区域内的权利、义务和责任的法律文件。《物业管理条例》规定管理规约对全体业主具有约束力。管理规约还是标志业主大会成立的前提条件之一，因此在首次业主大会会议召开前，应由筹备组完成草拟并公示。《业主大会和业主委员会指导规则》中要求，管理规约的内容应当在首次业主大会会议召开 15 日前以书面形式在物业管理区域内公告。业主大会自首次业主大会会议表决通过管理规约、业主大会议事规则，并选举产生业主委员会之日起成立。管理规约应当规定的主要事项包括：

（1）物业的使用、维护、管理；

（2）专项维修资金的筹集、管理和使用；

（3）物业共用部分的经营与收益分配；

（4）业主共同利益的维护；

（5）业主共同管理权的行使；

（6）业主应尽的义务；

（7）违反管理规约应当承担的责任。

管理规约是多个业主之间形成的共同意志，是业主共同订立并遵守的行为准则。实行管理规约制度，有利于提高业主的自律意识，预防和减少物业管理纠纷。

三、前期物业服务招投标制度

前期物业服务是在业主、业主大会选聘物业服务企业之前，由建设单位选聘物业服务企业所实施的物业服务活动。《物业管理条例》对在业主、业主大会选聘物业服务企业之前的物业管理活动专门设置一章“前期物业管理”，加以规范。

（一）前期物业服务招投标的必要性

业主选聘物业管理人属于平等民事主体间的民事法律行为，受到相关民事法律制度的保护和规范。业主可以自愿决定选聘管理人的方式，一般比较适宜的是物业服务招标方式。但是，前期物业管理的管理人由物业的建设单位选聘，具有其特殊性。

根据有关政策规定，建设单位申请商品房预售时，提交的商品房预售方案中应包含交付使用后的物业管理内容；建设单位进行商品房现售时，现售商品房应当已经落实物业管理方案。但是，无论在商品房预售阶段还是销售阶段，都不可能组织全体业主或召开业主大会，完成选聘物业服务企业、签订物业服务合同的工作。因此《物业管理条例》和《前期物业管理招标投标管理暂行办法》专门对此进行了规定。业主和业主大会通过招投标的方式选聘物业管理企业的，可以参照相应规定执行。

商品房预售和销售制度和《物业管理条例》的这种安排，一方面可以有效避免商品房交易或物权转移后，业主、业主大会选聘物业服务人前出现物业的管理真空。但另一方面，对未来业主可能存在较大风险。这是因为，建设单位需要在房地产未投入使用阶段，在买受人尚属未知的时候，选择对买受人（未来的业主）影响更直接、更深远的物业服务人。但建设单位以销售价值最大化为主要目标，同未来业主以长期使用价值最大化的目标存在矛盾。

（二）前期物业服务招投标的规范

为了维护业主利益，《物业管理条例》规定，国家提倡建设单位按照房地产开发与物业管理相分离的原则，通过招投标的方式选聘物业服务企业。住宅物业的建设单位，应当通过招投标的方式选聘物业服务企业；投标人少于3个或者住宅规模较小的，经物业所在地的区、县人民政府房地产行政主管部门批准，可以采用协议方式选聘物业服务企业。

为了规范前期物业管理招标投标活动，保护招标投标当事人的合法权益，促进物业管理市场的公平竞争，《前期物业管理招标投标管理暂行办法》规定，国家提倡其他物业的建设单位通过招投标的方式，选聘具有相应资质的物业管理企业。评标由招标人依法组建的评标委员会负责。评标委员会由招标人代表和物业管理方面的专家组成，成员为5人以上单数，其中招标人代表以外的物业管理方面的专家不得少于成员总数的2/3。评标委员会的专家成员，应当由招标人从房地产行政主管部门建立的专家名册中采取随机抽取的方式确定。与投标人有利害关系的人不得进入相关项目的评标委员会。

四、物业承接查验制度

物业承接查验是物业服务的基础工作。《物业管理条例》规定，物业服务企业承接物业时，应当对物业共用部位、共用设施设备进行查验，应当与建设单位或业主委员会办理物业承接验收手续，同时规定建设单位、业主委员会应当向物业服务企业移交有关资料。

《物业承接查验办法》规定，建设单位与物业买受人签订的物业买卖合同，应当约定其交付物业的共用部位、共用设施设备的配置和建设标准。建设单位制定的临时管理规约，应当对全体业主同意授权物业服务企业代为查验物业共用部位、共用设施设备的事项作出约定。建设单位与物业服务企业签订的前期物业服务合同，应当包含物业承接查验的内容。前期物业服务合同就物业承接查验的内容没有约定或者约定不明确的，建设单位与物业服务企业可以协议补充。不能达成补充协议的，按照国家标准、行业标准履行；没有国家标准、行业标准的，按照通常标准或者符合合同目的的特定标准履行。建设单位应当按照国家有关规定和物业买卖合同的约定，移交权属明确、资料完整、质量合格、功能完备、配套齐全的物业。建设单位应当在物业交付使用15日前，与选聘的物业服务企业完成物业共用部位、共用设施设备的承接查验工作。

物业服务企业应当对下列物业共用部位、共用设施设备进行现场检查和验收。

（1）共用部位：一般包括建筑物的基础、承重墙体、柱、梁、楼板、屋顶以及外墙、门厅、楼梯间、走廊、楼道、扶手、护栏、电梯井道、架空层及设备间等。

（2）共用设备：一般包括电梯、水泵、水箱、避雷设施、消防设备、楼道灯、电视天线、发电机、变配电设备、给排水管线、电线、供暖及空调设备等。

（3）共用设施：一般包括道路、绿地、人造景观、围墙、大门、信报箱、宣传栏、路灯、排水沟、渠、池、污水井、化粪池、垃圾容器、污水处理设施、机动车（非机动车）停车设施、休闲娱乐设施、消防设施、安防监控设施、人防设施、垃圾转运设施以及物业服务用房等。

此外，建设单位应当依法移交有关单位的供水、供电、供气、供热、通信和有线电视等共用设施设备，不作为物业服务企业现场检查和验收的内容。

五、住宅专项维修资金制度

《民法典》规定：建筑物及其附属设施的维修资金，属于业主共有。经业主共同决定，可以用于电梯、屋顶、外墙、无障碍设施等共有部分的维修、更新和改造。建筑物及其附属设施的维修资金的筹集、使用情况应当定期公布。紧急情况下需要维修建筑物及其附属设施的，业主大会或者业主委员会可以依法申请使用建筑物及其附属设施的维修资金。《物业管理条例》规定：住宅物业、住宅小区内的非住宅物业或者与单幢住宅楼结构相连的非住宅物业的业主，应当按照国家有关规定缴纳专项维修资金。《住宅专项维修资金管理办法》对维修资金的交存、使用和监督管理作了规定。

（一）维修资金的交存

下列物业的业主应当按照规定交存住宅专项维修资金：

（1）住宅，但一个业主所有且与其他物业不具有共用部位、共用设施设备的除外；

（2）住宅小区内的非住宅或者住宅小区外与单幢住宅结构相连的非住宅。

以上物业属于出售公有住房的，售房单位应当交存住宅专项维修资金。

商品住宅的业主、非住宅的业主按照所拥有物业的建筑面积交存住宅专项维修资金，每平方米建筑面积交存首期住宅专项维修资金的数额为当地住宅建筑安装工程每平方米造价的5%～8%。直辖市、市、县人民政府建设（房地产）主管部门应当根据本地区情况，合理确定、公布每平方米建筑面积交存首期住宅专项维修资金的数额，并适时调整。

出售公有住房的，按照下列规定交存住宅专项维修资金。

（1）业主按照所拥有物业的建筑面积交存住宅专项维修资金，每平方米建筑面积交存首期住宅专项维修资金的数额为当地房改成本价的2%。

（2）售房单位按照多层住宅不低于售房款的20%、高层住宅不低于售房款的30%，从售房款中一次性提取住宅专项维修资金。

业主交存的住宅专项维修资金属于业主所有。从公有住房售房款中提取的住宅专项维修资金属于公有住房售房单位所有。业主分户账面住宅专项维修资金余额不足首期交存额30%的，应当及时续交。

（二）维修资金的使用

住宅专项维修资金应当专项用于住宅共用部位、共用设施设备保修期满后的维修和更新、改造，不得挪作他用。住宅专项维修资金的使用，应当遵循方便快捷、公开透明、受益人和负担人相一致的原则。

下列费用不得从住宅专项维修资金中列支：

（1）依法应当由建设单位或者施工单位承担的住宅共用部位、共用设施设备维修、更新和改造费用；

（2）依法应当由相关单位承担的供水、供电、供气、供热、通信、有线电视等管线和设施设备的维修、养护费用；

（3）应当由当事人承担的因人为损坏住宅共用部位、共用设施设备所需的修复费用；

（4）根据物业服务合同约定，应当由物业服务企业承担的住宅共用部位、共用设施设备的维修和养护费用。

在保证住宅专项维修资金正常使用的前提下，可以按照国家有关规定将住宅专项维修资金用于购买国债。利用住宅专项维修资金购买国债，应当在银行间债券市场或者商业银行柜台市场购买一级市场新发行的国债，并持有到期。利用业主交存的住宅专项维修资金购买国债的，应当经业主大会同意；未成立业主大会的，应当经专有部分占建筑物总面积2/3以上的业主且占总人数2/3以上业主同意。利用从公有住房售房款中提取的住宅专项维修资金购买国债的，应当根据售房单位的财政隶属关系，报经同级财政部门同意。禁止利用住宅专项维修资金从事国债回购、委托理财业务或者将购买的国债用于质押、抵押等担保行为。

（三）维修资金的监管

房屋所有权转让时，业主应当向受让人说明住宅专项维修资金交存和结余情况并出具有效证明，该房屋分户账中结余的住宅专项维修资金随房屋所有权同时过户。受让人应当持住宅专项维修资金过户的协议、房屋权属证书、身份证等，到专户管理银行办理分户账更名手续。房屋灭失的，房屋分户账中结余的住宅专项维修资金返还业主。

直辖市、市、县人民政府建设（房地产）主管部门，负责管理公有住房住宅专项维修资金的部门及业主委员会，应当每年至少一次与专户管理银行核对住宅专项维修资金账目，并向业主、公有住房售房单位公布有关情况。

第四节 物业服务合同

一、物业服务合同概述

《民法典》规定，物业服务合同是物业服务人在物业服务区域内，为业主提供建筑物及其附属设施的维修养护、环境卫生和相关秩序的管理维护等物业服务，业主支付物业费的合同。物业服务人包括物业服务企业和其他管理人。

物业服务合同的当事人之间是一种平等的民事法律关系。而在《物权法》颁布之前，“物业管理”的称呼在实践中比较常见，给人一种管理与被管理的不平等关系的误解，客观上引起了大量纠纷。《物权法》首次使用“物业服务”的概念，意在正本清源，强调业主和物业服务人之间是一种有偿购买物业服务的民事法律关系。《民法典》继续沿用。

《民法典》将物业服务合同新增为一种典型合同。物业服务合同是诺成合同、双务合同、有偿合同。依据《民法典》，物业服务合同应当采用书面形式。《物业管理条例》规定：在业主、业主大会选聘物业服务企业之前，建设单位选聘物业服务企业的，应当签订书面的前期物业服务合同。因此，物业服务合同是要式合同。

二、前期物业服务合同与物业服务合同

（一）前期物业服务合同

前期物业服务合同具有以下特点。

1. 订立者与履行者不一致

前期物业服务合同是由建设单位与选聘的物业服务企业签订的，却由业主来履行。因此，《物业管理条例》要求，建设单位与物业买受人签订的买卖合同应当包含前期物业服务合同约定的内容。

2. 合同订立受到更多限制

为了保护业主利益，《物业管理条例》强制要求住宅物业的建设单位通过

招投标的方式选聘物业服务企业。《前期物业管理招标投标管理暂行办法》对招投标过程也有严格要求，评标委员会完成评标后，应当向招标人提出书面评标报告，阐明评标委员会对各投标文件的评审和比较意见，并按照招标文件规定的评标标准和评标方法，推荐不超过 3 名有排序的合格的中标候选人。招标人应当按照中标候选人的排序确定中标人。

3. 合同具有法定终止条件

依据《民法典》，建设单位依法与物业服务人订立的前期物业服务合同约定的服务期限届满前，业主委员会或者业主与新物业服务人订立的物业服务合同生效的，前期物业服务合同终止。

4. 有示范文本指导

为了引导前期物业服务活动当事人通过合同明确各自的权利与义务，减少物业服务纠纷，住房城乡建设部专门制定了《前期物业服务合同（示范文本）》。

（二）物业服务合同

《民法典》将物业服务合同定义为：物业服务人在物业服务区域内，为业主提供建筑物及其附属设施的维修养护、环境卫生和相关秩序的管理维护等物业服务，业主支付物业费的合同，包括了前期物业服务合同和物业服务合同。物业服务合同是由业主委员会与业主大会依法选聘的物业服务人订立的。

三、物业服务合同内容

《民法典》规定，物业服务合同的内容一般包括服务事项、服务质量、服务费用的标准和收取办法、维修资金的使用、服务用房的管理和使用、服务期限、服务交接等条款。物业服务人公开作出的有利于业主的服务承诺，为物业服务合同的组成部分。具体内容详见《前期物业服务合同（示范文本）》。

四、物业服务合同的效力和履行

（一）物业服务合同的效力

《民法典》规定：建设单位依法与物业服务人订立的前期物业服务合同，以及业主委员会与业主大会依法选聘的物业服务人订立的物业服务合同，对业主具有法律约束力。

（二）物业服务合同的履行

1. 外包的专项服务由物业服务人负责

物业服务人将物业服务区域内的部分专项服务事项委托给专业性服务组织或者其他第三人的，应当就该部分专项服务事项向业主负责。物业服务人不得将其应当提供的全部物业服务转委托给第三人，或者将全部物业服务肢解后分别转委托给第三人。

2. 物业服务人的公示报告成为法定义务

《民法典》规定：物业服务人应当定期将服务的事项、负责人员、质量要求、收费项目、收费标准、履行情况，以及维修资金使用情况、业主共有部分的经营与收益情况等，以合理方式向业主公开并向业主大会、业主委员会报告。

3. 业主应当依法依约支付物业费

业主应当按照约定向物业服务人支付物业费。物业服务人已经按照约定和有关规定提供服务的，业主不得以未接受或者无须接受相关物业服务为由拒绝支付物业费。

4. 物业服务人应当依法催交物业费

业主违反约定逾期不支付物业费的，物业服务人可以催告其在合理期限内支付；合理期限届满仍不支付的，物业服务人可以提起诉讼或者申请仲裁。物业服务人不得采取停止供电、供水、供热、供燃气等方式催交物业费。

5. 业主应当依法合理使用装修房屋并尽到告知义务

业主装饰装修房屋的，应当事先告知物业服务人，遵守物业服务人提示的合理注意事项，并配合其进行必要的现场检查。业主转让、出租物业专有部分、设立居住权或者依法改变共有部分用途的，应当及时将相关情况告知物业服务人。

6. 物业服务标准将在纠纷处置中发挥更大作用

《民法典》规定当事人就质量要求约定不明确，可以协议补充；不能达成补充协议的，按照合同相关条款或者交易习惯确定。据此质量要求仍不能确定的，按照强制性国家标准履行；没有强制性国家标准的，按照推荐性国家标准履行；没有推荐性国家标准的，按照行业标准履行；没有国家标准、行业标准的，按照通常标准或者符合合同目的的特定标准履行。

（三）物业服务关系的延续和解除

1. 续聘与解聘

（1）临近合同服务期限届满的双方主动选择。物业服务期限届满前，业主依法共同决定续聘的，应当与原物业服务人在合同期限届满前续订物业服务合同。物业服务期限届满前，物业服务人不同意续聘的，应当在合同期限届满前 90 日书面通知业主或者业主委员会，但是合同对通知期限另有约定的除外。

（2）业主可以依法解除合同，但应承担相应责任。业主依照法定程序共同决定解聘物业服务人的，可以解除物业服务合同。决定解聘的，应当提前 60 日书面通知物业服务人，但是合同对通知期限另有约定的除外。依法解除合同造成物业服务人损失的，除不可归责于业主的事由外，业主应当赔偿损失。

（3）服务期限不定期状态的特别规定。为避免物业服务区域出现无人管理的状态，保证全体业主的正常生产生活秩序，《民法典》特别规定物业服务期限届满后，业主没有依法作出续聘或者另聘物业服务人的决定，物业服务人继续提供物业服务的，原物业服务合同继续有效，但是服务期限为不定期。当事人可以随时解除不定期物业服务合同，但是应当提前 60 日书面通知对方。

2. 物业服务合同终止后的处理

（1）原物业服务人依法退出。物业服务合同终止的，原物业服务人应当在约定期限或者合理期限内退出物业服务区域，将物业服务用房、相关设施、物业服务必需的相关资料等交还给业主委员会、决定自行管理的业主或者其指定的人，配合新物业服务人做好交接工作，并如实告知物业的使用和管理状况，原物业服务人违反上述规定的，不得请求业主支付物业服务合同终止后的物业费；造成业主损失的，应当赔偿损失。

（2）原物业服务人依法继续处理物业服务事务。物业服务合同终止后，在业主或业主大会选聘的新物业服务人或者决定自行管理的业主接管之前，原物业服务人应当继续处理物业服务事项，并可以请求业主支付该期间的物业费。

第五节　物业管理的费用

一、物业服务收费原则

物业管理的费用通常称为“物业费”。依据《物业服务收费管理办法》，物业服务收费，是指物业管理企业按照物业服务合同的约定，对房屋及配套的设施设备和相关场地进行维修、养护、管理，维护相关区域内的环境卫生和秩序，向业主所收取的费用。

国家提倡业主通过公开、公平、公正的市场竞争机制选择物业管理企业；鼓励物业管理企业开展正当的价格竞争，禁止价格欺诈，促进物业服务收费通过市场竞争形成。物业服务收费应当遵循合理、公开以及费用与服务水平相适应的原则。

二、物业服务收费的价格管理方式

物业服务收费应当区分不同物业的性质和特点，分别实行政府指导价和市场调节价。具体定价形式由省、自治区、直辖市人民政府价格主管部门会同房地产行政主管部门确定。

物业服务收费实行政府指导价的，有定价权限的人民政府价格主管部门应当会同房地产行政主管部门根据物业管理服务等级标准等因素，制定相应的基准价及其浮动幅度，并定期公布。具体收费标准由业主与物业管理企业根据规定的基准价和浮动幅度在物业服务合同中约定。

实行市场调节价的物业服务收费，由业主与物业管理企业在物业服务合同中约定。物业管理企业应当按照政府价格主管部门的规定实行明码标价，在物业管理区域内的显著位置，将服务内容、服务标准以及收费项目、收费标准等有关情况进行公示。

《国家发展和改革委员会关于放开部分服务价格意见的通知》（发改价格〔2014〕2755号）规定如下。

1. 非保障性住房物业服务的收费实行市场调节价

本收费指物业服务企业接受业主的委托，按照物业服务合同约定，对非保障性住房及配套的设施设备和相关场地进行维修、养护和管理，维护物业管理区域内的环境卫生和相关秩序的活动等向业主收取的费用。保障性住房、房改房、老旧住宅小区和前期物业管理服务收费，由各省级价格主管部门会同住房城乡建设行政主管部门根据实际情况决定实行政府指导价。放开保障性住房物业服务收费实行市场调节价的，应考虑保障对象的经济承受能力，同时建立补贴机制。

2. 住宅小区停车服务的收费实行市场调节价

本收费指物业服务企业或停车服务企业接受业主的委托，按照停车服务合同约定，向住宅小区业主或使用人提供停车场地、设施以及停车秩序管理服务所收取的费用。

三、物业服务收费的计费方式

物业服务收费的计费主要包括包干制和酬金制两种方式。包干制是指由业主向物业服务企业支付固定物业服务费用，盈余或者亏损均由物业服务企业享有或者承担的物业服务计费方式。酬金制是指在预收的物业服务资金中按约定比例或者约定数额提取酬金支付给物业服务企业，其余全部用于物业服务合同约定的支出，结余或者不足均由业主享有或者承担的物业服务计费方式。

建设单位与物业买受人签订的买卖合同，应当约定物业管理服务内容、服务标准、收费标准、计费方式及计费起始时间等内容，涉及物业买受人共同利益的约定应当一致。

四、物业服务收费的费用构成

实行物业服务收费包干制的，物业服务费用的构成包括物业服务成本、法定税费和物业服务企业的利润。实行物业服务收费酬金制的，预收的物业服务资金包括物业服务支出和物业服务企业的酬金。

物业服务成本或者物业服务支出构成一般包括以下部分：①管理服务人员的工资、社会保险和按规定提取的福利费等；②物业共用部位、共用设施设备的日常运行、维护费用；③物业管理区域清洁卫生费用；④物业管理区域绿化养护费用；⑤物业管理区域秩序维护费用；⑥办公费用；⑦物业服务企业固定资产折旧；⑧物业共用部位、共用设施设备及公众责任保险费用；

⑨经业主同意的其他费用。

物业共用部位、共用设施设备的维修和更新、改造费用，应当通过专项维修资金予以列支，不得计入物业服务支出或者物业服务成本。

实行物业服务费用酬金制的，预收的物业服务资金属于代管性质，为所交纳的业主所有，物业服务企业不得将其用于物业服务合同约定以外的支出。物业服务企业应当向业主大会或者全体业主公布物业服务资金年度预决算并每年不少于一次公布物业服务资金的收支情况。业主或者业主大会对公布的物业服务资金年度预决算和物业服务资金的收支情况提出质询时，物业服务企业应当及时答复。

物业服务收费采取酬金制方式的，物业服务企业或者业主大会可以按照物业服务合同约定，聘请专业机构对物业服务资金年度预决算和物业服务资金的收支情况进行审计。

五、物业服务定价成本监审

物业服务定价成本监审，是指政府价格主管部门制定或者调整实行政府指导价的物业服务收费标准，对相关物业服务企业的服务成本实施监督和审核的行为。《物业服务定价成本监审办法（试行）》（以下简称《办法》）规定，物业服务定价成本监审应当以经会计师事务所审计的年度财务会计报告、原始凭证与账册或者物业服务企业提供的真实、完整、有效的成本资料为基础，遵循合法性、相关性、对应性和合理性原则。

物业服务定价成本，是指价格主管部门核定的物业服务社会平均成本，由人员费用、物业共用部位共用设施设备日常运行和维护费用、绿化养护费用、清洁卫生费用、秩序维护费用、物业共用部位共用设施设备及公众责任保险费用、办公费用、管理费分摊、固定资产折旧以及经业主同意的其他费用组成。《办法》还明确了工会经费、职工教育经费、住房公积金以及社会保险费、固定资产折旧等成本项目的具体审核标准，规定了成本费用的分摊方法，并指出其他未明确的成本费用项目应当符合一定范围内社会公允的平均水平。

参考文献

[1] 中国房地产估价师与房地产经纪人学会．房地产制度法规政策［M］．北京：中国建筑工业出版社，2021.

[2] 中国房地产估价师与房地产经纪人学会．房地产基本制度与政策［M］．北京：中国建筑工业出版社，2017.

[3] 高富平，黄武双．房地产法学［M］．北京：高等教育出版社，2006.

[4] 高富平，黄武双．房地产法新论［M］．北京：中国法制出版社，2002.

[5] 李延荣，周珂．房地产法［M］．北京：中国人民大学出版社，2012.

[6] 李延荣．房地产法原理与案例教程［M］．北京：中国人民大学出版社，2014.

[7] 程信和，刘国臻．房地产法学［M］．北京：北京大学出版社，2001.

[8] 廖永林．土地管理制度与政策［M］．北京：中国财政经济出版社，2008.

[9] 洪亚敏，吕萍．土地相关经济理论和法律［M］．北京：中国财政经济出版社，2008.